Neue
Kleine Bibliothek 102

Michael Klundt (Hg.)

Ein Untergang als Befreiung

Der 8. Mai 1945 und die Folgen

PapyRossa Verlag

© 2005 by PapyRossa Verlags GmbH & Co. KG, Köln
Luxemburger Str. 202, D–50937 Köln

Tel.:	++49 (0) 221 – 44 85 45
Fax:	++49 (0) 221 – 44 43 05
E-Mail:	mail@papyrossa.de
Internet:	www.papyrossa.de

Alle Rechte vorbehalten

Umschlag:	Willi Hölzel
Satz:	Alex Feuerherdt
Druck:	Interpress

Die Deutsche Bibliothek verzeichnet diese Publikation in der
Deutschen Nationalbibliografie; detaillierte bibliografische
Daten sind im Internet über http://dnb.ddb.de abrufbar
ISBN 3-89438-321-6

Inhalt

Einleitung 7

I. Untergang

GÜNTER JUDICK
Faschismus, Anpassung und Widerstand 1933 bis 1945 18

II. Befreiung

KURT PÄTZOLD
D-Day und Befreiungstag 50

PETER GINGOLD
»Was es für uns bedeutete, wenn BBC und Radio Moskau
Siege meldeten« 73

GERHARD LEO
Dreimal befreit 87

WERNER KNAPP
»Soll man sich als Deutscher mit den Verbrechen
des deutschen Faschismus zu identifizieren haben?« 92

STEFAN DOERNBERG
»Der Aggressor mußte militärisch geschlagen werden« 100

HANNA PODYMACHINA
»Unsere Wahrheit störte den Gegner schon« 123

ESTHER BEJARANO
»Das Hitler-Bild brannte, und wir tanzten« 132

HERMANN KANT
Bedenkzeit 139

III. Und danach

MICHAEL KLUNDT
Vom Antifaschismus zur Totalitarismusdoktrin
Anti-Hitler-Koalition und 8. Mai im Geschichtsbild 150

GERHARD STUBY
Vom »Feindstaat« zur »verschämten« Großmacht.
Der 8. Mai und das Völkerrecht 178

JÖRG WOLLENBERG
Der Mythos von der Stunde Null 206

HANNA BEHREND
BRD und DDR – Vergangenheitsbewältigung
im Vergleich 235

Die Autorinnen und Autoren 263

Einleitung

Das Kriegsende als Befreiung oder Niederlage stellte in der Bundesrepublik immer schon ein wichtiges Diskussionsthema dar.[1] In den 80er Jahren schrieb der konservative Historiker Andreas Hillgruber noch von »zweierlei Untergang«, worunter er einerseits die Niederschlagung der Wehrmacht an der Ostfront 1944/45 durch die Rote Armee und andererseits die Vernichtung der europäischen Juden hinter der Front verstand. Dabei thematisierte er das angeblich für einen Historiker bestehende Identifikationsproblem zwischen haltender Ostfront und fortgesetztem Holocaust einerseits sowie Niederringung der Wehrmacht bzw. Sieg der Roten Armee und Zerschlagung des Deutschen Reiches andererseits.[2]

In diesem von ihm als »Schlüsselproblem« des Historikers benannten Gewissenskonflikt entscheidet sich Hillgruber explizit für das Halten der Ostfront und damit für die Fortsetzung der NS-Verbrechen. Folglich hält er auch die Bezeichnung »Befreiung« für den 8. Mai 1945 für »unangebracht«. Stattdessen benutzt Hillgruber den Begriff des »Tragischen« für den Konflikt zwischen dem »verzweifelten Abwehrkampf um die Bewahrung der Eigenständigkeit des deutschen Reiches« und dem gleichzeitigen Fortschreiten der Judenvernichtung, welche er aber – im Rückblick aus dem Jahre 1986 – billigend in Kauf nimmt.[3]

Seit 2004 gibt es nun nur noch einen »Untergang«.[4] Anschließend an Guido Knopp, Jörg Friedrich und andere, welche bei ihren Berichten über den Bombenkrieg gegen NS-Deutschland, die Vertreibung deutscher Kollaborateure aus Osteuropa und die Kriegsgefangenschaft deutscher Soldaten in der Sowjetunion systematisch die nazistische Vorgeschichte ausblendeten, handelt nun der Eichinger-Film alleine vom Ende der Nazi-Führung in den letzten Kriegstagen. Jetzt soll sogar aus den letzten Hirngespinsten und Handlungen Hitlers und seiner Paladine die Essenz des Dritten Reiches herausdestilliert werden.[5] Doch führt dies zwangsläufig zur Exkulpierung nicht nur des ganzen deutschen Volkes, sondern auch der verschiedensten Nazi-

Helfer im Umkreis Hitlers (wie Speer oder – wenn auch von völlig ungleicher Bedeutung – Sekretärin Traudl Junge). Es ist eine grenzenlose Verlogenheit, wenn die Sekretärin Hitlers, welche mit einem SS-Mann verheiratet war (was der Film verschweigt), aber von nichts gewusst haben will über NS-Ideologie und -Verbrechen, in »Der Untergang« große Augen bekommt, wenn der geliebte Führer ihr in seinem politischen Testament von der »Ausrottung des Weltjudentums« diktiert, so als hätte sie davon noch nie etwas gehört.

Betrachtet man die neuerlichen Debatten in den Medien um den D-Day am 6. Juni 1944 in der Normandie, den Widerstand des 20. Juli 1944, den Warschauer Aufstand am 1. August 1944 und den »Untergang« des Nazi-Reiches im Frühjahr 1945 sowie allgemein zur Anti-Hitler-Koalition, so stellt sich die Frage, was uns Erkenntnisse über diesen Zeitabschnitt heute eigentlich noch zu sagen haben. Zumindest mehr als das, was momentan vorherrschend darüber geplappert wird. Zum Beispiel ist es gegenwärtig besonders wichtig zu erwähnen, dass der »Führer« unter Blähungen litt und seinen geliebten Hund vergiftete,[6] so wie Frau Goebbels ihre Kinder. Pausenlos wird verlautbart, wie schrecklich die letzten Tage im Führerbunker zu Berlin waren, dass 1945 ein »Untergang«, eine »Katastrophe« oder zumindest »der Zusammenbruch« war, nicht jedoch die Befreiung der Menschheit und damit auch der Deutschen von der verbrecherischsten Herrschaft des Massenmordes, welche die menschliche Zivilisation je gesehen hat. Die einzigen Erinnerungsfetzen hinsichtlich von Faschismus und Weltkrieg scheinen zu sein, dass deutsche Städte und ihre Einwohner furchtbar unter dem Bombenkrieg gelitten haben, ebenso wie deutsche Vertriebene bei der Umsiedlung und deutsche Soldaten in der Kriegsgefangenschaft – andere (NS-)Opfer werden selten außerhalb öffentlicher Gedächtnis-Rituale erinnert.[7]

Weiterhin werden die Zeitgenoss(inn)en intensiv darüber informiert, dass mit dem D-Day – der Eröffnung der Zweiten Front durch die Landung der (West-)Alliierten in der Normandie – die Befreiung Europas begonnen habe. Doch was fand bis dahin im Zweiten Weltkrieg statt? Manchmal fragt man sich fast schon, was die Rote Armee eigentlich bis zum 6. Juni 1944 so gemacht hat, wenn man liest, hört und sieht, wie vielerorts der Begriff »Zweite Front« gemieden wird, weil damit schließlich die Frage gestellt werden müsste, was denn eigentlich die »Erste Front« war. In diesem Krieg wurden über 60 Millionen Menschen getötet, davon alleine über 27 Millionen Bürgerinnen und Bürger der UdSSR. Warum wurde dieser Krieg von wem und mit welchen Kriegszielen geführt? Was waren also die Bedeutung, der Inhalt und die Ursachen des Zweiten Weltkriegs?

Für den Historiker Norbert Frei hat die »Erinnerungsschlacht um den 60. Jahrestag des Kriegsendes 1945 (...) begonnen«. Seines Erachtens steht Deutschland dabei heute »vor einer Wende im Umgang mit seiner Vergangenheit«. Frei stellt die geschichtspolitischen Darstellungen des Jahres 2004 in einen Zusammenhang, wobei er anmerkt, dass sich die kulturindustriellen Medienprodukte im Wettbewerb um Verkaufszahlen schon lange nicht mehr um Chronologie oder zeitliche Nähe zu den unterschiedlichen Ereignissen kümmern. »So folgten, zu Anfang des vergangenen Sommers, die Fernsehbilder von den D-Day-Feiern in der Normandie auf die Spielfilme und Doku-Serien zum 20. Juli 1944; zwischen Schröders Rede am Bendlerblock und seinen Auftritt zum 60. Jahrestag des Warschauer Aufstands am 1. August schob sich ein Stückchen Debatte über Bombenkrieg, Flucht und Vertreibung, und die PR-Walze für Eichingers öden Untergang konkurrierte mit jener für die Friedrich Christian Flick Collection in Berlin, die der Kanzler in den Rang einer Staatsaktion erhob. Herbst und Winter verheißen weitere kommerzielle Sensationen. Wenn der Erinnerungstrieb im nächsten Frühjahr zwangsläufig auf Parallelzeit erschwingt, ist nicht mehr auszuschließen, dass er mit den letzten Wochen des ›Dritten Reiches‹ die bisherigen Formen unseres Umgangs mit der Vergangenheit unter sich begräbt.«[8] Im Zentrum der gegenwärtigen geschichtspolitischen Ereignisse steht für Frei die »Umkodierung« der »Deutsche(n) als Opfer.« »An die Stelle der einstmals bohrenden Fragen nach den Ursachen für den Aufstieg der NSDAP und das Ende der ersten deutschen Demokratie trat nach und nach eine intensivere Auseinandersetzung mit den nationalsozialistischen Verbrechen während des Krieges, vor allem mit dem Holocaust. Der Fokus des kritischen Interesses verlagerte sich dabei von ›1933‹ auf

›1945‹, und zwar sowohl in der Geschichtswissenschaft als auch in der breiteren Öffentlichkeit.« Infolge der Selbstentpflichtung aus dem »Erinnerungsdienst« durch Martin Walser, der Empathie Günter Grass' mit den bislang vorgeblich unbeachteten deutschen Opfern sowie Jörg Friedrichs Tabubruch- und Opferinszenierung konnte sich dann eine Geschichtsbetrachtung durchsetzen, »in der sich die Differenz zwischen Tätern, Opfern und Mitläufern verwischt.«

Wie der Sozialpsychologe Harald Welzer festhält, ist der Film »Der Untergang« über die letzten Tage des Dritten Reiches nicht nur deshalb ein paradigmatischer Film, weil er den Anspruch erhebt, noch wirklicher als die Wirklichkeit zu sein, sondern auch, weil er eben nur das Ende einer Geschichte erzählt, ganz wie es die mediale Geschichtsdidaktik von Guido Knopp über Günter Grass bis Jörg Friedrich vorbereitet hat. »Wenn nämlich nur das Ende des ›Dritten Reiches‹ erzählt wird und die Vorgeschichte des Untergangs, der Vertreibung, des Bombenkriegs nicht weiter von Interesse ist, rückt ›das Menschliche‹ der Akteure plötzlich in den Vordergrund – und nicht mehr das, was sie getan haben. Und dann finden wir uns als Betrachter vor einer Bühne, auf der ›die Menschen‹, wie Ganz-Hitler, in all ihrer Zerrissenheit, Zerquältheit, in ihrem Glauben, Hoffen und Scheitern auftreten, und wir denken das ›Dritte Reich‹ plötzlich noch einmal ganz neu.«[9]

Um auch für die breite Bevölkerung abermals klarzustellen, welcher geschichtspolitische Paradigmenwandel inzwischen eingetreten ist, beschäftigt sich das Boulevard-Blatt »BILD« vom 6. Oktober 2004 mit dem »eigentlichen« Totalitarismus auf deutschem Boden: der DDR. Die Faszination der Millionen Kinozuschauer/innen von des Führers »Untergang« aufnehmend, behandelt die Zeitung die Sicherheitsvorkehrungen der DDR-Führung im Falle eines Atom-Krieges unterhalb des Staatsratsgebäudes in Berlin. In gewohnt großen Lettern titelt das Blatt: »Honeckers Führerbunker entdeckt«. Der solcherart suggestiv in die politisch-moralische Nähe von Adolf Hitler gebrachte SED-Generalsekretär hatte doch tatsächlich »im Bunker ein Zimmer mit roter Tapete«, und »das WC im Bunker ist ein West-Produkt. Sogar der Spülkasten ist vom ›Klassenfeind‹.« Das Totalitarismuskonzept scheint mit solcherart Gossen-Journalismus buchstäblich an seinem Ziel angekommen zu sein: im Klosett bzw. dessen Inhalt.

Demnach ist es wenig verwunderlich, wenn auch die extreme Rechte angesichts der neuen geschichtspolitischen Tendenzen triumphiert und einen »Gezeitenwechsel« diagnostiziert, welcher für sie »Horizonte öffnet«, da der Zuschauerrekord für »Der Untergang« ein »Plebiszit« sei »gegen eine Vergangenheitsbewältigung, die von der Täter-Opfer-Pauschalierung lebt. Ohne ein großes Kunstwerk zu sein, ist der Film vorbildlich, weil er den Moralisierungs- und Rechtfertigungsdruck abschmettert, der das geistig-kulturelle Leben in Deutschland häufig provinziell und langweilig macht.«[10] Bislang konnte man in diesen Kreisen wenigstens davon ausgehen, dass zwar das deutsche Volk und die Wehrmacht in ihrem Glauben und Handeln selbstverständlich »sauber und rein« geblieben seien und nur der »Führer« und seine engste Entourage Verantwortung für die Verbrechen tragen. Doch wenn auch der »Führer« nur Getriebener war, Goebbels nur das Beste wollte, Albert Speer ein freundlicher Sunnyboy war und der SS-Militärarzt Dr. Schenk, dessen Menschenversuche und Massenmorde durch Experimente im KZ Mauthausen, bei denen etliche KZ-Häftlinge starben, im Film ausgelassen werden, zum Identifikationsobjekt für den Zuschauer gerät,[11] wer war dann eigentlich für den NS-Faschismus noch verantwortlich? Laut Thorsten Hinz gibt es wichtigere Figuren im Film als den »bitterbösen Hitler oder den perfiden Goebbels. Beispielsweise den Militärarzt Dr. Schenk, der die Wahl hat, das von der Roten Armee fast eingeschlossene Berlin in Richtung Westen zu verlassen, der sich aber lieber um Verwundete kümmert.« Suggestiv fragt der rechte Publizist: »Macht ihn das etwa zum Vollstrecker Hitlers?« und beantwortet seine Frage sofort mit einer Heldeneloge auf den Nazi-Arzt, was aber auch ein besonderes Bild auf die identifikative Darstellung des Films wirft: »Unwillkürlich ertappt der Zuschauer sich bei dem Gedanken, daß dieser Mann menschlich wertvoller ist als so mancher Maulheld unserer Tage«, womit der Autor offenbar keinen Hehl aus seiner Identifizierung mit dem Massenmörder macht.

In durchsichtiger Weise resümiert Hinz die neuere NS-Täterforschung mit den Worten: »Goldhagen befiehl, wir folgen!« und macht damit abermals klar, dass der amerikanische Holocaust-Forscher seinem Bild vom »jüdischen Weltverschwörer« entspricht, welcher sogar heute noch Befehle erteilt über die Geschichtswissenschaft zum Nationalsozialismus. Darüber hinaus ist es selbstverständlich besonders vielsagend, wenn Goldhagen vom Autor mit dem »Führer« gleichgesetzt wird. Dagegen meint der neurechte Ideologe zum 8. Mai und gegen die »Priester einer Befreiungsmystifikation« gerichtet, »daß die ›bedingungslose Kapitulation‹ die Zerstörung der NS-Herrschaft mit der Ausschaltung Deutschlands als ›einer souveränen Großmacht, ja der Rolle einer eigenständigen mittleren Macht‹ verbinden sollte«, wie es schon Andreas Hillgruber im Historikerstreit behauptet hatte, und stellt damit die Niederschlagung des Nazi-Faschismus in die Nähe eines bloßen Konkurrenzkampfes unter Großmächten, bei dem die Unterscheidung von Aggressor und Angegriffenem als irrelevant erscheint. Lehrreich an Hinz' Artikel ist zudem seine Wahrnehmung der gegenwärtigen geschichtspolitischen Debatten im Allgemeinen, weil dies deutlich macht, in welchem Maße die Neue Rechte sich vom Zeitgeist inzwischen strategisch bestätigt fühlt. Nachdem er als Alibi für seine Ansichten den Schriftsteller Peter Esterhazy anführt, welcher behauptet, die Deutschen wie die Europäer würden immerzu über die deutschen Verbrechen sprechen, nicht aber über die deutschen Leiden, wobei der Hass auf die Deutschen angeblich das Fundament der europäischen Nachkriegszeit ausmache, kommt der JF-Autor auf die Regierungs-Geschichtspolitik in Deutschland zu sprechen. »Gerhard Schröder, dessen geschichtspolitische Äußerungen und Gesten widersprüchlich sind, scheint das (die unbeachteten deutschen Leiden, den Hass auf Deutsche; M.K.) zu ahnen. Sein Entschluß, die Berliner Flick-Sammlung[12] persönlich zu eröffnen, ist nur mit Blick auf die Einweihung des Holocaust-Mahnmals am 10. Mai 2005 zu verstehen, an der er ebenfalls teilnehmen wird. Seine freundlichen Worte an den Flick-Erben sollen signalisieren, daß er mit dem Denkmal keine neue, gegen Deutschland gerichtete Schulddebatte mehr eröffnen, sondern diese abschließen will.«

EINLEITUNG 13

Die neue geschichtspolitische Situation erläutert Hinz für das rechts-ideologische Selbstverständigungsorgan: »Der Erfolg des ›Untergang‹ summiert sich mit den Diskussionen um das Zentrum gegen Vertreibungen, um Denkmäler, Gedenktage und den Bombenkrieg zu der Frage, ob dieses Land noch imstande ist, geistige Souveränität zu gewinnen.« Als Ergebnis kann Hinz die Schaffung der lang ersehnten und erarbeiteten »selbstbewussten Nation« konstatieren, da in Deutschland »die Zeiten vorbei (sind), in denen die Selbstbezichtigungen einen subtilen Genuß bereiteten, denn der Wohlstand, der die Grundlage für den moralischen Hedonismus bildete, geht gerade perdu.«[13] Somit scheint für den neurechten Propagandisten die Zeit der kritischen NS-Bearbeitung mit dem Film »Der Untergang« und den verschiedenen geschichtspolitischen Begleiterscheinungen im Zeitalter sozioökonomischer Krisen beendet zu sein.

Da nun endlich die Parole »Deutschland, einig Opferland« eine kulturelle Hegemonie in der Republik genießt, findet auch die nachträgliche (Selbst-)Inszenierung von Massenmördern und Mitläufern zu Identifikationsobjekten des »guten Deutschen« kaum Widerspruch. Dies kann als neue Form deutscher Geschichtsbehandlung in der »Berliner Republik«, gewissermaßen als Normalisierung durch Geschichtsrevisionismus verstanden werden.

Inzwischen sind auch die verheerenden psychologischen Folgen des Films »Der Untergang« nachweisbar. Er greift nicht nur – aus der Mitläuferperspektive – auf medienpsychologische Funktionsweisen der Dekontextualisierung zurück und bedient damit psychodynamische Abwehrmechanismen wie Abspaltung und Verleugnung, sondern setzt ebenso auf Mitleidseffekte und eine vorbewusste Mythisierung der Nazi-Eliten. Die Sektion Politische Psychologie im Berufsverband Deutscher Psycholog(inn)en (BDP) hält nach ihren Analysen die Empfehlungen einiger Politiker für psychologisch verantwortungslos, den Film an Schulen massenhaft als Unterrichtsmaterial einzusetzen. »Er schwächt durch seine scheinbar dokumentarische Aufmachung das kognitive Unterscheidungsvermögen zwischen Inszenierung und Realität und das soziomoralische Unterscheidungsvermögen zwischen Situation und Biographie. (...) Die Sektion appelliert an die Lehrkräfte, mehr demokratische Verantwortung als die Politik zu zeigen und Schüler(inne)n auch die Abwesenheit der Geschichte, die Erzählmuster und Inszenierungstechniken des Rattenfänger-Films ›Der Untergang‹ und die fehlende Verbrechensgeschichte der hier verklärten Mörderbande transparent zu machen.«[14]

Die Bemühung von Schicksalsmächten, Entkontextualisierung, Entkausalisierung, Segmentierung und Parzellierung von Geschichte in eine unzusammenhängende Folge von Geschichtsereignissen bzw. Geschichten machen es möglich, rot und braun, Wehrmacht und Partisanen, Deutsche, Juden und Alliierte, Täter und Opfer etc. in einen Grauschleier zu tauchen, wonach alle ein bisschen Opfer und ein bisschen Täter waren und mithin Erkenntnisse über die Entstehung und Entwicklung des Faschismus und des Zweiten Weltkrieges spärlich gesät sind. »Eines Tages werden die Nachgeborenen ›alles über den Krieg‹ wissen, ausgenommen, warum er geführt wurde.« (Kurt Pätzold)

Im ersten Teil des vorliegenden Buchs behandelt Günter Judick die Zusammenhänge, welche als wirklicher »Untergang« bezeichnet werden müssen, nämlich die Niederlage der Arbeiterbewegung und die Zerschlagung der Weimarer Republik sowie der Aufstieg und die Verbrechensherrschaft des Faschismus seit 1933. Dabei konzentriert er sich auch auf die Konzepte des Antifaschismus bis zum Ende des Zweiten Weltkrieges.

Im zweiten Teil beschäftigt sich Kurt Pätzold mit den Strukturen der Allianz gegen die faschistischen Achsenmächte und ihre Kollaborateure, wobei er mit besonderem Bezug auf den D-Day die Faktoren analysiert, welche zur Befreiung führten. Darauf folgen Beiträge von Zeitzeug(inn)en darüber, wie sie den 8. Mai erlebt haben. So berichten Peter Gingold und Gerhard Leo über ihre Erlebnisse als deutsche Emigranten in der französischen Résistance. Werner Knapp informiert über seine Zeit als deutscher Antifaschist in der tschechoslowakischen Brigade der britischen Streitkräfte bei und nach der Landung in der Normandie. Der Historiker Stefan Doernberg widmet sich anschließend historischen und persönlichen Dimensionen des 8.

Mai für einen deutschen Soldaten der Roten Armee, während Hanna Podymachina über ihren Einsatz als Soldatin der Roten Armee an der Südwest-Front (bei der Einkesselung von Paulus' 6. Armee bei Stalingrad) und danach berichtet. Die Sängerin und antifaschistische Friedenskämpferin Esther Bejarano vermittelt die Bedeutung des 8. Mai für eine Holocaust-Überlebende. Für den Schriftsteller Hermann Kant schließlich steht bei der persönlichen Erfahrung des 8. Mai die »Bedenkzeit« eines jungen Wehrmachtssoldaten in Kriegsgefangenschaft im Vordergrund.

Im dritten Teil geht es dann vor allem um die Frage, welche Konsequenzen aus dem 8. Mai 1945 gezogen wurden und was daraus wurde. Zunächst analysiert der Herausgeber die zentralen geschichtspolitischen Debatten über die Anti-Hitler-Koalition und den 8. Mai 1945 – besonders im Hinblick auf die Entwicklung vom Antifaschismus zur Totalitarismusdoktrin. Gerhard Stuby untersucht die völkerrechtlichen Dimensionen des 8. Mai 1945 bis zum heutigen Tage. Jörg Wollenberg zeichnet den Mythos der »Stunde Null« und seine Bedeutung für die deutsche Geschichte nach. Schließlich beschäftigt sich Hanna Behrend mit der Frage, wie in der BRD und der DDR mit dem 8. Mai umgegangen wurde und welche Unterschiede das Ende des Nazi-Regimes und das der DDR bestimmten.

Der Herausgeber bedankt sich recht herzlich bei den Autor(inn)en sowie bei Aurélia Berger, Marcus Meyer, Anne Klein und Jürgen Harrer, die mit ihren Anregungen, Korrekturen, Hilfen und Verbesserungsvorschlägen die Entstehung dieses Bandes beförderten.

Michael Klundt

Anmerkungen

1   Vgl. Robert Erlinghagen, Die Diskussion um den Begriff des Antifaschismus 1989/90, Hamburg 1997, S. 54ff.
2   Vgl. Gerd Wiegel, Die Zukunft der Vergangenheit. Konservativer Geschichtsdiskurs und kulturelle Hegemonie, Köln 2001, S. 85ff.
3   Siehe Andreas Hillgruber, Zweierlei Untergang. Die Zerschlagung des Deutschen Reiches und das Ende des europäischen Judentums, in: Rein-

hard Kühnl (Hg.), Vergangenheit, die nicht vergeht. Die »Historiker-Debatte«. Dokumentation, Darstellung und Kritik, Köln 1987, S. 19ff.; vgl. Gerd Wiegel, Die Zukunft der Vergangenheit, a.a.O., S. 88f.

4   So lautet ein Werbetrailer für den Film »Der Untergang«: »1945. Ein Volk wartet auf seinen Untergang.«

5   Vgl. Daher kommen wir. Der Regisseur Oliver Hirschbiegel über seinen Film »Der Untergang«, in: Berliner Zeitung v. 11./12.9.2004 sowie Bert Rebhandl, Das Experiment. Der Schauspieler Bruno Ganz war festgelegt auf die Rolle des Sensiblen, Einsamen, Melancholischen. Jetzt spielt er Adolf Hitler, in: Berliner Zeitung v. 16.9.2004

6   So die zentralen Informationen aus dem Interview-Film mit Traudl Junge (»Im toten Winkel«, von André Heller). Verbunden mit der äußerst wichtigen Nachricht über des Führers Blähungen, entbehrt Junges Information darüber, dass es gegen Ende des Nazi-Regimes Gerüchte gab, Hitler wolle den Führerbunker »unter Gas setzen«, nicht an Komik.

7   Vgl. Horst-Alfred Heinrich, Kollektive Erinnerungen der Deutschen. Theoretische Konzepte und empirische Befunde zum sozialen Gedächtnis, Weinheim/München 2003

8   Norbert Frei, Gefühlte Geschichte, in: ZEIT v. 21.10.2004

9   Harald Welzer, Der erratische Führer. In »Der Untergang« wird Hitler zum tragischen Helden, in: Frankfurter Rundschau v. 18.9.2004

10 Vgl. Thorsten Hinz, Gezeitenwechsel eröffnet Horizonte, in: Junge Freiheit v. 29.10.2004

11 Vgl. Stefan Reinecke, Der Arzt von Berlin, in: taz v. 15.9.2004

12 Das Geld für diese Kunstsammlung erhielt der Mäzen u.a. aus dem Erbe, welches durch NS-Verbrechen und Zwangsarbeit entstanden ist, während sich der Flick-Nachkomme zu keinerlei Entschädigungszahlung an die Opfer und Produzenten seines Vermögens veranlasst sieht.

13 Vgl. Thorsten Hinz, Gezeitenwechsel eröffnet Horizonte, in: Junge Freiheit v. 29.10.2004

14 Angewandte Techniken der Vertuschung, in: junge Welt v. 11.11.2004; Nette Stehaufmännchen in Hitlers Bunker, in: Netzeitung v. 12.11.2004

I.
Untergang

GÜNTER JUDICK

Faschismus, Anpassung und Widerstand 1933 bis 1945

Der Schock der Reichstagwahlen 1930

Am 14. September 1930 fanden, nach vorzeitiger Auflösung des Parlaments, Reichstagswahlen statt. Sie wurden zum Schock für alle Demokraten. Hitlers NSDAP, 1928 noch eine wenig beachtete Randgruppe, verachtfachte ihre Stimmen- und Mandatszahl. Mit 18,3% wurde sie nach der SPD zweitstärkste Fraktion des Parlaments. 107 Braunhemden, anstatt bisher 14, veränderten das Bild. Zu den Gewinnern der Wahl gehörte auch die KPD, die 1,3 Millionen Stimmen gewann, während die SPD 600.000 verlor. Größte Verlierer waren die bürgerlichen Mitte/Rechts-Parteien, die liberale DDP, Wirtschaftspartei und rechtsliberale DVP, aber auch die rechte Deutschnationale Volkspartei (DNVP), die zusammen Millionen Wähler an die NSDAP abgaben. Letztere konnte auch am meisten profitieren von der um fast sieben Prozent gestiegenen Wahlbeteiligung.

Die Wahlen von 1930 waren die ersten nach dem Ausbruch der Weltwirtschaftskrise. Der »schwarze Freitag« (29. Oktober 1929) hatte sie mit dem Börsenkrach an der Wallstreet eingeleitet. Die goldenen Zwanziger mit wirtschaftlicher Erholung gingen schlagartig zu Ende. Deutschland wurde auf Grund vieler kurzfristiger Kredite der US-Banken rasch und besonders stark in diese Krise einbezogen. Um die Abwälzung der Krisenlasten auf die breite Masse der Bevölkerung zu ermöglichen und die Profite auch in der Krise zu sichern, forderte der »Reichsverband der Deutschen Industrie« sofort im Herbst 1929 radikale Einschnitte in den Staatshaushalt, Abbau der tariflichen Rechte, Lohnsenkungen, Steuerverlagerungen zugunsten der Besitzenden, radikale Senkung der Sozialleistungen.[1] Da eine solche Politik mit der SPD als Regierungspartei nicht durchzusetzen war, forderten einflussreiche Teile der Industrie deren Ausschaltung aus der Regierung und die Verwirklichung ihrer Vorschläge durch Notverordnungen des Reichspräsidenten. So endete die letzte SPD-geführte Reichsregierung im Frühjahr 1930, weil die bürgerlichen Partner sie sprengten. Deren Versuch, unter Führung Brünings mit Hilfe einer Notverordnung die Staatsfinanzen im Sinne der Wirtschaft zu sanieren, scheiterte noch an der Reichstagsmehrheit und führte zur Reichstagsauflösung und zu den Neuwahlen vom September.

Der Erfolg der NSDAP hatte hier, in den sozialen Erschütterungen, die nicht nur die Arbeiter bedrohten, sondern ebenso breite Schichten des Mittelstandes und der Bauern erfassten und all die angstgeprägten Erinnerungen an die Jahre der Nachkriegskrise weckten, die wichtigste Ursache. Hinzu kam, dass die nationale Opposition aus Deutschnationaler Volkspartei (DNVP), Stahlhelm und anderen Organisationen erstmalig unter voller Gleichberechtigung der NSDAP eine wüste nationalistische Kampagne für ein Volksbegehren gegen das 1929 abgeschlossene neue Reparationsabkommen, den Young-Plan, startete und damit erneut, wie schon seit 1919, die »Novemberverräter«, die »Systemparteien«, die »Erfüllungspolitiker« als Schuldige an Deutschlands Not erklärte.

Nach dem Wahlergebnis von 1930 war eine auf Parlamentsmehrheiten gestützte Regierung nicht möglich. Die neu installierte Regierung Brüning konnte sich nur auf das Vertrauen des Reichspräsidenten Hindenburg stützen und mit Hilfe von dessen Notverordnungen regieren. Laut Artikel 48 der Verfassung war dies für Ausnahmesituationen möglich, wurde jetzt jedoch zur Normalität. Zwar konnte eine Mehrheit des Reichstages Notverordnungen aufheben, doch war Hindenburg dann seinerseits berechtigt, den Reichstag aufzulösen und Neuwahlen anzusetzen. So geriet insbesondere die SPD erneut in die Zwickmühle, einerseits zwar gegen den Sozialabbau zu sein, andererseits aber Neuwahlen und den damit erwarteten weiteren Anstieg der NSDAP und wohl auch der KPD zu verhindern. Sie beschloss deshalb unmittelbar nach der Wahl, die Regierung Brüning zu tolerieren und durch Stimmenthaltung ihren Sturz zu verhindern.[2] Diese Position des »kleineren Übels« beinhaltete einen Verzicht auf eigenständige Politik, machte die SPD letztlich zu einem Anhängsel der

Parteien der bürgerlichen Mitte und führte so weit, dass sie 1931 einer Vertagung des Reichstages um ein halbes Jahr zustimmte, um es gar nicht erst zu Abstimmungen kommen zu lassen. So entmannte sich der Deutsche Reichstag bereits in diesen Jahren selbst, was letztlich die soziale Demagogie der NSDAP nur erleichterte.

Getrenntes Werben um Hitlers Wohlwollen

Zugleich waren Brüning und die ihn stützenden Kräfte auch bemüht, die NSDAP zum Eintritt in die Regierung zu bewegen, um so mit ihrer Hilfe eine Rechtsregierung mit parlamentarischer Mehrheit zu erreichen. Doch selbst 1931, als die Brüning-Regierung nach rechts umgebildet wurde und Hindenburg Hitler und Göring zu einem Gespräch empfing, um dafür zu werben, war Hitler nicht bereit, sich durch Übernahme eines Regierungsamtes im Rahmen des von ihm gehassten Regimes verschleißen zu lassen.

Unmittelbar nach der Begegnung mit Hindenburg reiste Hitler am 11. Oktober 1931 zu einem Treffen der Nationalen Opposition, der »Harzburger Front«. Zu ihr fanden sich die DNVP des reaktionären Pressezaren Hugenberg, der Stahlhelm, die NSDAP, der Reichslandbund und der Alldeutsche Verband mit namhaften Vertretern des Großkapitals wie R. Blohm, O. Brandi, E. Poensgen, H. Schacht, General von Seeckt und zahlreichen Angehörigen früherer Fürstenhäuser zusammen. Hitler, Hugenberg und der ehemalige Reichsbankpräsident Schacht waren die Hauptredner. Gemeinsam forderten sie den Sturz der Regierungen im Reich, in Preußen und anderen Ländern und die Bildung von Rechtsregierungen. Noch waren die Beteiligten an der Harzburger Front durchaus uneinig in der Frage, unter wessen Führung das Ziel einer Rechtsdiktatur erreicht werden sollte. Hitler war gewillt, diese Frage für sich zu entscheiden. Darüber kam es in den nächsten sechzehn Monaten noch zu manchen Differenzen, doch die nationale Reaktion hat mit Harzburg Hitler die Tore zur Macht – und zu den Mächtigen, Einflussreichen und über Geld Verfügenden – weit geöffnet.

I. UNTERGANG 21

Entsprechend den Harzburger Forderungen war die Rechte bemüht, zunächst die preußische Regierung zu stürzen. In Preußen, dem mit Abstand größten Land der Weimarer Republik, gab es im Landtag noch eine parlamentarische Mehrheit der Parteien der Weimarer Koalition, also der SPD, der liberalen DDP und der katholischen Zentrumspartei. Stahlhelm, DNVP, DVP und NSDAP versuchten 1931 mit einem Volksbegehren und einem Volksentscheid die Auflösung des Landtags zu erzwingen, was scheiterte. Verhängnisvoll dabei war, dass die KPD, die zunächst das Volksbegehren noch bekämpft hatte, sich dann am anschließenden Volksentscheid gegen die Preußen-Regierung beteiligte, nachdem die Kommunistische Internationale sie dazu aufgefordert hatte. Das erwies sich als eine Fehlentscheidung mit langwirkenden Folgen, die das notwendige Zusammengehen der Linken gegen den Faschismus erschwerte.

Woran scheiterte eine gemeinsame Front der Linken?

Angesichts der mehr oder weniger starken Bemühungen der bürgerlichen Mitte und der Rechtsparteien, die NSDAP in die Regierungsverantwortung einzubeziehen, blieben als entschieden antifaschistische Kräfte nur die beiden großen Arbeiterparteien. Zusammen waren sie bei den Reichstagswahlen – mit Ausnahme der Juli-Wahlen 1932 – immer stärker als die NSDAP. Bei allen Differenzen gab es in beiden Parteien und bei den Millionen ihrer Anhänger ein tiefgehendes antifaschistisches Verständnis, allerdings angesichts der eigenen Stärke auch eine Unterschätzung der realen Gefahr. Die tiefen Gräben zwischen dem revolutionären und dem reformistischen Flügel der deutschen Arbeiterbewegung erwiesen sich als nur schwer zu überwindendes Hindernis. Der Trennungsprozess im Verlauf der Novemberrevolution war in Deutschland krasser verlaufen als in den meisten anderen Ländern Europas. Das offene Zusammenwirken von SPD-Führern und den reaktionärsten Teilen des Militärs bei der Niederwerfung der Revolution hatte eine Blutgrenze geschaffen, markiert von 15.000 toten revolutionären Arbeitern und dem Mord an Karl Liebknecht und Rosa Luxemburg. Die Erfahrungen mit der Regierung des sozialdemokratischen Reichskanzlers Hermann Müller und der SPD-geführten Preußen-Regierung im Jahr 1929 – »Blut-Mai«, Verbot des Rotfront Kämpferbunds, 7.000 politische Gefangene in Preußen – und die Politik des kleineren Übels gegenüber Brüning wirkten auch nicht gerade ermunternd für Kommunisten, in den Antifaschismus dieser SPD großes Vertrauen zu setzen, auch wenn etwa die 1930 vom Reichsbanner geschaffenen Schutzstaffeln einen Willen zum Kampf gegen die Nazis offenbarten.

Die KPD hatte spätestens seit 1930 der Auseinandersetzung mit dem Faschismus größte Aufmerksamkeit geschenkt. Der auf ihre Initiative geschaffene Kampfbund gegen den Faschismus organisierte die Abwehr des faschistischen Terrors. Zugleich war die KPD-Politik darauf gerichtet, den Massenanhang der NSDAP vom Einfluss der nationalen und sozialen Demagogie zu trennen und ihn für eine den Interessen breiter Volksmassen tatsächlich nützende Programmatik zu gewinnen. Dem sollten die 1930 veröffentlichte »Programmerklärung der KPD zur nationalen und sozialen Befreiung« ebenso wie die 1931 folgenden Dokumente eines Bauernhilfsprogramms und eines Arbeitsbeschaffungsprogramms dienen. Das waren Kontrastprogramme zu den Bemühungen der Rechtsparteien, die Hitlers Programm weitgehend zustimmten und dessen Anhänger für eigene nationalistische Ziele nutzen wollten.[3]

Doch diese Programme, so wichtig sie waren und auch wenn sie zu punktuellen Erfolgen führten, hatten einen strategischen Nachteil. 1928 hatte die Kommunistische Internationale (KI), an deren Beschlüsse die KPD als Sektion gebunden war, nach jahrelanger Diskussion auf dem VI. Weltkongress ein verbindliches Programm beschlossen. Der Kongress hatte ein bevorstehendes Ende der kapitalistischen Stabilisierung und eine Etappe der Krisen, neuer imperialistischer Kriege und Revolutionen vorausgesagt. Für die hochentwickelten Staaten wie Deutschland orientierte die KI nur auf den direkten Kampf für die sozialistische Revolution, ohne eventuell mögliche oder notwendige Zwischenetappen.[4] Das bedeutete auch, in jeder Kraft, die den Kapitalismus verteidigte, einen Teil des Faschismus zu sehen. Für eine Differenzierung der Formen kapitalistischer Machtausübung blieb da kaum Platz. So wurde die Brüning-Regierung, ebenso wie später diejenige Papens, bereits als eine Form des Faschismus gesehen. Wer sie wie die SPD verteidigte, wurde so zum linken Flügel des Faschismus, deren linke Opposition gar zum gefährlichsten Gegner, weil sie Arbeiter mit linken Losungen daran hinderte, zu den Kommunisten zu kommen. Die Sozialdemokratie galt als soziale Hauptstütze der Bourgeoisie in der Arbeiterklasse, ohne ihren Einfluss zu brechen, erschien die sozialistische Revolution unmöglich. Das führte dazu, dass Appelle zur Einheitsfront nur darauf gerichtet waren, die sozialdemokratischen Arbeiter für die KPD zu gewinnen, und dass die Detailprogramme alle darin gipfelten, dass der Faschismus nur im Kampf um ein Rätedeutschland geschlagen werden könne.[5]

Gegen diese starren Fronten entwickelten sich sowohl in der SPD als auch in der KPD Oppositionsströmungen, die sich zu eigenen Organisationen wie die SAP und die KPO entwickelten und eigene antifaschistische Anstrengungen entfalteten. Doch sie kamen über punktuelle Erfolge nicht hinaus, ihr zum Teil beachtliches Bemühen, der Spaltung entgegenzuwirken, führte eher dazu, dass sie von beiden großen Parteien bekämpft wurden.

Auch in den Rechtsparteien kam es im Zusammenhang von Bestrebungen, ihr Verhältnis zur NSDAP zu klären, zu zahlreichen Abspaltungen und Vereinigungsversuchen, auch hier entstanden zeitweilig neue Gruppierungen und starke Rivalitäten. In der Regel führte das dazu, dass vor allem die gemäßigteren Rechtsparteien aufgerieben wurden und sich ihr Massenanhang der NSDAP als der Stärke demonstrierenden Kraft anschloss.

Schicksalsjahr 1932

Um die im Frühjahr 1932 anstehende Neuwahl des Reichspräsidenten zu verhindern, die zwangsläufig eine Zuspitzung des politischen Kampfes bringen musste, bemühte sich Brüning darum, im Reichstag eine Mehrheit für eine vom Parlament zu beschließende Verlängerung der Amtszeit Hindenburgs zu erreichen. Er fand die Unterstützung der SPD, scheiterte aber an den Rechtsparteien. So wurde Hindenburg, 1925 als Kandidat der vereinten Rechten gewählt, jetzt zum Kandidaten der SPD, des Zentrums und der schon fast bedeutungslosen kleineren, liberalen Parteien.

Erst nachdem diese Konstellation geklärt war, hielt Hitler die Zeit für gekommen, ohne Absprache mit seinen rechten Konkurrenten, nun selbst um die Reichspräsidentschaft zu kandidieren. Die DNVP stellte daraufhin Duesterberg, die KPD Thälmann auf. Drei antidemokratischen Rechtskandidaten trat ein Arbeiterkandidat entgegen. Die SPD sah in Hindenburg den Hüter der Verfassung, die einzige Möglichkeit, Hitler zu verhindern. Die KPD bewies in diesem Falle Realitätssinn, als sie erklärte: »Wer Hindenburg wählt, wählt Hitler, wer Hitler wählt, wählt den Krieg.«

Hitler stellte sich 1932 erstmals selbst einer Wahl. Dazu musste er erst deutscher Staatsbürger werden. Die Braunschweiger Staatsregierung, eine Koalition aus DNVP und NSDAP löste das Problem, indem sie Hitler am 25. Februar zum Regierungsrat ernannte. 1930 hatte er im Prozess gegen Reichswehroffiziere, die wegen NS-Zellenbildung in der Reichswehr angeklagt waren, einen Eid abgelegt, die Verfassung zu achten und nur mit gesetzlichen Mitteln die nationale Revolution anzustreben, nach deren Sieg er aber Köpfe rollen lassen wollte. Hitler erreichte im ersten Wahlgang 11,34 Millionen Stimmen und konnte dieses Ergebnis im zweiten Wahlgang am 10. April 1932 noch einmal um zwei Millionen Stimmen verbessern. Damit hatte er die Stimmenzahl gegenüber der Reichstagswahl 1930 noch mehr als verdoppelt. Zwar wurde Hindenburg gewählt, doch dokumentierte Hitler nachdrücklich seinen Machtwillen. Thälmanns Stimmenanteil sank vom ersten bis zum zweiten Wahlgang um 1,2 Millionen Stimmen, von 4,9 auf 3,7 Millionen.

Der Wahlausgang machte deutlich, dass es der NSDAP vor allem mit Hilfe ihrer Kampforganisationen SA und SS, zusammen etwa 400.000 Mann stark, straff militärisch gegliedert und diszipliniert, gelang, Stärke zu demonstrieren und Unzufriedene und Krisenopfer mit ihren einfachen Losungen und Schuldzuweisungen für sich zu mobilisieren. Das beunruhigte auch die Reste der bürgerlichen Mittelparteien und das katholische Zentrum und sogar die Reichswehr. Deshalb versuchte die Brüning-Regierung, unterstützt von der Reichswehrführung, NSDAP und SA zu trennen. Das sollte die NSDAP williger machen, zukünftigen Angeboten des Zentrums zur Regierungsbeteiligung zuzustimmen, und zugleich verhindern, dass sich die SA zu einer Gegenmacht zur Reichswehr entwickelte.

So war das nach der Reichspräsidentenwahl von Wehr- und Innenminister Groener verkündete Verbot der SA, eine der letzten Aktionen der Brüning-Regierung, mit der Überlegung verbunden, wie der in der SA organisierte »gesunde nationale Kern« von der NSDAP getrennt und für eine andere, nicht parteigebundene militärische Reserve genutzt werden könnte. Hindenburg hatte dieser Maßnahme zwar zugestimmt, verlangte jedoch, nachdem sich auch der deutsche Kronprinz empört gegen die »einseitige Verfolgung« nur rechter Organisationen gewandt hatte, nach der SA nun auch andere paramilitärische Organisationen aufzulösen. Um Brüning nicht in Schwierigkeiten zu bringen, löste die SPD die ihr nahestehenden, vom Reichsbanner geschaffenen Schutzformationen freiwillig auf, da mit dem Sieg Hindenburgs die Gefahr eines drohenden Bürgerkriegs in Deutschland gebannt sei. Bei äußerst zahmen Maßnahmen zur Durchsetzung des SA-Verbots wurden zugleich Polizeiaktionen gegen die KPD verstärkt, um Nachfolgeorganisationen des verbotenen RFB aufzudecken. Schließlich wurden im Mai 1932 durch eine »Verordnung des Reichspräsidenten zur Sicherung der Staatsautorität« alle noch bestehenden militärähnlichen Verbände der Kontrolle des Innenministers und damit der Reichswehr unterstellt.

Inzwischen hatten die noch im April 1932 stattfindenden Landtagswahlen in Preußen, Bayern, Württemberg, Anhalt und Hamburg den rapiden Zerfall der bürgerlichen Mittelparteien zugunsten der NSDAP gezeigt. Außer in Bayern wurde sie in den Ländern stärkste Partei, in Preußen errang sie erstmals mehr Mandate als SPD und KPD zusammen. Für die KPD war das Anlass, ihre Bemühungen um eine antifaschistische Einheitsfront zu verstärken. Im Sommer 1932 die Parteiführung die Schaffung einer breiten Antifaschistischen

Aktion, um den Nazis den Weg zur Macht zu versperren, lehnte jedoch das Angebot einiger SPD-Funktionäre zu einem Burgfrieden zwischen SPD und KPD ab. Angesichts des wachsenden SA-Terrors, der Kommunisten wie Sozialdemokraten traf, entwickelten sich an vielen Orten aber gemeinsame Abwehraktionen, entstanden lokale Organisationen des Massenselbstschutzes gegen Naziüberfälle. Der Kampfbund gegen den Faschismus erfasste zahlreiche parteilose Arbeiter. Die KPD forderte ihre wenigen noch in Lohn stehenden Mitglieder auf, den Bemühungen der 1931 geschaffenen NSBO (Nationalsozialistische Betriebszellen Organisation) entgegenzutreten und die Betriebe nazifrei zu halten.

Inzwischen lief die Zeit der Brüning-Regierung ab. Da sie es nicht schaffte, die NSDAP in eine Regierung einzubinden, entzog Hindenburg Brüning das Vertrauen. Mit der Papen-Regierung entstand ab 1. Juni 1932 ein Präsidialkabinett der Barone. Papen verhöhnte die bisherige Notstandspolitik seines ehemaligen Parteifreundes Brüning als Staatssozialismus, als Misswirtschaft der Parlamentsdemokratie. Seine Regierungserklärung, für die er die Unterstützung aller »nationalen Kräfte« forderte, war eine einzige Kampfansage nicht nur an die Arbeiterparteien und die Gewerkschaften, sondern auch an alle liberalen und demokratischen Kräfte. Die NSDAP versprach die Tolerierung dieser Regierung unter der Bedingung, dass der Reichstag erneut aufgelöst werde.

Zwischen der Reichstagsauflösung am 5. Juni 1932 und den Neuwahlen handelte Papen. Das SA-Verbot wurde aufgehoben, was sofort eine Welle des Terrors auslöste. Mit zwei Notverordnungen wurden Löhne und Unterstützungen massiv gesenkt und zugleich demokratische Grundrechte eingeschränkt. Am 20. Juli 1932 setzte Papen die noch im Amt befindliche SPD/Zentrum-Regierung Preußens ab und einen Staatskommissar ein. Damit war das von der SPD als Bollwerk der Demokratie gefeierte Preußen gleichgeschaltet. Die SPD-Führung wagte keinen Kampf gegen diesen eindeutigen Verfassungsbruch, obwohl starke Kräfte des Reichsbanners und auch Teile der preußischen Polizei zur Verteidigung der Regierung bereit waren und auch die KPD einen solchen Widerstand unterstützte.

I. UNTERGANG

Am 31. Juli 1932 konnte die NSDAP jubeln. Sie erhielt bei den Reichstagswahlen fast 13,8 Millionen Stimmen und wurde weitaus stärkste Fraktion. Sie hatte damit fast eine halbe Million Stimmen mehr als SPD und KPD zusammen. Zwar feierte auch die KPD ihren Sieg, hatte sie doch 750.000 Stimmen mehr als 1930, während die SPD mehr als 600.000 Wähler verlor. Von den anderen Parteien waren nur noch das Zentrum – sowie sein bayerischer Ableger, die Bayrische Volkspartei (BVP) – und die DNVP von Bedeutung.

Im Ergebnis dieser Wahlen begann die neue Runde von Verhandlungen über die Einbeziehung der NSDAP in die Regierung. Hindenburg, Papen und der General Schleicher verhandelten mit Hitler, doch der verlangte die Kanzlerschaft. Als ihm dies verweigert wurde, ging die NSDAP in Opposition zu Papen. Darüber, ob man die Chance zum Regierungseintritt nutzen sollte oder nicht, gab es auch innerhalb der NSDAP Differenzen. Sie führten schließlich gegen Jahresende auch zum Bruch Hitlers mit dem bis dahin zweiten Mann der NSDAP, dem Reichsorganisationsleiter Gregor Strasser.

Eine am 4. September 1932 verkündete Notverordnung Papens, mit der tiefe Eingriffe in die Sozialversicherung und eine Beseitigung des Tarifrechts verbunden waren, führte dazu, dass der Reichstag auf Antrag der KPD mit 512 gegen 42 Stimmen der Papen-Regierung das Misstrauen aussprach und die Aufhebung der Notverordnung verlangte. Daraufhin erfolgte erneut die Auflösung des Reichstags, der erst am 30. August erstmals zusammengetreten und mit einem flammenden antifaschistischen Appell seiner Alterspräsidentin Clara Zetkin eröffnet worden war. Damit wurden die Wähler innerhalb von sechs Monaten zum fünften Mal zur Wahl aufgerufen. Dem neuen, am 6. November gewählten Reichtag war ein gleiches Schicksal vorbestimmt wie seinem Vorgänger. Inzwischen hatte allerdings die Antifaschistische Aktion einiges in Gang gesetzt. Obwohl die offiziellen Gewerkschaften die Meinung vertraten, in der Krise könne man nicht kämpfen, gab es eine Serie von Abwehraktionen gegen die Lohnkürzungen Papens mit mehr oder weniger Erfolg.

Aus den mehr als 1.000 betrieblichen, von der Roten Gewerkschaftsopposition (RGO) geführten Aktionen, die allerdings meist vereinzelt blieben, ragt der Streik der Berliner Verkehrsbetriebe vom 3. bis 7. November 1932 heraus, der sich gegen die Lohnkürzungen per Notverordnung richtete. Der Streik war von den Betroffenen in Urabstimmung beschlossen worden, in einer Streikleitung waren Vertreter der RGO, des ADGB, Parteilose und erstmals auch die NSBO vertreten. Immerhin hatten ja alle Parteien von der KPD bis zur NSDAP diese Notverordnung abgelehnt. Deshalb hielt es Goebbels, NSDAP-Gauleiter von Berlin, diesmal im Gegensatz zur gesamten Streikbrechertradition der Nazis für angebracht, diesen Streik mitzumachen, wohl auch um die Streikenden nicht der KPD zu überlassen.

In Schwierigkeiten geriet allerdings die Führung der freien Gewerkschaften, denn sie hatte dem Lohnabbau bei den Angestellten bereits kampflos zugestimmt. Deshalb rief sie nun zum Streikbruch auf. In späteren Darstellungen nutzte die SPD die Tatsache, dass alle anderen Arbeiter bis zum offiziellen Streikabbruch am 7. November weiterkämpften, zu der Fälschung aus, hier hätten Nazis und Kommunisten gemeinsam gegen die SPD gekämpft. Die Beteiligung der NSBO an diesem Kampf brachte der NSDAP keinen Gewinn, sie verlor nicht zuletzt gerade in Berlin bei den nachfolgenden Reichstagswahlen vom 6. November. Das Ergebnis der Novemberwahlen – Stimmenverlust der NSDAP von rund 2 Millionen und Gewinn der KPD von 600.000 Stimmen – erschien vielen als ein Signal dafür, dass die akute Gefahr einer Hitler-Regierung gebannt war. Dabei wurde übersehen, dass die KPD weniger Stimmen gewann, als die SPD verlor. Einen Teil der Verluste der NSDAP fing die DNVP auf, außerdem war die Wahlbeteiligung gesunken.

Papen war nach diesem Ergebnis nicht mehr zu halten. Mit General von Schleicher trat der führende politische Kopf der Reichswehr am 3. Dezember 1932 als neuer Reichskanzler an. Es war der letzte Versuch, ein Präsidialregime auf breitere Kräfte zu stützen, bei dem die alten Eliten das Kommando behalten wollten. Schleicher war bewusst, dass ein nur auf die Macht der Reichswehr gestütztes Regime nicht möglich war, wie vorangegangene Planspiele bewiesen. Deshalb versuchte er, ein Bündnis zu schaffen, in dem der rechte Flügel der

Gewerkschaften die eine Seite, ein von Hitler abgespaltener Teil der NSDAP unter Strasser die andere bilden sollten. Diese Konstruktion einer »Querfront« scheiterte jedoch im Ansatz, weil sie sowohl auf den Widerstand der SPD stieß, als auch im Hinblick auf die Spaltung der NSDAP aussichtslos war.

Die Weichen für Hitler sind gestellt

Der Rückgang der NSDAP-Stimmen bei den Novemberwahlen alarmierte all jene Kräfte, die in der Krise eine Chance sahen, das ungeliebte parlamentarische System dauerhaft durch ein autoritäres, den Interessen von Kapital, Junkern und auf Revanche bedachten Militärs dienendes zu ersetzen. Die maßgeblichen Leute von Großindustrie und Banken hatten spätestens seit Ende 1931 ihre Verbindungen zur Führung der NSDAP gestärkt, deren Massenbasis in der SA sie zwar mit Vorbehalten entgegentraten, mit deren politischen Grundaussagen sie aber weitgehend übereinstimmten. Vom Oberbürgermeister Düsseldorfs, Dr. Lehr – später Innenminister der Bundesrepublik –, festlich begrüßt, bekam Hitler im Düsseldorfer Parkhotel schon am 27. Januar 1932 Gelegenheit, den wichtigsten Magnaten der Ruhrindustrie und der Banken sein Programm zur Vernichtung von Bolschewismus und Marxismus und des Kampfes um neuen Lebensraum darzulegen. Er betonte den Schutz des kapitalistischen Eigentums und zerstreute die Bedenken, sein Gerede vom nationalen Sozialismus könnte sich gegen das Kapital richten. Hatte es schon vorher engere Kontakte zu einzelnen Vertretern des Großkapitals gegeben, so brach von nun an der Kontakt zu führenden Monopolvertretern nicht mehr ab. Auch in diesen Kreisen gab es nicht wenige, denen es lieber gewesen wäre, man hätte Hitler ohne Kanzlerschaft in eine rechte Koalition einbinden können. Doch als Ende 1932 auch Schleicher vor dem Scheitern stand, galt es nun, Hindenburg dazu zu bringen, Hitler als Reichskanzler zu akzeptieren.

Am 4. Januar wurden bei einer Beratung im Haus des Kölner Bankiers von Schröder zwischen Hitler, Papen und dem Hausherrn die Bedingungen für die Bildung einer Koalitionsregierung unter Hitlers Führung ausgehandelt. Dieser Beratung folgten konkrete Verhandlungen mit anderen Vertretern der Großindustrie und deren massive Einwirkung auf Hindenburg und dessen Berater, endlich einem Kanzler Hitler zuzustimmen. Dem Standesdünkel Hindenburgs waren Personen wie Papen und Schleicher sicher sympathischer als der »böhmische Gefreite«. Doch angesichts des massiven Drucks aus den führenden Schichten der Gesellschaft wurde Schleicher schließlich zum Rücktritt bewogen, und Hitler war am 30. Januar 1933 am Ziel seiner Wünsche.

Terror und Gleichschaltung zur Festigung der faschistischen Macht

Zur neuen Regierung gehörten nur drei NSDAP-Mitglieder, Hitler als Reichskanzler, Frick als Innenminister, Göring ohne Geschäftsbereich, aber sofort als kommissarischer Innenminister in Preußen eingesetzt. Der neue Wehrminister von Blomberg erwies sich als zuverlässiger Gefolgsmann, die Reichswehrführung gab sich mit Hitlers Zusage zufrieden, sie werde alleiniger Träger der bewaffneten Macht zum Schutz des Staates bleiben. Aus dem innenpolitischen Machtkampf sollte sie herausgehalten werden. Die Mehrzahl der aus den vorhergehenden Regierungen übernommenen Minister erwies sich als brauchbar für Hitlers Pläne.

Hitlers Konzept für die Ausübung der ihm mehr schlecht als recht legal übertragenen Macht war klar und wurde in raschem Tempo umgesetzt: Massenterror gegen die Arbeiterbewegung und möglichst weitgehende Zerschlagung ihres Widerstands, so weit wie möglich noch vor den Reichstagswahlen, die für den 5. März 1933 nach der auf Hitlers Forderung hin erfolgten erneuten Auflösung des Reichstages festgesetzt wurden; Nutzung der erwarteten Reichstagsmehrheit zur weitergehenden – pseudo-legalen – Zerschlagung des parlamentarischen Systems, Gleichschaltung der Länder, Auflösung konkurrierender Parteien; Neuorganisierung der Wirtschaft unter Führung

I. UNTERGANG

der reaktionärsten Kräfte des deutschen Monopolkapitals zur Ingangsetzung einer raschen Aufrüstung bei Ausschaltung der Gewerkschaften und Beseitigung aller Arbeiterrechte in den Betrieben; schrittweise Verschärfung rassistischer, antisemitischer Maßnahmen, Beseitigung und Durchbrechung der Schranken des Versailler Vertrags, Vorbereitung des Krieges.

Schon in der ersten Kabinettssitzung schlugen die konservativen Minister ein sofortiges Verbot der KPD vor, das jedoch von Hitler abgelehnt wurde. Er fürchtete, eine solche Maßnahme könnte zu einem Signal werden für einen gemeinsamen Widerstand der Arbeiterparteien. Zwar hatte die SPD-Führung den Aufruf der KPD zum sofortigen Generalstreik mit dem Argument abgewiesen, Hitler sei legal zur Macht gekommen und die SPD und ebenso die Gewerkschaften seien nicht bereit, als erste die Legalität zu verlassen. Dennoch gab es in vielen Arbeiterzentren Demonstrationen, Kundgebungen und vereinzelt auch Streiks gegen die Hitler/Papen-Regierung.

An die Stelle des sofortigen Verbots der KPD traten rasch aufeinanderfolgende Maßnahmen, ihre legalen Möglichkeiten zu beseitigen. Gestützt auf eine Notverordnung Hindenburgs vom 4. Februar wurde jede Kritik an der Hitler-Regierung unter Strafe gestellt. Am 17. Februar erließ Göring einen Schießbefehl an die preußische Polizei zum rücksichtslosen Einsatz gegen kommunistische und antifaschistische Aktionen. Die Polizei wurde aufgefordert, Aktionen der SA, der SS und des Stahlhelms aktiv zu unterstützen. Am 22. Februar schließlich wurden große Teile dieser drei Organisationen als Hilfspolizei eingesetzt. Andere Länder folgten Görings Beispiel. Damit waren die Voraussetzungen geschaffen, um nach einer Provokation zum offenen Massenterror überzugehen. Diese Provokation war der Reichstagsbrand am Abend des 27. Februar, für den die Nazi-Führer sofort die Kommunisten verantwortlich machten. Noch in der Nacht wurden nach bereits vorbereiteten Listen 10.000 Funktionäre und Mitglieder der KPD verhaftet, allein 1.500 in Berlin.

Am folgenden Tag setzte eine »Notverordnung zum Schutz von Volk und Staat« die wichtigsten Grundrechte der Weimarer Verfassung außer Kraft. Am 3. März wurde auch Ernst Thälmann, der Vorsitzende der KPD, verhaftet. In der letzten Beratung des ZK der KPD Anfang Februar hatte er zwar vor einer drohenden Provokation der Faschisten gewarnt, die Partei aber zugleich auf den Massenkampf zum Sturz der Nazis und auf die Aufgaben im Wahlkampf ausgerichtet. Damit waren vorausschauende ausreichende Sicherheitsmaßnahmen für die vielen aktiven Funktionäre der Partei nur schwer zu vereinbaren.[6]

Zehntausende Kommunisten und andere Antifaschisten wurden vom – bis dahin unvorstellbaren – Ausmaß des Terrors überrascht, in den Sturmlokalen der Nazis gefoltert, in sogenannte Schutzhaft genommen und in überfüllte Gefängnisse und provisorische Folterlager gesperrt. Die ersten KZ entstanden, zunächst meist der SA unterstellt, die ihre Rachegelüste an wehrlosen Gefangenen austoben konnte. Mitte des Jahres wurden dann die ersten großen zentralisierten KZ-Lager unter Regie der SS eingerichtet, die bald ganz Deutschland überzogen. Unter diesen Bedingungen war das Wahlergebnis vom 5. März bemerkenswert. Der NSDAP gelang es nicht, die angestrebte absolute Mehrheit zu erringen, sie erhielt 17,7 Millionen Stimmen oder 43,9%. Ihre Koalitionspartner, die unter dem Namen Kampffront Schwarz-Weiß-Rot kandidierten, erreichten 8%. Auch zusammen genügte das nicht für die von Hitler betriebene Verfassungsänderung. Die SPD erhielt knapp 7,2 Millionen, die KPD trotz der Massenverhaftungen 4,8 Millionen Stimmen. Die Masse der sozialistischen Wähler war noch nicht umgefallen. Auch das Zentrum blieb stabil.

Hitler zögerte nicht, das Ergebnis zu korrigieren. Die 81 Mandate der KPD wurden kurzerhand für ungültig erklärt, damit hatte die NSDAP genau 50% der Mandate. Doch für die volle »legale« Macht brauchte Hitler noch Verbündete. Am 23. März 1933 verlangte und erhielt er die Zustimmung des Reichstages zu seinem Ermächtigungsgesetz. Mit ihm ging die gesetzgebende Gewalt auf die Reichsregierung über, sie wurde ermächtigt, auch Gesetze zu erlassen, die von der Verfassung abwichen, und internationale Verträge abzuschließen. Damit war die Weimarer Verfassung beerdigt, die parlamentarische Ordnung vollkommen beseitigt. Nur die noch anwesenden 94 Abgeordneten der SPD – die übrigen waren bereits verhaftet oder emigriert – hatten den Mut, das Gesetz abzulehnen. Alle Abgeordneten

I. UNTERGANG

des Zentrums, der Bayerischen Volkspartei (BVP) und die wenigen der inzwischen kaum noch ins Gewicht fallenden übrigen Parteien stimmten dem Diktaturgesetz zu. Unter den Zustimmenden war auch der spätere Bundespräsident Dr. Heuss, der zusammen mit vier weiteren DDP-Abgeordneten (Deutsche Demokratische Partei) über eine Listengemeinschaft mit der SPD in den Reichtag gelangt war. Auf das Ermächtigungsgesetz folgte die Gleichschaltung der Länder, in denen in der Regel Gauleiter der NSDAP als Reichskommissare eingesetzt wurden.

Nach der terroristischen Unterdrückung der KPD kamen als nächstes die Gewerkschaften an die Reihe. Vergeblich hatte die Führung des ADGB, gemeinsam mit den Spitzen des christlichen DGB und der liberalen Hirsch-Dunckerschen Gewerkvereine noch versucht, sich freiwillig in den neuen nationalen Staat einzuordnen. Zum 1. Mai 1933, den die Nazis zum »Feiertag der nationalen Arbeit« verfälscht hatten, riefen die freien Gewerkschaften zusammen mit den anderen genannten Organisationen dazu auf, sich an den vom Regime organisierten Massenkundgebungen zu beteiligen. Ihren internationalen Verbänden hatten sie die Mitarbeit aufgekündigt. Die schmachvolle Kapitulation nutzte nichts. Am 2. Mai wurden die Gewerkschaftshäuser von SA besetzt, Funktionäre entlassen, einige ermordet, andere verhaftet, das Vermögen beschlagnahmt. An die Stelle der freiwilligen Klassenorganisation trat die Deutsche Arbeitsfront (DAF), in der im Sinne der Volksgemeinschaft Unternehmer und Arbeiter gemeinsam organisiert waren, allerdings die Unternehmer als Betriebsführer, die Arbeiter als entrechtete Gefolgschaft. Eingegliedert wurde hier auch die NSBO, nachdem einzelne ihrer Gruppierungen versucht hatten, sich in Unternehmerbelange einzuschalten.

Anpassungsversuche nutzten auch der SPD nichts. Analog zu den freien Gewerkschaften erklärte sie ihren Austritt aus der 2. Internationale. Die im Land verbliebenen SPD-Führer distanzierten sich von ihren emigrierten Vorstandskollegen. Beim letzten Auftritt im Reichstag stimmten die Fraktionsreste der Außenpolitik Hitlers zu. Und schließlich bildete sich um Paul Löbe, den langjährigen Reichtagspräsidenten, noch ein »judenfreier« neuer SPD-Vorstand. Bevor die SPD am 22. Juni durch Erlass des Innenministers verboten wurde, konnte Hitler sie noch verhöhnen: »Spät kommt ihr, doch ihr kommt«.

In den folgenden Wochen lösten sich die anderen Parteien freiwillig auf, zumeist gegen die Zusage, dass ihren Mitgliedern keine Nachteile aus ihrer früheren Tätigkeit entstünden. Der Stahlhelm wurde mit der SA vereinigt. Am 14. Juli verbot ein Gesetz die weitere Arbeit der bestehenden und die Bildung neuer Parteien, die NSDAP war nun die alleinherrschende Partei in Deutschland. Kurze Zeit nach der Auflösung der Zentrumspartei gelang der NSDAP auch ein wichtiger Schritt zur internationalen Anerkennung. Am 20. Juli 1933 schloss Papen für die Hitler-Regierung in Rom mit dem Vatikan ein Reichskonkordat ab. Es sollte die kirchliche Arbeit sichern, verbot aber Priestern jegliche politische Betätigung. Gleichgeschaltet wurden in der Folge auch alle kulturellen, sportlichen und sozialpolitischen Vereine und Verbände, soweit sie nicht, wie einige Arbeiterorganisationen, direkt verboten wurden. Betroffen waren davon auch die Unternehmerverbände. Unter Leitung des von Hitler berufenen Generalrats der Wirtschaft, dem neben einigen höheren Naziführern solche Industriemagnaten wie Krupp, Bosch, Siemens, Thyssen und Vögler sowie Bankiers angehörten, begann hier eine staatsmonopolistische Neuorganisation der Wirtschaft mit dem Ziel einer effektiven Aufrüstung. 1934 wurde durch ein Gesetz zur Vorbereitung des organischen Aufbaus der deutschen Wirtschaft die Bildung von 6 Reichsgruppen beschlossen, in denen alle wichtigen Zweige der Wirtschaft den mächtigsten Monopolgruppen unterstellt wurden.

Ausgeschlossen von allen Leitungsgremien der Wirtschaft wurden bis dahin einflussreiche jüdische Wirtschaftsführer, wohl zu ihrer eigenen Überraschung auch solche, die – wie Paul Silverberg[7] (Rhein Braun Konzern) als Finanzier der Deutschen Führerbriefe – sich 1932 sehr für Hitlers Kanzlerschaft eingesetzt hatten. Der von den Nazis hochgepeitschte Antisemitismus hatte in den ersten Monaten nach der Regierungsübernahme vielerorts zu Übergiffen auf jüdische Bürger und Geschäfte geführt. Um diese Aktion zentral kontrollieren zu

I. UNTERGANG

können, verkündete die NSDAP unter massivem SA-Einsatz für den 1. April 1933 einen allgemeinen Boykott jüdischer Geschäfte. Doch diese Aktion wurde abgebrochen, als es dagegen zu internationalen Protesten kam und ein Boykott deutscher Waren im Ausland drohte. Erst mit den 1935 verkündeten Nürnberger Rassegesetzen begann dann die völlige Entrechtung, massive Verdrängung und Verfolgung jüdischer Bürger, die in der Pogromnacht am 9. November 1938 einen ersten Höhepunkt erreichte und im beispiellosen Völkermord an sechs Millionen europäischer Juden während des Krieges endete.

Noch vor dem Tod Hindenburgs im August 1934 wurden auch Unzufriedene und Konkurrenten in den eigenen Reihen und bei den konservativen Verbündeten gewaltsam ausgeschaltet und klare Fronten geschaffen. Die SA hatte ihre Aufgaben im Terror gegen die Arbeiterbewegung erfüllt, ihre Führung wollte dafür Anerkennung und neue Aufgaben, wohl vor allem in der Armee. Hitler löste das Problem auf seine Weise. Am 30. Juni 1934 ließ er den Kern der SA-Führung liquidieren und beseitigte nebenbei auch alte Konkurrenten wie den General Schleicher. Hindenburg und die Reichswehr akzeptierten diesen Massenmord als Staatsnotstand. Papen, der beim bevorstehenden Tod Hindenburgs auf Wiederherstellung der Monarchie setzte, wurde aus der Regierung entfernt und als Botschafter nach Wien abgeschoben. Brüning und andere flüchteten vor drohender Verfolgung ins Ausland. So war alles vorbereitet, um den letzten formellen Schritt zur Vereinigung aller Macht bei Hitler zu sichern. Als Hindenburg Anfang August 1934 starb, lag angeblich ein Testament mit dem Vorschlag vor, die Funktionen des Reichspräsidenten und des Reichskanzlers bei Hitler zu vereinigen. Sofort wurde die Reichswehr auf dessen Person vereidigt.

Widerstand und Schlussfolgerungen der Arbeiterbewegung

Spätestens Anfang 1934 wurde deutlich, dass es dem Faschismus gelungen war, seine Macht zu festigen. Weder die Hoffnung auf ein rasches Abwirtschaften noch die, durch ansteigenden Widerstand seine Herrschaft zu beenden, entsprachen noch der Realität. Die beiden Flügel der Arbeiterbewegung, die vor 1933 nicht vermocht hatten, durch gemeinsamen Kampf den Faschismus zu verhindern, waren jetzt zu einer kritischen Überprüfung ihrer Politik gezwungen. In den Konzentrationslagern und Gefängnissen der Nazi-Diktatur trafen Kommunisten, Sozialdemokraten, Gewerkschafter, in geringerem Maße auch Künstler und Geistesschaffende, aufeinander, die im antifaschistischen Kampf getrennt blieben, aber nun gemeinsam vom Faschismus verfolgt wurden. Hier entstand der Wille, Fehler zu überwinden, Gemeinsamkeiten für die Zukunft zu entwickeln.

Von großer Bedeutung für die Orientierung im illegalen Kampf erwies sich die von Georgi Dimitroff offensiv betriebene Verteidigung im Reichstagsbrandprozess. Der führende Funktionär der bulgarischen KP und Leiter des Mitteleuropäischen Büros der KI, im Prozess zusammen mit zwei seiner bulgarischen Mitarbeiter und dem Vorsitzenden der KPD-Reichstagsfraktion Torgler als Verantwortliche für den Brand angeklagt, widerlegte nicht nur die Beschuldigungen, sondern wurde zum Ankläger, indem er die Politik der Kommunisten offensiv verteidigte und die NSDAP als Nutznießer dieses Verbrechens deutlich machte. Sein Sieg über Göring bei dessen Zeugenvernehmung erregte internationales Aufsehen. Deutsche Kommunisten, als Belastungszeugen vorgesehen, bewährten sich ebenfalls, trotz der ihnen als Häftlingen drohenden Verfolgungen. Zum Freispruch für die angeklagten Kommunisten trugen auch die internationale Solidarität und der in London unter Teilnahme international bekannter Juristen durchgeführte Gegenprozess sowie das »Braunbuch zum Reichtagsbrand« bei. Die Niederlage veranlasste die Naziführung, auf einen Schauprozess gegen Ernst Thälmann zu verzichten.

Mit dem Namen und der Autorität Dimitroffs sind auch die strategischen Korrekturen der kommunistischen Politik verbunden, wie sie auf dem 7. Weltkongress der Internationale 1935 erfolgten.[8] Aus der Charakterisierung des Faschismus an der Macht »als offen terroristische Diktatur der reaktionärsten, am meisten chauvinistischen, am meisten imperialistischen Elemente des Finanzkapitals« – die Defi-

I. UNTERGANG 37

nition hatte bereits das 13. Plenum des Exekutivkomitees der KI im Dezember 1933 erarbeitet – zog Dimitroff weitgehende Schlussfolgerungen, die 1933 noch nicht erkannt worden waren. Dazu gehörte die Überwindung der These, dass es zwischen der bürgerlich-parlamentarischen Herrschaftsform und der faschistischen Diktatur des Kapitals keinen qualitativen Unterschied gebe. Die KI stellte den Kampf um die Arbeitereinheit nicht mehr unter die Prämisse, die Einheit nur von unten, gegen die Führung der SPD zu erreichen, sondern forderte die Aktionseinheit mit den bestehenden sozialdemokratischen Parteien im Kampf gegen den Faschismus, wobei in diesem gemeinsamen Kampf auch die Voraussetzungen für eine neue organisatorische Einheit entstehen sollten. Der Kongress betonte die Aufgaben der Kommunisten, jedes Stück bürgerlich-demokratischer Rechte gegen den Angriff des Faschismus zu verteidigen und dabei jede denkbare Bündnismöglichkeit zu nutzen. Dimitroffs Überlegungen führten zu den Beschlüssen über die Politik der Arbeitereinheitsfront, der Volksfront und der Sammlung aller Kräfte gegen die vom Faschismus heraufbeschworene Kriegsgefahr.

Diese Politik konnte bereits auf neuen Erfahrungen aufbauen. So hatte eine einig handelnde französische Arbeiterklasse den Vormarsch der französischen Faschisten gestoppt und erste Schritte zur Bildung einer Volksfront eingeleitet. In Österreich und Spanien hatten Sozialisten und Kommunisten gemeinsam bewaffnet die Demokratie verteidigt. 1936 ging in Spanien daraus die Volksfrontregierung hervor. Drei Jahre lang konnte sich diese in einem national-revolutionären Krieg gegen die Franco-Putschisten und die von ihnen gerufenen italienischen und deutschen Interventionstruppen behaupten, nicht zuletzt dank internationaler Solidarität, wie sie sichtbar in den Internationalen Brigaden zum Ausdruck kam. Tausende deutsche Kommunisten, Sozialisten, auch Anarchisten und bürgerliche Demokraten waren an diesem Kampf gegen die faschistische Aggression beteiligt, rund 5.000 verloren im Kampf um Spaniens Freiheit ihr Leben.

Die strategischen Korrekturen kommunistischer Politik trafen in der KPD und ihren Führungsgremien zunächst auf viel Widerspruch. Vor allem die Korrektur in der Haltung zur SPD-Führung schien manchem auch angesichts der Erfahrungen des Frühjahrs 1933 schwer nachvollziehbar. Erfolge hatte es in der Zusammenarbeit an der Basis gegeben, kaum jedoch auf Führungsebenen. Auf der Brüsseler Konferenz (im Oktober 1935 in der Nähe Moskaus durchgeführt) fanden diese Differenzen mit der Zustimmung zu den Beschlüssen des Weltkongresses und der Wahl einer einheitlichen Führung ihren Abschluss.[9] Andererseits hatte der nach Prag emigrierte Parteivorstand der SPD am 28. Januar 1934 eine Erklärung veröffentlicht, die die bis heute weitestgehende Selbstkritik sozialdemokratischer Führungsgremien an der eigenen Politik enthielt.[10] Sie bezeichnete die 1918 erfolgte Machtübernahme durch die SPD und »die sofortige Teilung dieser Macht mit den bürgerlichen Parteien, mit der alten Bürokratie und dem reorganisierten militärischen Apparat«, die »fast unveränderte Übernahme« des alten Staatsapparates als »schweren historischen Fehler« der deutschen Sozialdemokratie. Der Sturz des Nationalsozialismus war laut diesem Manifest nur auf revolutionärem Wege und durch das in diesem Kampf entstehende einheitliche Handeln der Arbeiter möglich. Es müsse eine politische Macht aus diesem Kampf hervorgehen, die den Staatsapparat in ein Instrument der Volksmassen verwandelt. Zur Sicherung dieser revolutionären Macht forderte die SPD im Prager Manifest die Enteignung des Großgrundbesitzes, die entschädigungslose Enteignung der Schwerindustrie und die Vergesellschaftung der Großbanken. Erst nach der revolutionären Verwirklichung dieser Forderungen sei mit dem Aufbau eines freien Staatswesens zu beginnen. Wenn dieses Dokument ernst gemeint war, konnte es wesentliche Hindernisse für einen gemeinsamen Kampf ausräumen. Allerdings stimmten die Linken im Parteivorstand diesem Dokument nicht zu, weil sie es als unehrlich einschätzten und meinten, es diene nur dazu, verlorenen Einfluss des Vorstandes auf Antifaschisten in Deutschland wiederzugewinnen. In der Tat wurden die Erkenntnisse des Prager Manifests bald vergessen. Gemeinsames Handeln entwickelte sich mit einzelnen SPD-Funktionären, etwa beim Ringen um das Saargebiet und bei den Anfängen für eine deutsche Volksfront. Beim Parteivorstand dagegen stießen alle Aufrufe der KPD zum gemeinsamen Handeln letztlich auf Ablehnung.

I. UNTERGANG

Auf raschem Weg zum Krieg

Zur Stabilisierung der faschistischen Macht trugen außenpolitische Erfolge, bei denen Hitler, wie es schien, alles gelang, nicht unerheblich bei. An der Saar scheiterte 1935 das Bemühen, dem Anschluss an Deutschland eine – sicher nicht leicht zu verstehende – Alternative in Form der Erhaltung des Status quo entgegenzustellen, obwohl sich hier Kommunisten, Sozialdemokraten und auch einige bürgerliche Demokraten der Gefahr der faschistischen Terrorherrrschaft gemeinsam entgegenstellten. Die nationalistische Welle erwies sich aber als stärker als antifaschistische Vernunft. Der Austritt Deutschlands aus dem Völkerbund 1933, angeblich weil »Rüstungsgleichheit« verweigert wurde, traf weder international noch in Deutschland auf großen Widerstand. Wichtigste damit verbundene Veränderung blieb hier nur, dass die Sowjetunion jetzt (1933) dem Völkerbund beitrat, was ihre Bemühungen um kollektive Sicherheit erleichterte.

Es war vor allem England, dessen konservative Regierung den Ausgleich mit Hitlerdeutschland suchte, nicht zuletzt in der Hoffnung, die Eroberungsgelüste Hitlers gegen die Sowjetunion zu lenken. Während Frankreich und einige andere Länder zumindest noch gegen die Einführung der Wehrpflicht und den Einmarsch der Wehrmacht in das entmilitarisierte Rheinland protestierten, legalisierte England – ohne Absprache mit den anderen Vertragspartnern – 1935 im deutsch-britischen Flottenabkommen die Vergrößerung der deutschen Flotte auf das Dreifache einschließlich des Baus deutscher U-Boote.[11]

Zu einem internationalen Schauerfolg wurden die Olympischen Spiele 1936 in Deutschland, bei denen sich der faschistische Propagandaapparat aller Mittel bediente. Das überdeckte die gerade erfolgende massive militärische Aggression in Spanien. Der gemeinsam mit Mussolinis Italien betriebene Angriff gegen die spanische Republik führte auch zum Abgleich unterschiedlicher Positionen zwischen den beiden faschistischen Hauptmächten, an denen noch 1934 ein Anschluss Österreichs an Deutschland gescheitert war. 1938 wurde dieser Anschluss Wirklichkeit. Im November 1938 leistete die Appeasement-Politik Chamberlains ihr Meisterstück, als sie ohne die verbündete Tschechoslowakei auch nur zu konsultieren, im Münchner Abkommen[12] die Auslieferung der Sudetengebiete an Deutschland aushandelte, die CSR damit ihrer Verteidigungsmöglichkeit beraubte und ihre völlige Liquidierung im März 1939 einleitete. Das Münchner Diktat, an dem Frankreich und Italien beteiligt waren, beendete praktisch die Bemühungen der UdSSR, ein kollektives Sicherheitssystem in Europa zu schaffen. Der Anschluss des Memel-Gebietes im Frühjahr 1939 schloss dann die Periode der friedlichen Eroberungen Hitlers ab. Für den Krieg waren sowohl stimmungsmäßig alle Vorbereitungen getroffen, als auch ein rüstungstechnischer Vorlauf geschaffen worden, der auf dessen rasche Auslösung drängte.

Für den antifaschistischen deutschen Widerstand wurden die Bedingungen durch Hitlers Erfolge nicht leichter. Im Zuge von Aufrüstung, Einberufung zur Wehrmacht und zum Arbeitsdienst, Verpflichtung zum Westwall- und Autobahnbau, nicht zuletzt durch die hochgeputschte Rüstungsproduktion war die Arbeitslosigkeit seit 1936 verschwunden. Zwar blieben die Löhne niedrig, aber gemessen an den Endjahren der Weimarer Republik erschien das Leben besser. Für die Masse der Menschen war der Terror zurückgetreten hinter einer Vielzahl von Maßnahmen, mit denen auch die Arbeiter in das System integriert wurden: Das Winterhilfswerk gaukelte mit Zwangsspenden und Eintopfsonntagen Volksgemeinschaft und Solidarität vor, mit den DAF-Zwangsbeiträgen wurde eine nationalistisch geprägte Kultur organisiert, mit »Kraft durch Freude« entstand ein gelenktes, aber doch auch oft interessantes Gemeinschaftserlebnis, Kreuzfahrten auf KDF-Schiffen ließen vergessen, dass hier Truppentransporter entstanden, und mit Anzahlungen auf den mit 1.000 Mark veranschlagten KDF-Wagen wurde das Volkswagenwerk gebaut. Alles das blieb nicht ohne Wirkung, auch wenn die überzogene Rüstung an manchen Punkten schon den Lebensstandard senkte. Da Hitlers Eroberungen friedlich verliefen, sank auch die Sorge vor einem drohenden Krieg.

Gerade das Aufzeigen der wachsenden Kriegsgefahr war Hauptinhalt antifaschistischer Arbeit, sowohl der immer wieder entstehenden Widerstandsgruppen, informeller Diskussionskreise, aber auch pazifistischer und christlicher Zirkel. Auch die deutsche Emigration bemühte sich, immer wieder auf die faschistischen Kriegspläne hinzuweisen und zur Wachsamkeit aufzurufen. Sorgen über das Tempo der Kriegsvorbereitungen, Furcht vor einem langdauernden Zweifrontenkrieg gab es auch bei Militärs und Politikern, die grundsätzlich Hitlers Politik mittrugen, aber vor riskanten Abenteuern warnten. Das führte z. B. 1938 zu einer unter Vorwänden erfolgenden Ablösung führender Militärs (Blomberg/Fritsch-Krise). Hitler nutzte sie, um das Wehrministerium abzuschaffen und durch ein ihm direkt unterstehendes Oberkommando der Wehrmacht zu ersetzen.

Die Reichpogromnacht am 9. November 1938, von krimineller Energie der lange nicht mehr geforderten SA getragen, war auch eine Probe darauf, wieweit die Masse der Deutschen bereit war, den brutalen Antihumanismus zu akzeptieren und sich an die Rechtlosigkeit von Mitmenschen zu gewöhnen. Zwar waren an den Aktionen gegen die jüdischen Bürger direkt nur relativ wenige beteiligt, doch der überwiegende Teil schaute zu oder sah weg. Nicht wenige nutzten Chancen zur Bereicherung. Es gab bewusste Solidarität und es gab Hilfe aus Mitleid. Eine Massenempörung gab es nicht.

Trotz allem gab es Widerstand auch in diesen Jahren in Deutschland. Der ausgebaute Spitzelapparat der Gestapo fügte ihm immer wieder Schläge zu, forderte hohe Opfer. Doch gerade die Gestapoberichte auch dieser Jahre geben Zeugnis aufrechten Handelns. Für die Stärke und die Opfer des deutschen Widerstands der Vorkriegzeit sollen nur zwei Zahlen sprechen: Nach einer Gestapo-Übersicht vom 10. April 1939 waren zu diesem Zeitpunkt 162.734 politische Häftlinge in den Konzentrationslagern. Zur gleichen Zeit waren 112.432 verurteilte politische Gefangene in Zuchthäusern und Gefängnissen, 27.369 weitere waren angeklagt. Zehntausende deutsche verfolgte Widerständler standen somit für Hitlers Aggressionsarmee nicht zur Verfügung.

Der Krieg: Verbrechen und Ende des Faschismus

Mit dem am 1. September beginnenden deutschen Überfall auf Polen begann in Europa der Krieg, der sich bald zum Weltkrieg entwickelte. Unbestreitbar ist, dass dieser Krieg von Hitler-Deutschland gewollt und planmäßig vorbereitet wurde, weshalb es auch für alle Folgen verantwortlich war.

Mit dem Münchener Abkommen war die Chance, die Aggressoren durch ein System der kollektiven Sicherheit zu bremsen, verloren gegangen. Das lag in der Verantwortung der englischen und französischen Regierung. Dass die sowjetische Führung diesen Regierungen misstraute, als sie, ohne selbst konkrete Beistandsverpflichtungen abzugeben, jetzt ein Bündnis mit Russland vorschlugen, ist verständlich. Die UdSSR wäre allzu leicht in eine Lage geraten, allein in einen Krieg mit dem faschistischen Block verwickelt zu werden. Immerhin waren an ihrer Ostgrenze noch militärische Auseinandersetzungen mit Japan, das mit Deutschland und Italien im Dreimächtepakt verbunden war, nicht abgeschlossen. So kam es, überraschend auch für die Kommunisten, zum Nichtangriffsvertrag zwischen Deutschland und der UdSSR. Bei aller prinzipiellen Solidarität der Kommunisten mit der UdSSR, entstanden doch auch Verwirrung und Unsicherheit und Schwierigkeiten für bestehende Bündnisse. Nicht zuletzt trafen die Veränderungen auch die auf Solidarität angewiesene politische Emigration. Hitler konnte mit diesem Abkommen Bedenken seiner Generäle entkräften, die angesichts der Erfahrungen des 1. Weltkrieges nichts mehr als einen längeren Zweifrontenkrieg fürchteten. Die heute, vor allem in Zusammenhang mit dem 20. Juli 1944 so gewürdigte militärische Opposition blieb 1939 sehr schweigsam und verstummte nach den Blitzsiegen der ersten beiden Kriegsjahre. Ernsthafte militärische Opposition zeigte sich auch nicht, als Hitler seine Generäle beauftragte, den Überfall auf die UdSSR vorzubereiten, der dann allerdings die Kriegswende einleitete.

Der Blitzkrieg im Osten scheiterte nach anfänglichen großen deutschen Erfolgen und katastrophalen Niederlagen der Roten Armee im ersten Kriegshalbjahr bereits mit der Niederlage im Dezember

1941 vor Moskau. Nicht der Blitzsieg, sondern ein langer, kräftezehrender Krieg war jetzt die Perspektive. Jetzt vor allem wuchsen Bedenken bei Militärs und Politikern, die Hitler bis hierhin gedient hatten, aber die Folgen einer Niederlage fürchteten. Zu diesem Zeitpunkt begannen die Überlegungen, die zum 20. Juli 1944 führten.

Der Verlauf des Krieges, die großen militärischen Wendepunkte wie Stalingrad, El Alamein, Kursk, der Übergang der Initiative an die Sowjetarmee und schließlich der Bombenkrieg und die Eröffnung der Zweiten Front schufen eine veränderte Stimmung und auch neue Möglichkeiten des Widerstands. Dennoch blieb dieser eine Sache von Minderheiten. Er reichte nicht für die (Selbst-)Befreiung des deutschen Volkes, welche nur durch die Siege und Opfer der Völker und Armeen der Anti-Hitler-Koalition vollbracht wurde.

Der innere Widerstand gegen den Krieg bekam viele neue Formen, blieb aber zumeist im engsten Rahmen. Es ist schwer zu bestimmen, wo er anfing: Beim wachsenden Maß des Abhörens von »Feindsendern«, bei wehrkraftzersetzenden Bemerkungen, bei Diskussionen während der Bombennächte, bei solidarischem Handeln gegenüber Zwangsarbeitern und Kriegsgefangenen, um nur einige der elementaren Formen zu nennen, die die Gestapo beunruhigten und zu harten Verfolgungen bis zur Todesstrafe führten. Widerstand gab es bei Christen, welche die Euthanasiemorde anprangerten und sich gegen Einmischung in kirchliche Angelegenheiten wehrten, bei Bibelforschern, die den Kriegsdienst ablehnten, und bei Deserteuren, die die Beteiligung an Kriegsverbrechen verweigerten. Mutige Einzelbeispiele wie der Kampf der Geschwister Scholl waren sicher eine höhere Stufe.

Der umfangreichste, beständigste und opferreichste Kampf gegen Krieg und Faschismus ging auch in diesen Kriegsjahren von den Überresten der Arbeiterbewegung aus. Nachdem der Krieg die Kontakte zu den im Ausland tätigen Organen der KPD unterbrochen hatte, entstanden nicht nur viele selbständig handelnde kleine Gruppen, sondern mehrfach auch große Teile Deutschlands erfassende Widerstandsgruppen. Zwei davon seien genannt, die jeweils für längere Zeit die Funktion einer Inlandsleitung der KPD ausübten: Die

Gruppe um das 1942 von Holland eingereiste ZK-Mitglied Wilhelm Knöchel, die um die Zeitung Friedenskämpfer herum von Berlin und dem Rhein-Ruhr-Gebiet aus 13 Monate arbeitsfähig blieb, bevor sie von der Gestapo aufgedeckt wurde. Und die Gruppe um die Hamburger Kommunisten Abshagen, Bästlein und Jakobs, später auch Saefkow, Neubauer und Poser, deren Organisation Berlin, Hamburg, Sachsen und Thüringen betreute, die über Rundfunk vermittelten Losungen des Nationalkomitees Freies Deutschland aufnahm und Dokumente diskutierte, die über den aktuellen Kampf hinausgehend Plattformen für ein demokratisches Deutschland nach Hitler erarbeitete.[13]

Mit diesen Kommunisten nahmen – in Absprache mit Stauffenberg – die Sozialdemokraten Reichwein und Leber Kontakt auf. Auch hier gelang der Gestapo Anfang Juli 1944 durch einen Spitzel der Einbruch in die Organisation. In diesen und zahlreichen größeren und kleineren von Kommunisten initiierten Widerstandsgruppen wurde ein Unterschied zu bürgerlichen Gruppen deutlich. Ohne Bündnismöglichkeiten gering zu schätzen, galt doch ihr Hauptaugenmerk den Arbeitern, war auf aktive Gruppen in den Betrieben gerichtet, weil, wenn überhaupt irgendwo, nur hier eine breite Basis für einen aktiven Kampf gegen die Nazidiktatur entstehen konnte. Solche Organisationen verlangten höchste Disziplin, wenn sie sich behaupten wollten. Es war keineswegs ein »Organisationsfetischismus«, der Kommunisten immer wieder drängte, massenorientierte Widerstandsformen zu organisieren, es entsprach ihrer Überzeugung von der entscheidenden Rolle der Volksmassen auch im antifaschistischen Kampf. Das erforderte größte Opfer – unvergleichbar mehr als die aller anderen antifaschistischen Kräfte. Von den rund 300.000 Mitgliedern der KPD im Jahr 1932 wurde jeder zweite direktes Opfer faschistischer Verfolgung. Die KPD registrierte 1945 15.000 Tote aus ihren Reihen.

Im Gegensatz dazu waren große Teile des bürgerlichen und militärischen Widerstands, wie er sich vor allem nach Stalingrad verstärkt formierte, darauf bedacht, einen Weg zu finden, sich der Hitlerclique zu entledigen, ohne den autoritären Staat, die Armee und die Besitzverhältnisse durch eine revolutionäre Volksbewegung – wie am Ende des Ersten Weltkrieges – zu gefährden. Im Kreis um Goerdeler etwa wurden Leute aktiv, die in der Endzeit Weimars an der Beseitigung demokratischer Strukturen beteiligt waren und Hitlers Politik aktiv gedient hatten. Ihre Vorstellungen von einem Deutschland nach Hitler entsprachen ihrer politischen Rolle. Ein Auseinanderbrechen der Anti-Hitler-Koalition, ein Frieden nur im Westen und Weiterführung der Ostfront entsprachen durchaus dem Willen von an der Verschwörung Beteiligten der militärischen Abwehr um den alten Spartakusjäger Canaris. Der Kreis der mit Hitler unzufriedenen Generäle war sehr differenziert – eine Ursache der zögernden Haltung am 20. Juli. Progressivere, aktivere und realistischere Kräfte kamen aus dem Kreisauer Kreis und von jüngeren Offizieren. Der 20. Juli scheiterte auch daran, dass die Differenzen unter den beteiligten Gruppen keine Vorstellung zuließen, an antifaschistische Aktivitäten »von unten« zu appellieren.

Die Hochstilisierung des anzuerkennenden 20. Juli zur fast alleinigen legitimen Form des antifaschistischen Widerstands in den Medien der Bundesrepublik entspringt weniger der Realität als dem Legitimationsbedürfnis einer Politik, die bald nach 1945 beim Aufbau des Staatsapparates lieber auf alte Nazis setzte als auf Antifaschisten und die sich bestenfalls noch auf konservativen Widerstand beziehen konnte. Jede Form des Widerstands, auf die sich die andere Seite des Kalten Krieges berufen konnte, blieb lange diffamiert. So z.B. die sehr unterschiedlichen Widerstandsgruppen, die von der Gestapo unter dem Begriff Rote Kapelle zusammengefasst und als Trupps der Sowjetspionage diffamiert wurden.[14] Keine Kaserne der Bundeswehr wurde etwa nach Harro Schulze-Boysen benannt, und jene Generäle und Offiziere, die sich in der sowjetischen Gefangenschaft von Hitler getrennt und dem Nationalkomitee Freies Deutschland angeschlossen hatten, blieben in der Bundeswehr ebenso unerwünscht.

Dabei schuf das in Moskau gegründete Nationalkomitee Freies Deutschland, in dem sich bewährte Antifaschisten mit vom Einfluss der Nazis befreiten Kriegsgefangenen, Soldaten, Offizieren und Generälen zusammenfanden, eine wichtige Plattform für den Zusammenschluss aller am Sturz Hitlers interessierten Kräfte. Nationalkomitees entstanden in Frankreich, der Schweiz, Mexiko und anderen Ländern. Einige Deutsche beteiligten sich in der französischen Résistance, bei jugoslawischen, griechischen, albanischen und sowjetischen Partisanen am bewaffneten Kampf zur Befreiung vom Faschismus. Jeder, der den Mut hatte, für den Sturz der Nazi-Herrschaft und für das Ende des Krieges einzutreten, jedes Opfer dieses Kampfes verdient Anerkennung.

Am Ende des von Hitlerdeutschland ausgelösten Krieges stand die Niederlage derer, die zum zweiten Mal in einem Jahrhundert versucht hatten, die Weltherrschaft zu erringen. Sie sind gescheitert am Widerstand der Völker. Doch die Bilanz am Ende des Krieges war schrecklich. Mindestens 55 Millionen Tote kostete Hitlers Krieg, davon war fast jeder zweite ein Bürger der Sowjetunion. Jeder 4. Weißrusse, jeder 6. Pole wurde ermordet. Jugoslawien trauerte um 1,7 Millionen Opfer. 6 Millionen jüdische Bürger Deutschlands und Europas verschlang der rassistische Völkermord. Mehr als 3 Millionen sowjetische Kriegsgefangene verhungerten, wurden ermordet oder starben an Krankheiten und Seuchen. Unter den fast sechs Millionen deutschen Toten waren auch 200.000 vom Faschismus Verfolgte. Die Liste der faschistischen Verbrechen – im Namen Deutschlands begangen – ist endlos.

Die befreiten Häftlinge des Konzentrationslagers Buchenwald, die ungebrochenen Antifaschisten vieler Völker erklärten zwei Tage nach der Selbstbefreiung beim Lagerappell: »Wir schwören deshalb vor aller Welt auf diesem Appellplatz, an der Stelle des Grauens. Wir stellen den Kampf erst ein, wenn der letzte Schuldige vor den Richtern der Völker steht. Die Vernichtung des Nazismus mit seinen Wurzeln ist unsere Losung. Der Aufbau einer neuen Welt des Friedens und der Freiheit unser Ziel.«

Es ist nicht die Schuld der damals Schwörenden, wenn wir auch heute noch sagen müssen: Die Lösung dieser Aufgaben steht noch immer aus.

I. UNTERGANG

Anmerkungen

1 Vgl. Reichsverband der Deutschen Industrie, Denkschrift »Aufstieg oder Niedergang« vom 2.12.1929

2 Vgl. Franz Osterroth/Dieter Schuster, Chronik der deutschen Sozialdemokratie Bd 2, Bonn 1975, S. 221

3 Vgl. ZK der KPD, Programmerklärung zur nationalen und sozialen Befreiung des deutschen Volkes, in: Die Rote Fahne v. 24. 8.1930

4 Vgl. Programm der Kommunistischen Internationale (1. September 1928), in: Protokoll des VI. Weltkongresses der KI Bd. 3, Feltrinelli Reprint 1967, S. 45ff.

5 Vgl. Ernst Thälmann, Einige Fehler in unserer theoretischen und praktischen Arbeit und der Weg zu ihrer Überwindung, in: Die Internationale 11-12/1931

6 Vgl. Ernst Thälmann, Rede auf der Tagung des ZK am 7.2.1933 (Auszüge) – Geschichte der deutschen Arbeiterbewegung Bd. 5, Berlin 1966, S. 446

7 Vgl. Eberhard Czichon, Wer verhalf Hitler zur Macht? Zum Anteil der deutschen Industrie an der Zerstörung der Weimarer Republik, Köln 1967, S. 31ff.

8 Vgl. Georgi Dimitroff, Die Offensive des Faschismus und die Aufgaben der Kommunistischen Internationale im Kampf für die Einheit der Arbeiterklasse gegen den Faschismus. Referat auf dem VII. Weltkongress der KI, Moskau/Leningrad 1935

9 Vgl. Erwin Lewin/Elke Reuter/Stefan Weber (Hg.), Protokoll der Brüsseler Konferenz der KPD vom 3.-15.10.1935, München 1997

10 Vgl. SPD Emigrationsvorstand, Kampf und Ziel des revolutionären Sozialismus – Prager Manifest vom 28.1.1934, in: Wolfgang Abendroth, Aufstieg und Krise der deutschen Sozialdemokratie. Das Problem der Zweckentfremdung einer politischen Partei durch die Anpassungstendenz von Institutionen an vorgegebene Machtverhältnisse, 2. Aufl. Frankfurt am Main 1969, S. 114ff.

11 Vgl. Flottenabkommen zwischen Großbritannien und Deutschland v. 18.6.1935, in: Helmuth Stoecker, Handbuch der Verträge 1871-1964, Berlin 1968, S. 276

12 Vgl. Abkommen von München vom 29.9.1938, in: Helmuth Stoecker, Handbuch der Verträge 1871-1964, a.a.O., S. 292

13 Vgl. Karl Heinz Roth/Angelika Ebbinghaus, Rote Kapellen – Kreisauer Kreise – Schwarze Kapellen. Neue Sichtweisen auf Widerstand gegen die NS-Diktatur 1938-1945, Hamburg 2004

14 Vgl. ebenda

II.
Befreiung

KURT PÄTZOLD

D-Day und Befreiungstag

Jahrestage werfen nicht nur hierzulande ihre Schatten voraus, namentlich, wenn ihnen politische Relevanz zukommt oder zugemessen wird. So auch geschieht es dem bevorstehenden 8./9. Mai 2005, an dem sich zum 60. Male der Tag jähren wird, da der Zweite Weltkrieg in Europa *endete*. Kriegsende, das ist – nicht anders als Kriegsbeginn – eine allgemeine und nichtssagende Bezeichnung zur zeitlichen Fixierung jenes Ereignisses, das die Chroniken der Weltgeschichte für alle denkbaren Zeiten vermerken werden. Wer eine Einordnung oder Wertung vermeiden will, belässt es dabei. Der Erste Weltkrieg begann, der Zweite Weltkrieg endete. Das bietet die »absolute« Wahrheit und bezeugt Verweigerung gegenüber jedem tieferen Blick und Gedankenarmut. Im Hinblick auf Deutschland konkurrieren zur Kennzeichnung dieses Maitages des Jahres 1945 mehrere Begriffe, die jeweils bestimmte Aspekte erfassen: Niederlage, Kapitulation, Besetzung, Vernichtung, Zerschlagung, auch Erlösung und – und zeitweilig wohl am weitesten verbreitet – Zusammenbruch. In Ostdeutschland bürgerte sich früh der Begriff Befreiung ein. In Westdeutschland verbreitete sich diese Kennzeichnung und auch das nur in Grenzen, nachdem sie 1985 Richard von Weizsäcker in einer Rede als Staatsoberhaupt gebraucht und aus seiner Geschichtssicht interpretiert hatte.

Der 8. oder der 9. Mai sind in vielen Ländern besondere Gedenktage geblieben. Im westlichen Nachbarland Frankreich ruht an diesem Tage nach wie vor die Arbeit. Zeitweilig, bis diese Regelung beim Übergang zur Fünf-Tage-Woche 1967 aufgehoben wurde, war der 8. Mai – wie der auf ihn folgende Tag in der UdSSR – auch in der DDR ein staatlicher, also arbeitsfreier Feiertag. Indessen wird die Erinnerung an den Sieg über den Hitlerfaschismus nicht nur an diesem Tage in vielen Staaten gepflegt. Ende Mai 2004 wurde im Zentrum Washingtons eine Denkmalanlage eingeweiht, die an die mehr als

400.000 US-amerikanischen Soldaten erinnert, die in Europa und in Asien im Zweiten Weltkrieg ihr Leben ließen. Von den einst 16 Millionen Angehörigen der Streitkräfte fanden sich aus diesem Anlass noch Hunderttausende in der Hauptstadt ein. Es wurde errechnet, dass täglich in diesem Lande 1.100 einstige Kriegsteilnehmer sterben. Die Jahre, in denen noch Menschen leben werden, die sich an die Kriegszeiten zu erinnern vermögen, lassen sich zählen.

In der Bundesrepublik Deutschland, die sich auf ihre Erinnerungskultur viel zugute hält und in der Historiker mehrerer Generationen eine akribische Forschung zur Geschichte von Faschismus und Krieg geleistet haben und weiter betreiben, der zu recht internationale Anerkennung zuteil wurde, vergeht kein Gedenktag, ohne dass ein Streit mit politischem Bezug oder Hintergrund provoziert wird oder wenigstens der Versuch gemacht würde, ihn anzuzetteln. Kaum war bekannt gemacht, der Bundeskanzler werde aus Anlass des Maitages im Jahre 2005 nach Moskau reisen, wurde gefragt, was er dort an diesem Datum wolle. Das erinnerte mich an ein Vorkommnis aus dem Frühjahr 2004. In Strausberg bei Berlin fragte in einer Diskussion ein Mitglied einer rechtsextremen Gruppe Jugendlicher, die sich unter den Teilnehmern eingefunden hatte, was ein Deutscher eigentlich auf einem britischen oder sowjetischen Friedhof zu suchen habe. Zunächst erklärte ich, warum ich auf der Insel Kreta den deutschen wie den britischen Soldatenfriedhof besucht hatte: Hätten sich die Alliierten bei der Niederringung der Wehrmacht nicht beeilt, wäre ich der Einberufung zuerst zu eben dieser Wehrmacht und dann womöglich ins nach Millionen zählende »graue Heer« nicht entgangen, von dem die Mordspatrioten, den elenden Tod auf den Schlachtfeldern verklärend und verherrlichend, immer behaupten, es ruhe sich von seinen Heldentaten verdientermaßen aus. Das könnte freilich das Motiv des Fragenden und seiner Mitgesellen nicht sein. Doch vielleicht ein anderes: Wenn diese Armeen nicht gesiegt haben würden, sondern die deutsche von einst, dann wäret ihr heute wahrscheinlich im Ural oder am Kaukasus Kolonialsoldaten des deutschen Imperialismus und kaum in anderer Lage als es die US-amerikanischen Besatzer es im Irak sind. Ob ihnen das so gefallen würde wie manchem gefährlich lebenden, dabei gut verdienenden Söldner aus den Vereinigten Staaten und deren Verbündeten, wollten die so Angesprochenen in diesem Kreis nicht sagen.

Zwischen der Frage nach den Antrieben für den Besuch auf einem Friedhof der einstigen Kriegsgegner und der nach den Gründen für eine Reise des deutschen Regierungschefs nach Moskau am Tage des Sieges liegt eine erkennbare Verwandtschaft. Sie bezeugt den geistigen Schulterschluss von Rechts zu Rechtaußen. Zwar sind die Kappen oder – aktuell – die Haartrachten verschieden, darunter aber haust, fest eingekapselt, die gleiche Geschichtsvorstellung und in deren Zentrum die verweigerte Anerkennung der Tatsache der Befreiung auch der Deutschen, jedenfalls in ihrer übergroßen Zahl, unter Einschluss der noch nicht Geborenen. Damit hat es nicht sein bewenden. Die Fragen beginnen gleichsam erst dahinter und sie mehren sich dort: Befreiung – wovon, wodurch und wozu?

Löste das Reiseziel Moskau augenblicklich Einwände aus, so war das bei der Teilnahme des deutschen Kanzlers an den Gedenkveranstaltungen aus Anlass des Jahrestages der Landung der Alliierten an der Küste der Normandie, der am 6. Juni 2004 begangen wurde, nicht der Fall. Die ergangene Einladung, kein Inhaber dieses Amts vor ihm war dorthin gebeten worden, wurde als weiteres Zeugnis deutscher Gleichberechtigung und als Verlängerung des Schlussstrichs unter Vergangenes gewertet. Einzig die Wahl, die der Bundeskanzler für den Besuch eines Soldatenfriedhofs – insgesamt 27 ausländische mit 115 311 Gräbern – hatte treffen lassen, machte Gegenstimmen hörbar. Sie, die auf den vor allem von britischen, aber auch von deutschen Kriegsgräbern geprägten Friedhof in Ranville bei Caen fiel, trug dem Regierungschef von Seiten des Parlamentarischen Geschäftsführers der Landesgruppe der CSU den Vorwurf mangelnder Vaterlandsliebe ein.[1] Der Anspruch und die Schutzbehauptung der alten Waffen-SS-Kameraden, »Soldaten wie andere auch« gewesen zu sein, erwies sich so als keineswegs erledigt.

Prolog in der Normandie

Charakteristischer als diese Episode am Rande der Normandie-Fahrt war ein Anderes, in Rückblicken kaum Erwähntes. In der deutschen Presse wie auch in den anderen Medien gab es und erhielt sich in diesen Tagen ein Tabuwort. Es heißt: Zweite Front und weist auf die erste, die sowjetisch-deutsche. Zweite Front – der Begriff war den Zeitgenossen geläufig und er ging auch in die Termini der Geschichtswissenschaft ein. Denn die Nummerierung besaß ihre guten Gründe. Die lange Frontlinie im Osten Europas – »vom Nordkap bis zum Schwarzen Meer« hatte es auch im »Russlandlied« der faschistischen Wehrmacht geheißen, das prompt zum Überfall 1941 popularisiert wurde – war nicht die erste Front des Krieges, aber die erste, an der die Eroberer geschlagen wurden. Dass diese stillschweigend vorgenommene Sprachregelung in einer Gesellschaft, die sich des Pluralismus im Denken rühmt, ungeachtet der bekannten Einwände aus der Wissenschaft gegen Ignoranz, strikt befolgt wurde, ließ für die Art, in der sich der Blick auf den 8. Mai zurück richten würde, einiges erwarten.

Das tat auch die Berichterstattung von den Feierlichkeiten an der französischen Atlantikküste. Die deutschen Tageszeitungen, die allesamt am 7. Juni 2004 mit Berichten vom Ereignis aufmachten, unterschlugen ihren Lesern, aus den dort gehaltenen Ansprachen zitierend, dass zwei Redner unter den gewürdigten Verdiensten der Soldaten der Anti-Hitler-Koalition auch das große der sowjetischen Armee genannt hatten. Das taten der französische Staatspräsident Jacques Chirac und der deutsche Bundeskanzler. Damit war die, alsbald in russischen Publikationsorganen kritisierte Nebenrolle, mit der Vladimir Putin sich während seines Aufenthalts auf den einstigen Schlachtfeldern offenkundig einverstanden erklärt hatte, kaum kaschiert. Überhaupt schienen die Berater im Kreml nicht antizipiert zu haben, was sich auf russische Kosten an Geschichtsverbiegung bei dieser Gelegenheit tun werde. Diese gerann in einen Satz: »Die Befreiung Europas begann in der Normandie«. Moskau 1941? Stalingrad 1942/43? Kursk 1943? Oder die sowjetische Großoffensive mit der Bezeichnung »Bagration«, die 14 Tage nach dem Beginn der Operation »Overlord« wie vereinbart einsetzte, jede Truppenverlagerung von Osten nach Westen unmöglich machte, die Situation der noch in einem Brückenkopf festgehaltenen Briten, US-Amerikaner, Kanadier erleichterte, der deutschen Wehrmacht im Mittelabschnitt der Ostfront ein Debakel größer als das der Stalingrader Schlacht bereitete und bis vor das geschundene Warschau und an die Grenze Ostpreußens führte? Keiner Erwähnung wert.

Nach dem 6. Juni 2004 gehörte keine prophetische Gabe mehr dazu vorherzusagen, in welche Koordinaten der 8./9. Mai 2005 manipuliert werden würde. Denn: die geglückte Landungsoperation wurde »nicht für alle Deutschen, nicht für alle Europäer zum Beginn des Befreiungsprozesses.«[2] Das Klischee war gefertigt: *Von Westen die Befreier und von Osten – die Besatzer*. Und es erwirbt derzeit in der Bundesrepublik den Rang eines antitotalitären Grundbekenntnisses, das jeder abzulegen hat, der als Demokrat gelten will: »Von einer Befreiung kann man nur reden, wo die Westalliierten standen. Bei der Roten Armee hat sie nie wirklich stattgefunden.«[3] Was also hat ein deutscher Politiker in Moskau zu suchen, nähme er nicht die Reise zum bloßen Anlass, die Interessen der deutschen Bankiers und Industriellen am Russlandgeschäft weiter zu fördern?

Dass die schändliche Frage nach Reisegründen überhaupt gestellt wurde, mag »Ewig-Gestrigen«, und das meint die im Geiste, angelastet werden. Aber die Reaktion darauf – und wo wäre sie angemessen zu finden gewesen – geht auf das Konto der Gesellschaft und ihrer Gedenkkultur. Denn in deren Mitte wird von den formenden Kräften seit Jahr und Tag einem Geschichtsbild zugearbeitet, dass mit dem Begriff Sowjetarmee nichts anderes verbindet als wie Nebelschwaden wabernde Vorstellungen von der Flucht und der Vertreibung von deutschen Frauen, Greisen und Kindern, von Schiffsuntergängen in den eisigen Fluten der Ostsee, von vergewaltigten deutschen Frauen, von Massentransporten deutscher Soldaten nach »Sibirien« in lange, harte und ungerechte Kriegsgefangenschaft. (Daran wird in diesem Jahr noch besonders erinnert werden, denn mit ihm naht auch der 50. Jahrestag des Adenauer-Besuchs in Moskau vom 9. bis 13. September 1955 und die verwirklichte Abmachung über die Freilassung der noch in der UdSSR befindlichen Kriegsgefangenen samt der verurteilten Kriegsverbrecher, die den Rest der ihnen zugemessenen Strafen nicht zu verbüßen brauchten.) Was vorausging, ist erledigt. Schließlich hatten wir die beiden Wehrmachtsausstellungen.

Kann gegenüber der Macht jener geschichtlichen Information, die das Land wie Sturzwellen überspült und deren Urheber sich auf Ursache und Wirkung nicht einlassen, ein 2004 erschienenes Buch wie »Rotarmisten schreiben aus Deutschland«[4] etwas bewirken, dessen Briefdokumente Aufschluss über den Gedanken- und Gefühlshaushalt der Soldaten der sowjetischen Armeen geben, die 19445/45 die Reichsgrenze kämpfend überschritten? Es könnte Leser zu jener bangen Frage zurückführen, die sich Zehn-, ja Hunderttausende 1945 stellten: »Wenn die Sieger mit uns das machen, was wir mit ihnen getan haben, dann werden von uns nicht viele übrig bleiben.« Die Zeitgenossen wussten, was es bedeutete, würde die Rechnung gnadenlos aufgemacht. So wurde sie den Deutschen zu ihrem Glück nicht präsentiert. Die Demontagen und die Lieferungen an Reparationsgütern, um nur an sie – hauptsächlich erarbeitet und bezahlt von Ostdeutschen – zu erinnern, waren nur ein Posten darin und wie verhielt der sich gegenüber dem Unmaß an Zerstörungen, das von der Wehrmacht angerichtet und noch auf ihren Rückzügen planvoll vorgenommen wurde? Heute wird dem Irrglauben jeder Vorschub gegeben, wir seien »quitt«.

Eine Träne für Hitler

Die deutsche Gedenkkultur, nimmt man nicht deren Organisation, Ausschmückung, Selbstinterpretation und erreichte Routine zum Maßstab, sondern ihren Inhalt, ist weitgehend auf dem Hund. Einen Beweis dafür hat gleichsam auf dem Wege zum 8. Mai 2005 der Spielfilm *Der Untergang* geliefert, der begleitet von einem, wie mehrfach festgestellt wurde, »gigantischen Rummel« in die Lichtspieltheater gelangte. Bevor das geschah, hatte Joachim Fest nach seinen

Aussagen bereits 57 Interviews gegeben. Auch was zum Film kritisch zu sagen war, wurde bereits geäußert, bevor er am 16. September 2004 in den Kinos anlief,[5] ging aber zumeist in der inflationären Vergabe höchster Noten und Lobe unter.

Das galt etwa für einen Kommentar Hans Mommsens, der in einer Rundfunksendung u.a. erklärt hatte, die Rekonstruktion bloßer Fakten ergebe keine Geschichte und »Die Reduktion von Geschichte auf reine Personengeschichte ist überhaupt nicht geeignet, um ein Verständnis der großen historischen Prozesse zu transportieren«.[6] Mit »Geschichtserhellung«, schrieb Thomas Schmid[7], habe der Film nichts zu tun. Er »ist ein Schinken, nicht mehr und nicht weniger, weder Emanzipation noch Sündenfall, sondern recht belanglos«, in die durch die »endlosen Fernsehserien und Dokumentationen« längst schon gebildete Reihe »unaufklärerischer Unternehmen« gehörend. Hätten Einsichten vermittelt werden sollen, dann durfte man sich nicht diesen Bunkertagen[8] zuwenden, entwickelt der Autor weiter, sondern Lebensabschnitten des Diktators, aus denen zu erkennen war, »wie es denn hat kommen können«, so dass eine Frage gestellt und beantwortet würde, die durch die bisherigen Produktionen »zugeschüttet« worden wäre.[9]

Dieses Urteil hat das konservative Flaggschiff der deutschen Zeitungswelt nur drei Tage stehen lassen. Dann nahm einer seiner Herausgeber[10] das Wort, um das »große Kunstwerk«, das »Meisterwerk« zu rühmen und es als »wichtiges Datum unserer Verarbeitungsgeschichte« zu feiern. Der Film wurde zur Befreiungstat erklärt und das mit einer höchst mystischen Argumentation. Er behandle irgendetwas vom Rezensenten Unbenanntes, das »uns bis heute verfolgt«. Es würden nämlich die »Überreste des Adolf Hitler« hineinragen »in unsere Zeit«. Mehr noch: der Autor weiß aus Quellen, die er geheim hält, »dass Hitler auf Nachkriegsdeutschland schaut«. Welche Verfolgung und welchen Verfolger die Deutschen los sein werden, wenn die 13,5 Millionen •, die der Film[11] gekostet hat, und dazu ein gehöriges Plus via Kinokassen auf das Konto des Produzenten gespült sind, ist nicht zu erfahren. Zwar sei gesagt worden, der Streifen leiste nichts zum Verständnis des »Dritten Reiches«. Doch da solle abgewartet werden. Könne er doch zum Anstoß eines neu geweckten Lesehungers der Deutschen werden, der sich dann bei Fest, Ian Kershaw oder Sebastian Haffner befriedige.

Der letzte der drei Genannten ist zu vieler Bedauern für immer verstummt. Dem britischen Historiker Kershaw hingegen, Autor der kenntnisreichen und umfänglichsten Hitler-Biografie[12], der als wissenschaftlicher Berater bei anderer ähnlicher Filmproduktion schon mittat, konnte der Film in Birmingham eigens vorgeführt werden und er tat, was erwartet wurde: »ein Triumph«, ein »grandioses historisches Drama«, »glänzender Erfolg«. Diese Urteile wurden den Lesern nur einen weiteren Tag später nahezu ganzseitig präsentiert und mit deutlicher Entgegensetzung zu der Ansicht Schmids. »Hitlers Ende bietet sich für eine Verfilmung geradezu an – sehr viel mehr übrigens als seine Machtergreifung,« schreibt Kershaw ohne jede Begründung. Doch stellt er zugleich lapidar fest: »Hitler kurz vor dem Selbstmord zu sehen, trägt nicht zu einem Verständnis des ›Phänomens Hitler‹ bei. Von einem Film über Hitlers letzte Tage darf man das auch nicht erwarten.«[13] Was denn aber dann? Derlei Einschränkungen hinderten die Werber nicht zu behaupten, es sei »das wichtigste Kapitel deutscher Geschichte« auf die Kinoleinwand gebracht und wieder ein »Stück Aufarbeitung« der Vergangenheit geleistet.[14]

Ärger noch als selbst die ärgste Lobhudelei eines Rezensenten war indessen, was Hersteller und Mitwirkende des Films vorab und begleitend an Geschichtsverständnis über Nationalsozialismus und Hitler äußerten. Das begann mit dem schon zum Reklamerepertoire vieler Autoren und Verleger gehörenden Anspruch, einen weiteren Tabubruch – dazu zu denken die Benotung: Mut – vorgenommen zu haben und setzte sich mit einer Kette von Versuchen fort, dem eigenen Werk außergewöhnliche Verdienste zuzusprechen, vor allem das des tiefen Eindringens in eben noch verborgene Geheimnisse der »braunen« Vergangenheit, ja des Vordringens zu den letzten noch unbeantwortet gebliebenen Fragen, auf welche die weithin geschichtsversessenen Deutschen eine Antwort längst hätten erhalten wollen.

Welcher Mix von Geschäftssinn und Eitelkeit präsentierte sich da, manchmal untermischt mit einem Bedürfnis nach Rechtfertigung. Der

Regisseur des Films sagte einem Journalisten: »Ich bin ein Kenner der Geschichte des Dritten Reiches und habe, nachdem ich mich einige Jahre nicht mit dem Thema beschäftigt habe, notgedrungen mein Material wieder vorgeholt: ich habe Joachim Fests Buch ›Der Untergang‹ gelesen und die Erinnerungen von Hitlers Sekretärin ...« Diese so erworbene Expertenschaft ermächtigt ihn sodann zu dem Urteil: »In Deutschland wird die Sicht auf das Dritte Reich seit sechzig Jahren pädagogisch konditioniert – das führt nur in die Stagnation.«[15] Der Autor des Drehbuches Bernd Eichinger überrascht die Historikerzunft mit der Erkenntnis, »dass erst der Mensch Hitler, der onkelhafte Spinner, der mit dem Hund spielt und Eva Braun küsst, dass erst dieser Mensch verstehbar macht, warum die Deutschen auf den Nationalsozialismus eingegangen sind.«[16] Den Deutschen scheint, unerwartet, eine Gruppe von Geschichtsdozenten erstanden, welche die Arbeit der Zunft endlich voranbringt. Diese Neuerer bieten, befand ein anderer Rezensent, nicht nur Erkenntnis, sondern Trost, denn: *Der Untergang* soll den Deutschen »die tröstliche Hoffnung vermitteln, dass sie, auch im Angesicht ihrer extremen Geschichte, eine normale Gegenwart leben können.«[17]

Untergang – diese Bezeichnung für die Zerschlagung des Naziregimes, die historisch zugleich auch das 1871 gegründete Deutsche Reich traf, war schon gebräuchlich, bevor sie Joachim Fest zum Titel seines Buches wählte, auf den die Filmemacher zugriffen. Der Begriff, zur Charakteristik der Schlussphase anderer Reiche wie zum Beispiel des Römischen eingeführt, assoziiert zum einen schicksalhaftes Geschehen, zum anderen erinnert er an Naturkatastrophen wie den Untergang Pompejis und Herkulanums oder den freilich auch von Menschen verursachten der »Titanic«. Der Begriff richtet Gedanken auf die Betroffenen, die den Untergang erlitten haben. Also können mit ihm Gefühle des Mitleidens erzeugt werden.

Genau das war auch beabsichtigt und zwar in einem Ausmaß, das eine Steigerung nicht mehr denken lässt, sollte doch ein wenig Mitleid der Zuschauenden auch auf den Führer gelenkt werden. Denn im Moment des »Untergangs« war der Oberführer – zwar Rassist, Antisemit, Menschenverächter, gar das eigene Volk hassend – eben doch

II. BEFREIUNG

auch gebeugt, gealtert, von Krankheit geplagt, von Gedanken gequält, von Gefühlen zerrissen, ohne Zufluchtsort wie die Deutschen zu Millionen. Irgendwie – das sind Zitate aus deutschen Zeitungen, die den Film vorankündigten – einer von uns, ein »erbärmlicher Mensch« und eine »armselige Gestalt« (beides J. Fest). Der Führer im nationalen Elend selbst ein Elender.

Eine Träne für Hitler erlaubt auch der Rezensent einer »sozialistischen Tageszeitung« den Filmzuschauern ausdrücklich. Mehr noch, er macht dosiert fließendes Augenwasser zum Kriterium für »humane Substanz«. Das liest sich am Ende seines Beitrags so: »Mitleid mit dem Verbrecher? Wenn man angesichts des Todes irgendeines Menschen – und sei er der größte Verbrecher – bloß in Begeisterung ausbräche und vor Genugtuung johlte (als wäre das die Alternative – K.P.), dann hat man selbst an humaner Substanz eingebüßt.«[18] Wem wäre das in den Sinn gekommen, als die Zwangsverschleppten so vieler europäischer Nationen in ihre Heimaten zurück fuhren, die viele nicht wieder erkannten und die manche nicht wiederfanden? Wem, als die Alliierten die Tore der Konzentrationslager öffneten und Bulldozer in Bergen-Belsen die Leichenhaufen in Gruben schoben? Was soll das heißen, die Deutschen seien jetzt reif, Hitler »auf Augenhöhe« oder »Auge in Auge« gegenüber zu treten? Wie viel soll, wie viel muss vergessen werden, um derlei Gefühle aufkommen zu lassen? Und: Welch ein Gelaber! Seit Jahrzehnten, konstatierte ein anderer Rezensent[19], wäre über das Dritte Reich nicht so viel gefaselt worden, und bestätigt seine Aussage sogleich selbst ein weiteres Mal. Zudem trägt der Film en detail zu neuer Legendenbildung bei. Sie betrifft vor allem die Darstellung des Chemikers und Arztes, SS-Standartenführer (das entsprach dem Rang eines Obersten der Wehrmacht) Ernst Günther Schenck, der nach seiner Rückkehr aus sowjetischer Kriegsgefangenschaft 1955 seine mehrfach retuschierte Biographie präsentiert hatte.[20]

Treffend auch die Feststellung eines Kritikers[21], gedruckt, einen Tag bevor der Film in deutschschweizerischen Kinos anlief: » ... der wahre Untergang hatte anderswo stattgefunden – in Stalingrad und in der Normandie, in den Todeslagern von Auschwitz und Bergen-Belsen, in den Bombennächten von Dresden und Hamburg, im Alltag quer durchs Land. *Gegen diesen Sog erscheint der Abgang unter der Reichskanzlei durchaus peripher; auf obszöne Weise belanglos, gegenüber dem Leid von Millionen irrelevant.*« Und der Filmhistoriker und -kritiker Georg Seeßlen schrieb: »*Der Untergang* schildert das Ende des Krieges nicht als Befreiung, sondern als tragische Abfolge von Selbstzerstörung, Opfer und Wiedergeburt. Das ist eine große Lüge, selbst wenn sie aus lauter kleinen Wahrheiten zusammengesetzt ist. Der Faschismus hat keinen Untergang, der Faschismus ist Untergang. Von jenem Anfang an, dessen Ausblendung das Ende in falschem Schicksalsglanz leuchten lässt.«[22] Derlei Wertungen haben nicht gehindert, dass der Film inzwischen in die lange Spur geschickt worden ist, an deren Ende – am 27. Februar 2005 in Los Angeles – die Verleihung des begehrten Oscar für den besten nicht-englischsprachigen Film stehen soll.

Eine dürftige und trübe Quelle

Wohin es mit dem Geschichtsverständnis von Deutschen gebracht ist, davon gibt Auskunft, dass diese Gruppe der filmkünstlerischen Elite der Bundesrepublik – sich an ein Millionenpublikum wendend, ohne dass ihnen ein angewidertes Gelächter entgegenschlägt – die Schrift der Traudl Junge, dereinst Sekretärin Hitlers, als eine von zwei wesentlichen Quellen für ihr Produkt benennen kann. Das und nur das und nicht die stumme Nebenrolle, die die Frau zwischen ihrem 22. und 25. Lebensjahr im Führerhauptquartier gespielt hat, macht ein paar – unter anderen Umständen überflüssige – Worte über ihr Buch nötig.[23]

Mit einer Geschwätzigkeit, die Hitler während der langen Abende bei Rastenburg in Ostpreußen und im bayerischen Berchtsgaden praktizierte, hat Junge Details aus dem Alltag einer Machtzentrale berichtet, die diesen Namen von Stunde zu Stunde immer mehr einbüßte. Für das, was außerhalb des Bunkers tatsächlich geschah, sind ihre Erinnerungen ohne jede Relevanz. Sie bieten auch kaum etwas, was nicht zuvor schon mehrfach berichtet worden wäre.[24] Nichts, das

II. BEFREIUNG

auch nur der längst rekonstruierten Gedankenwelt Hitlers eine unbekannte Facette hinzugefügt haben würde. Stattdessen erfährt der schon seit längerem auf solche Kost gesetzte Leser, dass Heinrich Himmler charmant und liebenswürdig plaudern konnte, dass das auch die Frau des Reichs- und Gauleiters Baldur von Schirach besonders reizend vermochte, dass Reichsaußenminister Joachim von Ribbentrop eine »gute Erscheinung«, Rüstungsminister Albert Speer nie betrunken und des Führers Hund Blondi klug war.[25] Der Zeitzeugin ist eine Formulierung gelungen und die am Text Mitwirkenden haben sie zum Druck stehen lassen, die – wäre sie denn nötig – jede zu ihren Gunsten vorgebrachte Entschuldigung rechtfertigen könnte: Wo sie von Hitlers Wirkung auf seine Ratgeber, Generale und Mitarbeiter berichtet, schrieb sie, dass diese »*weiser* waren als ich«.[26] Wie sich der Name auch nur eines einzigen Wehrmachtsgenerals an der Seite dieser Führerruine mit dem Gedanken an Weisheit verbinden lässt, mag und muss getrost weiter verborgen bleiben.

Was die Autorin aus dem Führerhauptquartier in den Nachkrieg mitnahm und wie wenig sie – glaubt man dem Entstehungsdatum ihrer Aufzeichnungen 1947/48 – von den Enthüllungen des Nürnberger Prozesses berührt worden ist, das mögen zwei Textstellen verdeutlichen, die dem Lektorat entgangen zu sein scheinen. Im Tone des Bedauerns berichtet Junge von der Erfolglosigkeit des Kurzbesuches, den der Führer dem Duce 1943 in Italien abstattete. »Leider« schrieb sie, »erwies sich Hitlers Besuch bei Mussolini als ziemlich wirkungslos, denn kaum vier Wochen später saß Mussolini als Gefangener in einer anderen Villa und der Faschismus krachte in allen Fugen.«[27] Tatsächlich: Leider. Und ihr Kommentar zur Ankündigung ihres Chefs, er werde den Briten die Zerstörungen deutscher Städte durch ihre strategische Luftflotte heimzahlen, liest sich so: »Leider haben sich diese Drohungen nie erfüllt.«[28] Da wurde auch nachträglich nicht ein Gedanke, nicht ein Gefühl auf die Briten und die Italiener gewendet, die – Gott sei Dank – überlebten, weil sich des Führers Arme seit 1943 gleichsam beständig verkürzten.

Dass diese Erinnerungen als Kronzeugnis genannt werden, dass die Filmperson Traudl Junge die Sympathien der Zuschauer des Films auf sich zieht, das funktioniert nur, wenn sie als die vollkommene Ahnungslosigkeit hingestellt wird, ahnungsloser noch, als sie sich selbst in ihrem und ihrer Mithelfer Buch vorführte. Auf dessen Seiten kann Glaubwürdigkeit nur über den Ausdruck erheischt, nicht wie im Film durch Mimik und Gestik verstärkt oder hergestellt werden. Und so wird im Buchtext denn mitgeteilt, dass diese oder jene Information über »Erschießungen, KZ und solche Dinge (! – K.P.)«[29] auch an das Ohr der jungen Frau drangen. Doch werden solche »Geständnisse« überdeckt durch die bestimmteste Aussage: »Der Regisseur allein kannte das Stück ...«[30] Was besagt: Erst als der Vorhang fiel, begann allen andern zu dämmern, woran sie mitgewirkt, was sie aufgeführt hatten.

Das ist der Anspruch auf ein »Nicht mitschuldig«. So bringt *Der Untergang* das Selbstbild Millionen deutscher Zeitgenossen des Krieges und nun schon das Geschichtsbild von Generationen der Nachgeborenen wieder auf das im unmittelbaren Nachkrieg vorherrschende Niveau zurück, wie es beispielsweise aus einer Mitteilung spricht, die unmittelbar nach Kriegsende aus dem Oberregierungspräsidium Mittelrhein-Saar erging und mit folgenden Worten begann: »Landsleute! Wir wissen nun alle, dass wir durch den Krieg der Nazis Ungeheures verloren haben. Hitler hat unseren Boden und unsere Lebenskraft ausgesogen, um Granaten zu drehen. Die Granaten sind verschossen. Wir sind arm zurückgeblieben ...«[31] Abgesehen von der Groteske – Hitler als Granatendreher – wird hier fraglos in Umrissen ein großes Gemälde erkennbar, das uns Opfer über Opfer zeigt.

Hitler, so bildet ihn auch diese Mitteilung ab, als Blutsäufer, Monster, Bestie. Das Bild war den Adressaten nicht ungeläufig, nur dass das Ungeheuer bisher die Gestalt des »ewigen Juden« und des »jüdischen Bolschewisten« besessen hatte. Die Filmemacher von *Der Untergang* halten sich etwas darauf zugute, dass es ihnen gelungen sei, das Bestien-Klischee zu vermeiden und Hitler als Menschen darzustellen. Als wäre je ernsthaft geglaubt worden, dass dieser Mann nicht zur Gattung Mensch gehörte. Charakteristiken wie *Bestie* oder *Monster* rückten ihn allerdings aus dieser Gattung fälschlich heraus.[32] Doch mit der bloßen Feststellung *Mensch,* sind die Fragen nicht be-

II. BEFREIUNG

antwortet, da beginnen sie erst und die schwerwiegendste lautet: Wie kam dieser Mann an den Platz, den er besetzte, und wie zu der Macht, die er und die sich in ihm verkörperte? Das ist, in einer gewissen begrifflichen Hilflosigkeit, das »Phänomen Hitler« genannt, in der Geschichtswissenschaft durch Martin Broszat auch als der »Faktor Hitler« bezeichnet worden.

Freilich: Wer sich für 12 Tage, die letzten des »Dritten Reiches« in den Bunker unter der Reichskanzlei begibt, der vermag über diese Gesellschaft – greift er nicht zu Retrospektiven – nichts auszusagen, von ihr nichts zu erfassen. Er legt sich Scheuklappen an. Und das wiederum passt in die modische Art, sich auf keine tiefer greifende oder gar bohrende Analyse gesellschaftlicher Zustände einzulassen. Sie begegnet jedem, der noch wachen Auges durch die Bundesrepublik geht, auf Schritt und Tritt. Auf den Spielfilm über Hitlers letzte Tage folgte im öffentlich-rechtlichen Fernsehen ein dreiteiliger Dokumentarfilm über seinen Propagandaminister Josef Goebbels, über dessen Machart ein Kritiker[33] bemerkte: »Um den einen Menschen herrscht gähnende zeitgeschichtliche Leere.« Und weiter »Das Böse fällt in diesen Sendungen vom Himmel, vielmehr es steigt aus einer Hölle auf, die keinen Ort in der Zeit und im Raum hat.« Der Rezensent schließt: »In zehn, zwanzig Jahren werden Medienhistoriker diese Produktionen[34] untersuchen, und kein Mensch wird mehr verstehen, warum man in ein Minimum an historischer Information einmal so viel Geld investiert hat.« Diese Vorhersage darf bezweifelt werden. Denn: Äußerste intellektuelle Genügsamkeit ist nicht nur anzutreffen, wo es um die Geschichte von Nationalsozialismus und faschistischem Regime geht, womit sich die hier nicht zu erörternde Frage nach ihren Wurzeln stellt.

Belassen wir es bei wenigen Belegen für den Zustand: Anfang August 2004 wurde an den 90. Jahrestag des Beginns des Ersten Weltkrieges erinnert. Er »brach aus«. Niemand hatte ihn eigentlich gewollt. Alle schlitterten und stolperten in ihn hinein. Da wurden Bilder wieder aufgerufen, die seit den bahnbrechenden Arbeiten Fritz Fischers und den parallelen Forschungen in der DDR[35] überwunden zu sein schienen.[36] Am Beginn der sehenswerten Ausstellung von

Schätzen der National- und Universitätsbibliothek Strasbourg, die im Herbst 2004 in Stuttgart gezeigt wurde[37], begrüßt den Besucher der Satz: Mit dem Krieg von 1870 und dem Aufstieg Preußens habe zwischen Deutschland und Frankreich eine »Epoche der Missverständnisse« (»une periode de tensions«) begonnen. Die Geschichte samt der nach Hunderttausenden zählenden Toten zweier Kriege – ein Missverständnis. Wer immer auf die Idee kam, es sei in diesen Kriegen um Macht, Einfluss, Vorherrschaft, um Kohle- und Erzlager, um Profite gar gegangen und derlei Antriebe als Faktoren Geschichte bildender Prozesse wertete, wer sich in die Niederungen menschlicher Interessen begibt, erscheint vor solchen »Entdeckungen« als ein in Dogmen Befangener. Alles war ein Irrtum. Die Tatsache, dass irren menschlich ist, und die Menschheit wie der Einzelne folglich keinen Schritt gehen kann, ohne dass auch Irrtum im Spiele ist, wird hier aufgeblasen zu einer Epoche bestimmenden Erscheinung. Geschichtswissenschaft: Gute Nacht.

Joachim Fest provoziert diesen Gruß auf seine Weise. Er nennt Hitler in einem Interview[38], in dem er nach seinen Hitlerforschungen und dem Film *Der Untergang* befragt wurde: eine »anthropologische Möglichkeit«. Basta. Warum sich derlei Möglichkeit verwirklicht, welche Umstände und Bedingungen aus der Möglichkeit eine Wirklichkeit machen, wird nicht einmal gefragt. Ohne diese Vorgehensweise und deren Beherrschung hat in der Naturwissenschaft niemand etwas zu suchen und zu bestellen. Und so wirkt es kurios, wenn Fest im gleichen Zusammenhang erklärte: »Ich betrachte Hitler ... wie ein Naturwissenschaftler unter dem Mikroskop ein seltsames Reptil.«

Das Ambiente der Bunkerhöhle und der Zeitpunkt, da es das Reich nicht mehr gab, im Wehrmachtsbericht des 20. April[39] – da setzt der Film ein – werden Frankfurt a.O., Seelow, Wriezen, Görlitz. Weißwasser, Bautzen, Spremberg, Soltau, Lüneburg, Magdeburg, Dessau, Bitterfeld, Halle, Leipzig, Chemnitz, Hof, Plauen, Nürnberg, Ansbach als Kampforte benannt, die Mehrheit der Deutschen bereits in den jeweiligen besetzten Gebieten lebte, sich einzig um den morgigen Tag und um das Schicksal von Vermissten und Gefangenen sorgte und an Hitler, der Clique und den Hofschranzen jegliches Interesse verloren hatte, gab – gewollt oder nicht – die Möglichkeit, alle Fragen zu unterlassen, die an die Geschichte der Jahre 1933 bis 1945 und deren Vorgeschichte zu stellen sind und zu stellen bleiben. Deren letzte heißt »Warum?«.

Eine Ausstellung in Berlin

Der Film *Der Untergang* ist zwischen der Erinnerung an den D-Day, mit dem die totale Niederlage der Wehrmacht auf 1945 datierbar wurde, und der Erinnerung an den 11 Monate später erreichten Befreiungstag auch so etwas wie ein Menetekel. Die Deutschen scheinen zu Millionen reif gemacht für eine anspruchslos glotzende Beschäftigung mit dem, was ihnen als rekonstruierte Geschichte angerichtet und vorgesetzt wird und mit den hehren Absichten der Aufklärung nichts zu tun hat. Dabei wurde ihnen erklärt, sie bekämen einen Film ohne Deutungen zu sehen. Derlei wird sich von einer Ausstellung nicht sagen lassen, die am 2. Oktober 2004 im Deutschen Historischen Museum eröffnet worden und ebenfalls zum Vorprogramm des Jahrestages zu zählen ist. Ihr Haupttitel: »Mythen der Nationen 1945« mit dem Zusatz »Arena der Erinnerungen«. Geboten wird ein reiches mit viel Aufwand an Kenntnissen, Spürsinn und Kosten zusammengetrommeltes Material, das sinnfällig macht, wie im Wandel der Jahrzehnte in europäischen Staaten, auch die Schweiz wird nicht ausgelassen, in den USA und Israel, an Krieg und Kriegsende erinnert wurde – durch Maßnahmen der Staaten, durch Militärs, Künstler, Publizisten, Schriftsteller. Plakate, Fotos, Zeichnungen und Gemälde, Münzen und Briefmarken, seltener Plastiken, häufig Filmsequenzen erwecken den Eindruck, da sei nichts Wesentliches ausgelassen worden.

Die Berliner Ausstellung, die ein internationales Publikum anzieht, wird durch zwei Aussagen charakterisiert: Erstens verkündet auch sie das Dogma: *Von Westen die Befreier, von Osten die Besatzer.* Während die USA, mit ihnen beginnt der Rundgang, gemäß ihren Kriegszielen als Überbringer und Installateure von Freiheit und Demokratie gezeigt werden, existierte die Befreiung Osteuropas nur in Einbildungen, Ansprüchen und in der Propaganda der Sowjetunion – »sie sah sich als Befreier dieser Länder«. Die sowjetischen Armeen befreiten, wo sie die Wehmacht vertrieben, Millionen Menschen, die einen in besetzten Staaten wie der Tschechoslowakei und Polen, die anderen in Ländern der einstigen Bündnispartner des Naziregimes, nicht wirklich vom Faschismus, sondern erst »durch die Sowjetunion gezwungen« und »nach dem Krieg wurden aus diesen Staaten vom Faschismus befreite Länder«.[40] Das Denkmal im Zentrum der Hauptstadt Österreichs, das an die in den Kämpfen um Wien umgekommenen Sowjetsoldaten erinnert, heißt das »sogenannte Befreiungsdenkmal« und das »Russendenkmal«.

Zweitens wird das Ende des sozialistischen Staatensystems als die Öffnung eines Tores dargestellt, so dass nun auch im Osten und im Südosten des Kontinents der Weg zur Überwindung von »Verdrängung und Mythen« und zu befreiender Darstellung der Geschehnisse in Krieg und Nachkrieg nicht länger verbarrikadiert wäre. Indessen werde er noch nicht hurtig beschritten, der »kategorische Erinnerungsimperativ des Westens« – was immer in dieser Worthülse verborgen sein mag – bisher nicht angenommen. Wenn das aber geschehen sein wird, werden alle einstigen Kriegsgegner Deutschlands von ihren letzten noch besetzten hohen Sockeln herunter gestiegen sein, sich ihrer Kollaborateure, ihrer Brutalität, ihrer Grausamkeiten und Verbrechen erinnert haben und bekennen müssen »Wir auch«. Dann ist das alle vereinende, auch zwischen Rhein und Oder akzeptable europäische Geschichtsbild über den Zweiten Weltkrieg geschaffen.

»Dank euch, ihr Sowjetsoldaten«, Dank allen, welcher Nation, welcher Hautfarbe, welchen Glaubens, welcher Weltanschauung auch immer, die ihr die schrecklichste Herrschaft der Moderne zerschlagen, die Gefahr eines Europa unter dem Hakenkreuz abgewendet habt? Kein Gedanke daran, kein Gefühl dafür kann die Ausstellungsmacher beschlichen haben. Die Welt derer, denen mit dem Anblick des ersten Soldaten der alliierten Truppen, die Aussicht auf Überleben und Leben wieder geschenkt wurde, ein Moment, den Primo Levi unvergesslich

II. BEFREIUNG

beschrieben hat[41], diese Welt lag außerhalb ihrer Phantasie. Mit dieser Ausstellung bestätigt das Deutsche Historische Museum: die größere Bundesrepublik hat den »Kampf um die Geschichte« auf- und auch da »mehr Verantwortung« übernommen.

Zudem: Wer Erinnerungen an die DDR besitzt, dem wird erneut die strikte Befolgung eines Hauptsatzes der dominierenden Geschichtspropaganda in der Bundesrepublik auffallen. Er lautet: Je dunkler die Nacht der DDR, umso heller die Sterne der Bundesrepublik. Im knappen Text zu den Exponaten wie in dem aus zwei Bänden bestehenden Begleitbuch mit nahezu 1000 Druckseiten haben zwei Autorinnen, hauptberufliche Mitarbeiter des veranstaltenden Hauses, Sätze geschrieben wie: »In der Sowjetischen Besatzungszone musste man vergessen, was wirklich im Kriege geschehen war.«[42] Oder »Der Völkermord wurde nicht thematisiert.«[43] Oder zum Filmplakat *Sterne*: Mit dem Thema Holocaust »beschäftigte man sich in der DDR nur, wenn es im Zusammenhang des Antifaschismus stand.«

An anderer Stelle ist von anderer Autorenschaft generalisierend zu lesen: »Bis in die späten 70er Jahre gab es keine gedankliche Trennung zwischen Zweitem Weltkrieg und Völkermord.« Der Kontext macht die Auffassung erkennbar, dass die dann vollzogene Trennung als Fortschritt angesehen wird. In Wahrheit aber zerreißt sie, wo sie vorgenommen wurde, für Geschichtswissenschaft und -publizistik in der DDR gilt das übrigens nicht, was zusammengehört und bewirkt, was auf anderen Feldern im Hinblick auf Faschismus und Krieg ebenso zu beobachten ist: Verzicht auf die Benennung der realen Zusammenhänge, der Geheimnisse erzeugt, wo keine sind.

Der 8./9. Mai 1945 ist der Tag, an dem Europa die Schwelle vom Krieg zum Frieden überschritt. Die Waffen schwiegen, nachdem die Kapitulationsurkunden in Reims/Frankreich und in Berlin-Karlshorst unterzeichnet worden waren. Es war erreicht, was die Alliierten vereinbart hatten: Unconditional surrender. Die deutschen Militärführer hatten ihren letzten öffentlichen Auftritt. Für einige, die exponiertesten von ihnen, war ihr nächster der als Angeklagte vor Tribunalen der Siegermächte. Millionen Deutschen galten die Tage des Frühjahrs 1945 später als ihre »Stunde Null«, eine Bezeichnung, die sich auch mehrfach als Spielfilm- und Buchtitel findet. Sie drückte die geistige und mentale Verfassung vieler aus, die – vor den Trümmern ihrer Ideale – neue Lebensziele noch nicht gefunden hatten und deren materielles Dasein ihnen kaum einen Ausweg zu einem als normal angesehenen Leben zu lassen schien. Wie aber die Biographien der Einzelnen in Wahrheit nicht auf Null gestellt worden waren, sondern jeder und jede Erlebnisse und Erfahrungen, Wunden und Narben mit sich schleppte, so war auch im Großen und Ganzen der Schritt über die Schwelle mit schwerstem Gepäck zu gehen. Das Bild von der »Stunde Null« blendet aus, dass der geistigen Leere und Ratlosigkeit bei den Einen bei Anderen hellwache Reaktionen gegenüber standen, die bereits zu festen Vorhaben, Planentwürfen und selbst bis in Programme geronnen waren. Wie Großkapital und Großgrundbesitz über das Kriegsende hinweg gerettet werden könnten, was 1918 schon einmal gelungen war, beschäftigte diese, wie die »Fehler von 1918« diesmal vermieden werden könnten, jene. »Deutschland – so oder so« hatte in der Endkrise der Weimarer Republik ein Buchtitel des US-amerikanischen Journalisten Hubert R. Knickerbocker gelautet.[44] Die Frage, in anderer Alternative, war wieder zu entscheiden.

60 Jahre später könnte der Jahrestag der Befreiung auch Deutschlands und der Deutschen Anlass sein, kritisch zu prüfen, was aus den seinerzeitigen Entwürfen für ein anderes, ein neues Deutschland geworden ist. Dieses Vorhaben würde der nahe liegenden, sich im zeitlichen Vorfeld bereits abzeichnenden Gefahr begegnen, sich selbstgefällig zu versichern, wie herrlich weit wir es doch gebracht haben. Dagegen stehen jüngst auch Erfahrungen der Mehrheit der Ostdeutschen, denen bisher nicht eingeredet werden konnte, dass für sie die Stunde der Befreiung mit Jahrzehnte langer Verspätung erst 1989/90 geschlagen habe. Welches Vater- und Mutterland, welches Europa, welche Welt existierte in Hoffnungen, Wünschen, Projekten, Illusionen und Utopien des unmittelbaren Nachkriegs? Was ist aus ihnen geworden? Was gelungen, was gescheitert? Und immer wieder: Warum? Wer sich diesen Fragen stellt, auf den mögen Gefahren von Resignation und Geschichtspessimismus lauern. Werden sie jedoch nicht gestellt, könnten die Folgen weit schlimmer sein.

II. BEFREIUNG 69

Anmerkungen

1 Dazu und zur Entgegnung des Regierungssprechers s. Ralf Klingsieck, 17 Staatschefs, 800 Veteranen, in: Neues Deutschland v. 5./6.6.2004 sowie ebenda, Schröder ehrt deutsche Tote

2 So der Historiker und Hochschullehrer an der Berliner Humboldt-Universität Heinrich August Winkler im Interview mit der Berliner Zeitung vom 4. Juni 2004, welcher an gleicher Stelle, sich gegen den Vorwurf des Ignorantentums schützend, das Bild von zweierlei Befreiung anruft: »Politisch aber steht die Landung der Westalliierten für eine andere Befreiung als Stalingrad.« Für welche Befreiung Stalingrad steht, lässt Winkler offen.

3 So die Fassung des Filmproduzenten Bernd Eichinger in einem Interview, das Katharina Dockhorn für den Evangelischen Pressedienst (Film 10/2004) mit ihm führte.

4 Rotarmisten schreiben aus Deutschland. Briefe von der Front (1945) und historische Analysen, hg. von Elke Scherstjanoi und dem Institut für Zeitgeschichte, München 2004

5 Tags darauf lief er mit 40 Kopien auch in Österreich an. Schon zuvor – am 14. September – hatte er seine internationale Premiere auf einem Filmfestival im kanadischen Toronto.

6 So zitiert der Wiener Standard am 16. September 2004 den emeritierten Bochumer Hochschullehrer, Historiker und Nationalsozialismusforscher, dessen extreme Minimierung der Rolle Hitlers in der Geschichtswissenschaft umstritten blieb.

7 Vom falschen Ende her. »Der Untergang« ist weder Befreiungstat noch Sündenfall. Sondern ein Film, der dem Rätsel Hitler ausweicht, in: Frankfurter Allgemeine Sonntagszeitung v. 12.9.2004

8 Das hatten vor »Der Untergang« bereits andere Filmproduzenten getan: 1972 wurde auf der Grundlage des Berichtes des »Rittmeisters a.D. Boldt«, wie die Reklame hervorhob, »Hitler die letzten Tage« gezeigt (mit der Hitlerdarstellung durch Alec Guinness) und 1980 »The bunker« (mit Anthony Hopkins). Der Regisseur Hirschbiegel gewann für die Hauptrolle den Schweizer Bruno Ganz. – Das Auftauchen Hitlers in Filmen unterschiedlicher Genres als Haupt- oder auch als Nebenfigur beginnt mit dem denkwürdigen »Der große Diktator« Charlie Chaplins (1940). Aufsehen erregten im frühen Nachkrieg auch »Der letzte Akt (BRD 1955) von Georg Wilhelm Pabst mit Albin Skoda als Hitler und der gesamten auch im »Untergang« wieder auftauchenden Personage von Goebbels, Himmler, Bormann und Keitel bis zu Fegelein und vordem schon der sowjetische Spielfilm »Befreiung« (Hitler: Fritz Diete).

9 Schmids hier nicht zu erörternder Alternativvorschlag zielt freilich auch nicht auf mehr als auf eine Darstellung Hitlers als der Führer und Verführer von Massen.

10 Frank Schirrmacher, Die zweite Erfindung des Adolf Hitler. Bernd Eichin-

gers Risiko und Lohn. Sein Film »Der Untergang« macht das sichtbar, was uns bis heute verfolgt, in: Frankfurter Allgemeine Zeitung v. 15.9.2004

11 Er wurde als der teuerste in der BRD gedrehte Film seit Wolfgang Petersens »Das Boot« bezeichnet. An seiner Finanzierung aus Steuergeldern waren die bayerische Filmförderung und die ARD beteiligt.

12 Ian Kershaw, Hitler 1989 – 1936. Aus dem Englischen von Jürgen Peter Krause und Jörg W. Rademacher, Stuttgart 1998 u. ders., Hitler 1936 – 1945. Aus dem Englischen von Klaus Kochmann, Stuttgart 2000

13 Ian Kershaw, Der Führer küsst, der Führer isst Schokolade. Nach der Premiere: »Einen besseren Film über Hitlers letzte Tage kann ich mir nicht vorstellen«, in: Frankfurter Allgemeine Zeitung v. 17.9.2004. Ein anderer Rezensent hingegen hat durch die Darstellung des Hitler durch Bruno Ganz gar »etwas von der Struktur des Nationalsozialismus sichtbar« gemacht bekommen, verrät jedoch den Lesern nicht, was das gewesen sei (vgl. Gunnar Decker, Wer war eigentlich Hitler? »Der Untergang« – ein Film zeigt Geschichte seitenverkehrt, in: Neues Deutschland v. 16.9.2004).

14 So in der Berliner Kinoreklameschrift Start v. 16.9.2004, S. 28f.

15 Daher kommen wir. Der Regisseur Oliver Hirschbiegel über seinen Film »Der Untergang«, in: Berliner Zeitung v. 11./12.9.2004

16 Zitiert von Bert Rebhandl, Das Experiment. Der Schauspieler Bruno Ganz war festgelegt auf die Rolle des Sensiblen, Einsamen, Melancholischen. Jetzt spielt er Adolf Hitler, in: Berliner Zeitung v. 16.9.2004

17 Andreas Krause, Bleiben Sie übrig. Warm werden wie Hitler: »Der Untergang« von Oliver Hirschbiegel und Bernd Eichinger, in: Berliner Zeitung v. 13.9.2004

18 Gunnar Decker, Wer war eigentlich Hitler?, a.a.O.

19 Frank Rauscher, Bleierne Endzeitstimmung. »Der Untergang« von Oliver Hirschbiegel wird als einer der wichtigsten deutschen Filme für Diskussionen sorgen, in: Märkische Oder Zeitung v. 16.9.2004

20 Zu deren Korrektur s. Christoph Kopke, Der gute Mensch in Hitlers Bunker? Die Rolle des Arztes Ernst Günther Schenck im »Untergang«, in: Frankfurter Allgemeine Zeitung v. 20.9.2004

21 Martin Mayer, Gleichschritt in den Opfertod, in: Neue Zürcher Zeitung v. 22.9.2004 (Hervorhebung von mir; K.P.)

22 Der Untergang, in: Evangelischer Pressedienst Film (10/2004). Zur Stellung des Films »Der Untergang« in der langen Reihe der Hitlerfilme s. auch Georg Seeßlen, Mensch, Hitler. Vom Scheitern eines Mediums an einem Subjekt. Anlässlich einer herbstlichen Häufung von Filmen über das Dritte Reich, in: Berliner Zeitung v. 7.9.2004

23 Gertraud Junge, wie die Münchenerin nach ihrer Verheiratung mit einem SS-Offizier, einem Diener und Adjutanten Hitlers, den sie im Führerhauptquartier kennen gelernt hatte, im Jahre 1943 hieß, verstarb vor der Präsentation ihres Buches, das 2002 erschien. Zu ihrer Biographie s. vor allem die Beiträge von Melissa Müller in: Traudl Junge, Bis zur letzten Stunde. Hit-

lers Sekretärin erzählt ihr Leben unter Mitarbeit von Melissa Müller, Berlin 2004 sowie Nils Minkmar, Wer war Traudl Junge? Sie hat es sich nie bequem gemacht im Verschweigen der Sympathie für ihren »besten Chef«: Auf den Spuren von Hitlers Sekretärin, in: Frankfurter Allgemeine Zeitung v. 15.9.2004. Freunde und Bekannte bezeugen, dass sie unter den Folgen ihrer Rolle im Führerhauptquartier schwer gelitten, eine lebenslange Leidensgeschichte durch- und Jahrzehnte nur mit Psychopharmaka überlebt habe. Ihr einen »einzigartigen Mut zur Wahrheit« zuzuschreiben, scheint freilich durch die wiederholt und auch am Eingang des Films zitierte Äußerung, sie könne sich die Jahre nicht verzeihen, nicht gedeckt. Der Autor wurde – dies zum Vergleich – vor Jahren zu einem Gespräch mit einer Sekretärin, die im Apparat Adolf Eichmanns und gelegentlich auch für ihn gearbeitet hatte, in Wien mit dem Bemerken empfangen: »Ich fühle mich schuldig«. Vordem hatte sie vor einem österreichischen Gericht als Zeugin erklärt, sie habe gewusst, was den Juden geschehe. Über Erika Scholz und ihre Aussagen vor Gericht s. Kurt Pätzold/Erika Schwarz: »Auschwitz war für mich nur ein Bahnhof«. Franz Novak – der Transportoffizier Adolf Eichmanns, Berlin 1994, S. 28, 79ff., 167ff, 170ff.

24 So geschehen seit dem Erscheinen von: Gerhard Boldt, Hitler – die letzten zehn Tage, dessen erste Ausgabe schon 1947 vorlag. Zuletzt vor allem, das Gedruckte kritisch sichtend: Anton Joachimsthaler, Hitlers Ende. Legenden und Dokumente, Augsburg 1999

25 Traudl Junge, Bis zur letzten Stunde, a.a.O., S. 97, 100, 106f., 108.

26 Ebenda, S. 123.

27 Ebenda, S. 128.

28 Ebenda, S. 135.

29 Ebenda, S. 107.

30 Ebenda, S. 118.

31 Den Aufruf unterzeichnete für das Oberregierungspräsidium Dr. Heimerich. Zitiert in Luitwin Bies/Günter Isberner u.a., Völklingen im Zweiten Weltkrieg, Völklingen 1995, S. 125

32 Das tut auch der Titel »Hitler – der Nichtmensch«, unter dem Joachim Fests Hitlerbiografie in Israel übersetzt erschien, was der Autor als vollkommen gegen seine Intention gerichtet bezeichnet hat (vgl. Die Welt v. 13.10.2004). Auf der gleichen Ebene lag die Bezeichnung Monster im Eröffnungsplädoyer des israelischen Generalstaatsanwalts Gideon Hausner für Adolf Eichmann im Prozess des Jahres 1961.

33 Lorenz Jäger, Der fatale Fuß und das Böse in Menschengestalt. Um einen Lenin für Deutschland bittend: Andrea Morgenthaler verfehlt Joseph Goebbels, in: Frankfurter Allgemeine Zeitung v. 4.10.2004. Die Titel der Teile der im Oktober gesendeten Serie lauteten: Teil 1 »Der Scharfmacher«, 2: »Der Propagandachef«, 3: »Der Einpeitscher«.

34 Sie würden sich allein aus den Tagen des Jahres 2004/2005 einem massenhaften Stoff gegenüber sehen. Am 24. und 25. September 2004 strahlte

RTL den Zweiteiler »Hitler – Aufstieg des Bösen« (Regie: Christian Dugay) aus, von dem ein Rezensent schrieb, es handle sich um »Weltklasse-Kitsch« (siehe Dietmar Dath, Der schon wieder, in: Frankfurter Allgemeine Zeitung v. 24.9.2004). Angekündigt ist für das Frühjahr 2005 u.a. ein dreiteiliger Film des WDR, den die ARD senden wird, über Albert Speer unter dem Titel »Speer und Er« (Heinrich Breloer), eine Mixtur aus Dokumenten, Interviews und Spielszenen mit dem Hitler-Darsteller Tobias Moretti, deren Gesamtkosten übrigens mit 12 Mill. • annonciert werden. Womöglich früher schon wird im Winter 2004/2005 »Das Goebbels-Experiment« (Lutz Hachmeister), eine Gemeinschaftsproduktion von ZDF, Spiegel TV und HMR zu sehen sein, wozu historische Filmdokumente und als Text Auszüge aus den Tagebüchern des Propagandaleiters und -ministers verwendet wurden.

35 Deutschland im ersten Weltkrieg. Bd. 1: Vorbereitung, Entfesselung und Verlauf des Krieges bis Ende 1914. Von einem Autorenkollektiv unter Leitung von Fritz Klein; Bd. 2: Januar 1915 bis Oktober 1917, Autorenkollektiv unter Leitung von Willibald Gutsche; Bd. 3: November 1917 bis November 1918, Autorenkollektiv unter Leitung von Joachim Petzold, soeben wieder aufgelegt vom Leipziger Universitätsverlag 2004

36 Im einzelnen siehe dazu die Beiträge des Autors: Bleibendes Gegengewicht, in: Ossietzky 19/2004, S. 664ff. und Im Westen nichts Neues, in: Konkret 9/2004, S. 37ff.

37 La Bibliothèque Nationale de Strasbourg in der Württembergischen Landesbibliothek (geöffnet bis zum 23. Dezember 2004).

38 Interview mit Christoph Amend: Was für ein Land!, in: Die Zeit v. 7.10.2004

39 Die Wehrmachtsberichte 1939 – 1945. Bd. 3: 1. Januar 1944 bis 9. Mai 1945, München 1985, S. 547ff.

40 So im Flyer der Ausstellung.

41 Primo Levi, Ist das ein Mensch? Autobiographischer Bericht. Italienisch zuerst 1947, deutsch 1961 und dann in vielen Ausgaben u.a. dtv-Taschenbuch

42 Mythen der Nationen 1945. Arena der Erinnerungen. Hg. Deutsches Historisches Museum, Begleitband zur Ausstellung in 2 Bde., S. 173

43 Ebenda, S. 187

44 Der Einband des 1932 in Deutschland erschienen Buches des durch seine Berichte aus der Sowjetunion bekannt gewordenen Reporters, der seine Reiseeindrücke schildert und ein lebendiges Bild von den sozialen Verhältnissen im Deutschen Reich gibt, zeigte eine Hakenkreuz- und eine Fahne mit Hammer und Sichel.

* * *

PETER GINGOLD

»Was es für uns bedeutete, wenn BBC und Radio Moskau Siege meldeten«

Dies ist nicht der Artikel eines Historikers. Ich beschreibe einfach, was für mich der 8. Mai 1945 bedeutet, wie ich ihn ersehnte, als ich ein winzig kleines Rädchen unter denen war, die ein bisschen mithalfen, dass er herbeigeführt wurde und wie ich diesen Tag erlebte. Anlässlich des 60 Jahrestages der Landung in der Normandie, zu der deutsch-französischen Begegnung vom französischen Staatspräsidenten Jacques Chirac im Beisein des Bundeskanzlers Gerhard Schröder am 6. Juni in der Normandie eingeladen, traf ich dort ehemalige Offiziere der Wehrmacht. Als ich ihnen sagte, ich vertrete hier die Deutschen, die an der Seite der Résistance kämpften, sagte einer von ihnen wortwörtlich: »Da haben sie ja gegen Deutschland gekämpft«. Ich entgegnete, wir haben dazu beigetragen Frankreich von der Hitlerokkupation zu befreien, und zugleich war es für uns ein Kampf für Deutschland, um Deutschland von Hitler und dem Krieg zu befreien, es vor seinem endgültigen Untergang zu retten. Da erwiderte er mir wortwörtlich: »Wir wollten ja nicht befreit werden.« Ich hatte vergessen zu fragen, ob er heute noch genau so denkt.

Mir wurde erneut schlagartig bewusst, dass damals tatsächlich für die große Mehrheit der deutschen Bevölkerung das Ende des Krieges, nicht als Befreiung wahrgenommen wurde, sondern als Niederlage, besiegt zu sein, vor allem von den Russen. Obwohl fast die gesamte deutsche Bevölkerung das Ende des Krieges herbeisehnte, je mehr der Krieg sich nach Deutschland wandte, sich die Todesnachrichten von der Ostfront häuften, die deutschen Städte sich in Trümmerlandschaften verwandelten und die Bevölkerung unter höllischen Ängsten in Luftschutzkellern verweilen musste.

Der 8. Mai, wer hatte in Deutschland nicht aufgeatmet?! Endlich Friede! Aber für wie viele war es die Befreiung? Doch fast nur für die Überlebenden des Widerstandes, die Inhaftierten der KZ, der Nazikerker, der im Exil Lebenden. Schließlich für alle, die im aufrechten Gang blieben, sich dem hässlichen Braun nicht anpassten. Für die große Mehrheit der Bevölkerung war es Schmach, den Krieg verloren zu haben, besiegt zu sein. Sie identifizierten sich so sehr mit der Niederlage des Nazireiches, seinem Untergang, als sei es ihre eigene Niederlage, ihr Untergang; sie empfanden es nicht als ihre Erlösung, Errettung. Darin liegt die eigentliche Tragik. Untergang? 1933 war der Untergang! Dessen war sich jedoch nur eine winzige Minderheit bewusst. Ich erinnere mich, als zum 50. Jahrestag des 8. Mai in einer Gedenkveranstaltung ein ehemaliger Offizier der sowjetischen Armee beschreibt, wie die deutsche Bevölkerung zum Unterschied zu der russischen diesen Tag wahrnehme: »Für uns ist der 8. Mai eine Jungfrau im Frühlingsgewande, für die Deutschen eine trauernde Witwe im schwarzen Kleid.«

Nie werde ich vergessen, wie ich an diesem 8. Mai 1945 mit der Turiner Bevölkerung getanzt habe. An diesem Tag befand ich mich in Norditalien mit den Kameraden der Brigade Garibaldi, der ich seit März 1945 angehörte. Ich kam dorthin, als Frankreich befreit war, jedoch der Krieg weiter ging. Noch gab es die Front in Lothringen und Elsaß, wo ich als Frontbeauftragter der »Bewegung Freies Deutschland« mit einigen anderen Deutschen über Megaphone die gegenüber liegenden Soldaten zur Aufgabe überreden wollten. Vergeblich, einer von uns ist gefallen. Er hat sein Leben hergegeben, um das Leben anderer zu retten.

Ich wurde dann beauftragt mit italienischen Kameraden über die Alpen in die Piemonte zu der Resistenza zu gelangen, um meine Erfahrungen der TA in der französischen Résistance dort einzubringen. TA ist die Abkürzung von »Travail allemand« – Deutsche Arbeit. Von Beginn der Résistance im Herbst 1940 an, gleich nach Anfang der Okkupation, hatten wir zunächst mit einer ganz kleinen Gruppe von Jugendlichen der »Freien deutschen Jugend« (FDJ), welche 1936 zusammen mit Willy Brandt in Paris gegründet wurde, damit begonnen, was später TA genannt wurde: Aufklärungsarbeit unter den Angehörigen der deutschen Besatzung, zu ihnen Kontakte herzustellen, um Informationen zu beschaffen und – was ganz wichtig war – Soldaten herauszufinden, die gegen Hitler und den Krieg gesinnt sind, um sie zur Unterstützung der Résistance zu gewinnen.

Ich muss immer daran denken, als wir mit unserer kleinen Gruppe damit begannen. Wie verzweifelt und hoffnungslos schien unser Unterfangen zu sein, wenn wir so, wenn es dämmerte, primitiv hergestellte Streuzettel mit kurzen Losungen gegen Hitler, gegen den Krieg und mit der Aufforderung, »begeht keine Verbrechen gegen die französische Bevölkerung«, über die Mauer warfen, wo sie kaserniert waren und in die leerstehenden Militär-LKW. An diesen Anfang der Widerstandsarbeit erinnerte ich mich wieder am 8. Mai in Turin, längst durch den Aufstand der norditalienischen Bevölkerung befreit, als ich inmitten der jubelnden, tanzenden Menge, unter Mandolinenklängen das Bella-Ciao, das Avanti-Popolo, das Bandera-Rosa mitgesungen habe.

Ich musste an die Kapitulation denken, im Juni 1940 in Frankreich. Ich befand mich in einem der französischen Internierungslager, in die alle in Frankreich lebenden Deutschen kamen, ganz gleich, ob Antifaschisten oder Nazis, da sich seit September 1939 Frankreich im Kriegzustand mit Deutschland befand. Es war nicht allzu schwer, aus dem Internierungslager in der Gegend von Nîmes herauszukommen. Ich bekam einen Kontakt mit Otto Niebergall in Toulouse. Ein deutscher Kommunist, als ehemaliger Abgeordneter im Saargebiet bekannt, ein Haudegen. Später war er Chef der deutschen Gruppe in der Résistance. Es war wohl die schier hoffnungsloseste Situation, in der unsere Begegnung im Juli 1940 in Toulouse stattfand.

Die Hakenkreuzfahne flatterte auf dem Eifelturm, in fast allen Hauptstädten Europas, das in Blitzkriegen mit »relativ« wenigen Opfern erobert war, eine Neuordnung unter der Herrschaft einer »Eliterasse«. Eine Situation, in der fast alle Staatshäupter der Welt glaubten, sich mit Hitler arrangieren zu müssen, denn sein Endsieg sei sicher. Aber Otto Niebergall sagte mir, was unsere Aufgabe in diesem jetzt von Deutschen besetzten Land sein müsste. Es wird Widerstand geben und wir müssen an dessen Seite sein. Wir hätten die Aufgabe mit allen Mitteln die uns zur Verfügung stehen, die Besatzersoldaten aufzuklären, unter ihnen antifaschistisch Gesinnte für den

Widerstand zu gewinnen. Unter den Wehrmachtsangehörigen müsste es doch auch Hitlergegner, Söhne von KZ-Inhaftierten geben. Und er betonte ausdrücklich, auf die Dauer werden die Völker die Unterjochung nicht erdulden, sie werden aufstehen. Die Unterdrückung einer Nation hat immer mit dem Aufstand geendet.

Mir kam es so vor, als würden wir am Strand eines tobenden Meeres nun versuchen, die Wellen aufzuhalten. Doch wir hatten damit begonnen, wie gesagt, gleich danach mit unserer kleinen Gruppe, die sich in Paris zusammenfand, vor allem mit meiner Frau. Viele Jahre später sagte sie, sie kann sich heute nicht vorstellen, damals mitgemacht zu haben, das Baby in der Wohnung, das just in den Tagen, als die Wehrmacht in Paris einmarschierte, zur Welt kam. Nicht einmal eine Schreibmaschine besaßen wir, keinen Abziehapparat. Aus einem Spielwarengeschäft beschafften wir uns einen Kinderdruckkasten. Auf Zigarettenpapier und Klebezettelchen, was wir damals noch in Mengen auftreiben konnten, stempelten wir kurze Losungen: »Nieder mit Hitler!«, »Schluss mit dem Krieg«, »Begeht kein Verbrechen gegen Franzosen!«

Was bewirkten wir damals schon mit solchen Zettelchen?! Sie sind natürlich von den Wehrmachtsangehörigen gefunden und gelesen worden. Wahrscheinlich gab es kaum eine andere Reaktion, als dass sie sich an die Stirn tippten. Mit Hitler, mit dem Krieg Schluss machen? Jetzt wo sie vor dem Endsieg stehen, sie, die nun als Herren von Europa jeder eine herrliche Zukunft hatten!? Wenn sie in ihrem damaligen Siegeswahn mit riesigem, prallem Gepäck im Urlaub nach Hause kamen, welch eine Freude in der Familie, sobald sie auspackten! Geraubte Luxuswaren, von denen man sonst nur träumen konnte. Teuerste Weine, Conjac, Champagner, Kaffee, Schokolade, Südfrüchte, die feinsten Stoffe – Siehe den Song von Bert Brecht, »Was brachte der Soldat dem Soldatenweib«.

Das war die Situation, als außer einer winzig kleinen Minderheit die deutsche Bevölkerung mit frenetischer Begeisterung hinter dem Führer stand, wie noch nie in deutscher Geschichte hinter einem Staatsregenten. Kurz nach dem Überfall auf die Sowjetunion kam ich mit einem Soldaten ins Gespräch, dem ich erläutern musste, wieso ich als »Franzose« so gut deutsch sprach. Er sei ein Bauer und freue sich jetzt schon auf sein Gut in der Ukraine oder auf der Krim, wo er dann Russen unter sich habe, die für ihn arbeiten. Gab es doch kaum Zweifel, auch dieses riesige Land in einigen Monaten im Blizkrieg zu besiegen. Welch eine herrliche Zukunft malten sie sich aus. Aber es änderte sich. Die Rückschläge und Verluste der Wehrmacht an der Ostfront, die Erfolge der sowjetischen Armee, gaben den Widerstands-, den Befreiungsbewegungen in allen okkupierten Ländern, die sich überall nur allmählich entwickelten, einen mächtigen Auftrieb, in dem Maße, wie der Nymbus der Unbesiegbarkeit der deutschen Armee zerbröckelte, in dem Maße, in dem die Leiden und Qualen unter den Okkupantenstiefeln zunahmen.

Das geschah in Frankreich besonders, als dieses Land mehr und mehr ausgeplündert wurde, der Franzose sein normales Weißbrot, sein Baguette nicht mehr hatte, sondern an Stelle dessen, so etwas Grauliches, undefinierbares. Nicht mehr sein Beefsteak, alles nur noch auf Lebensmittelkarten, Brot, Eier, Butter, Zucker, alles was es überhaupt noch an Lebensmitteln gab, auch der Wein und der Tabak. Für sein Auto kein Benzin, auf den Straßen die Fahrradtaxis. Vor allem, als dann noch jeder im arbeitsfähigen Alter zur Arbeit nach Deutschland verpflichtet wurde – STO-Service travail obligatoire (Verpflichtet zur Arbeit in Deutschland) –, dann zogen viele vor in die Wälder zu gehen, auf französisch Maquis. So nannten sich die bewaffneten Widerstandsgruppen in den schwer zugänglichen Gebieten wie den Alpen, den Pyrénéen, dem Massiv-Centrale, dem Jura, den Vogesen und Cevennen.

Unter den Kämpfern, die »Marquisards« hießen, entfaltete sich die Résistance zu einer Massenbewegung. Dort waren auch wir Deutschen an ihrer Seite nicht mehr eine kleine Gruppe, sondern schon mehrere Hunderte. Unsere Flugblätter und Zeitungen in deutscher Sprache erschienen nun in Massen, in hoher Auflage, jetzt von den illegalen Druckereien der Résistance hergestellt und mit Hilfe der bewaffneten Gruppen der Partisanen des »Maquis« auf abenteuerlichen Wegen zu den Angehörigen der Wehrmacht gebracht. Da erst entstand eine ganz andere objektive Situation, um Soldaten und Offiziere zur

Unterstützung der Résistance zu gewinnen. Nun hatten sie, die bislang »wie Gott in Frankreich lebten«, auf einmal Angst, an die Ostfront verlagert zu werden, d.h. auf die Schlachtfelder, in den Tod. Wenn einer von ihnen jetzt von uns einen Streuzettel, ein Flugblatt in die Hände bekam, tippte er sich nicht mehr an die Stirn, es ließ ihn schon nachdenklich werden. Vielleicht lieferte er es nicht gleich seinen Vorgesetzten ab, sondern versteckte es bei sich. Denn darauf stand auf deutsch, französisch und englisch: »AUSWEIS – Durch vorzeigen dieser Zeitung erklärt sich der Träger dem alliierten Soldaten oder Mitglied der französischen Streitkräfte der inneren Front, dem er sich gefangen gibt, als Anhänger der Bewegung FREIES DEUTSCHLAND«. Unsere Zeitung wurde zum Organ der »Bewegung Freies Deutschland für den Westen«.

Im Sommer 1943 war sie gegründet worden, CALPO (Comité allemand pour l'Ouest), eine Zusammenfassung von Hitlergegnern unterschiedlicher sozialer Herkunft und politischer wie weltanschaulicher Richtung, darunter manch hoher Offizier. Unsere Hauptlosung war: Geordneter, bewaffneter Rückmarsch hinter die deutsche Reichsgrenze, Hitler stürzen, den Krieg beenden. Damit Deutschland lebe, muss Hitler fallen! Falls es wirklich soweit kommen sollte, gab es ein Abkommen mit der militärischen Leitung der Résistance, dieses nicht zu behindern, im Gegenteil, den Rückzug zu unterstützen. Unsere Zeitungen gelangten auch in die Hände des Generalobersts Cäsar von Hofacker, im Befehlsstab der Wehrmacht in Paris. Von ihm kam der Wunsch nach einem Kontakt mit dem Komitee, mit dessen Losung er einverstanden war. Otto Niebergall führte die Gespräche mit ihm. Hofacker war bereit diese Losung zu verwirklichen.

Der Rückmarsch sollte das Signal zum Aufstand der deutschen Bevölkerung gegen Hitler sein. Monate vor dem 20. Juli traf er die Vorbereitung, auch unabhängig vom 20. Juli und seinem Ausgang. An diesem Tag hatte er in Paris 1200 Männer der Gestapo und SS verhaften lassen und am Abend sollte ein Standgericht stattfinden, um dann die Spitze der Gestapo zu erschießen. Die Gefängnisse für alle politischen Gefangenen sollten geöffnet werden. Trotz des fehlgeschlagenen 20. Juli im Bendlerblock zu Berlin, ließ sich Cäsar von

Hofacker nicht beirren, doch er blieb isoliert, von seinen Mitverschwörern feige im Stich gelassen. Es war die Situation nach der verlorenen Schlacht um Stalingrad, des Untergangs der 6. Armee, das Licht, welches wir endlich im Dunkel sahen. Was hat es uns an Hoffnung und Kraft gegeben! Insbesondere durchzuhalten, als ich in diesen Wochen in den Händen der Gestapo war, schlimm gefoltert, das Todesurteil sicher. Doch ich konnte entkommen, da es mir gelang die Gestapo in eine Falle zu führen. Die Gewissheit nun, dass sich erfüllt, was Otto Niebergall 1940 prophezeite: der Aufstand, die Befreiung gingen voran, die Sonne ging auf!

Mit der Eröffnung der zweiten Front, der Landung der Alliierten in der Normandie ging es dem entgegen, in allen von der Hitlerwehrmacht okkupierten Ländern, wie eine Gesetzmäßigkeit, auf die bereits Carl von Clausewitz hingewiesen hatte, der auf russischer Seite gegen die Armeen von Napoleon kämpfte. In seiner Schrift »Vom Kriege« beschreibt er, dass ein allgemeiner Volkskrieg gegen ausländische Eroberer »eine wahrhaft neue Potenz« hervorbringt, den Volkswiderstand, welcher »wie eine still fortschwelende Glut die Grundfesten des feindlichen Heeres« zerstöre.

Der Befreiungskampf erfasste alle von den Hitlerarmeen eroberten Länder, nicht nur die Industriestaaten wie Frankreich, Italien, Belgien, Holland, Dänemark, Norwegen, Luxemburg, auch die damals sozial und ökonomisch rückständigen Länder wie Jugoslawien, Albanien, Bulgarien, Slowakei. Schließlich gehörten der Résistance in ganz Europa Millionen Freiheitskämpfer/innen an, die im Verlauf des Krieges zu einer mächtigen Kraft wurden und eine große Bedeutung für die Antihitlerkoalition hatten, indem sie ihre Front verbreiterten und stabilisierten. Es war das Europa der Résistance, wie es »Le combat«, die illegale Zeitung der französischen Résistance im Dezember 1943 beschrieben hat. »Vom Nordcap bis zur Pyrenäengrenze, von der Kanalküste bis zum Ägäischen Meer, stehen Millionen Menschen, wie verschieden ihre Sitten und ihre Sprache auch sein mögen, in dem selben Kampf gegen denselben Feind, im Kampf der Freiheit gegen die Sklaverei, der Gerechtigkeit gegen das Unrecht, des Rechts gegen Gewalt. Wir sind Zeugen eines Wunders, eines gewaltigen Wunders, das aus Blut und Tränen hervorgegangen ist. Es ist das Wunder des Widerstandes.«

Zu ihm gehört ebenbürtig mit seinen Leiden und 800.000 Opfern der antifaschistische deutsche Widerstand. Der direkte militärische Beitrag des Europas der Résistance zur Zerschmetterung der gewaltigen Wehrmacht des deutschen Faschismus war enorm. Über eine Million Soldaten und Offiziere der faschistischen Armeen sind außer Gefecht gesetzt worden. 25.000 Militärzüge wurden entgleist oder in die Luft gesprengt. Sie zerstörten ein nicht zu übersehendes Militärpotenzial. 15.000 Lokomotiven und 125.000 Waggons, tausende Brücken, mindestens 75.000 Autos und LKW, 2.000 Geschütze, tausend Flugzeuge, 4.000 Panzer und hunderte Schleusen in Flüssen und Kanälen. Hinzu kommt die Sabotage in Industrie und Landwirtschaft, die Zerstörung technischer Kommunikationsmittel, Telefonleitungen usw.

Der Verkehr wurde für die Besatzungsmacht behindert, wenn nicht sogar für lange Zeit in manchen Gebieten lahm gelegt. So waren die Truppenbewegungen der Hitlerwehrmacht in der Normandie tagelang blockiert, als es den Alliierten gelang, einen Landekopf zu erkämpfen. Nun ging es den NS-Besatzern darum, alles noch verfügbare Militärpotenzial an die Zweite Front in die Normandie zu bringen. Nach Straßburg brauchte es nur ein paar Tage. Aber von da in die Normandie dauerte es Wochen! Von den Partisanen wurden die Züge entgleist, die Brücken gesprengt, die Militärkonvois überfallen. Die Behinderung des deutschen Nachschubs hat wesentlich dazu beigetragen, den Landekopf zu erweitern, den relativ schnellen Vormarsch der Alliierten zu ermöglichen.

»Die französische Résistance hat mir 15 Divisionen erspart«, erklärte später General Eisenhower, Kommandeur der alliierten Streitkräfte der Zweiten Front im Westen. Diese Aussage ermöglicht in etwa eine Vorstellung davon, wieviele Kräfte der Hitlerarmeen gebunden waren, welche Hilfe es für die Streitkräfte der Antihitlerkoalition war: So mussten allein gegen die sowjetischen Partisanen 25 Divisionen der Wehrmacht, über 300.000 Mann der SS, des SD und der Polizei sowie 500.000 Mann Hilfstruppen eingesetzt werden. In Frankreich waren vor dem 6. Juni 1944 über 500.000 Mann im Einsatz gegen

II. BEFREIUNG

Partisanen, in Griechenland 30.000 Soldaten, 15 Divisionen nach der Kapitulation 1943 in Italien, im selben Jahr in der Tschechoslowakei 200.000. In 17 Ländern entfalteten sich die Befreiungsbewegungen. An allen haben auch Deutsche teilgenommen, ihr größter Anteil war wohl in der französischen Résistance, in der der Internationalismus lebte. In ihr kämpften Polen, Österreicher, Tschechoslowaken, Spanier, Italiener, Ungarn, Armenier, Rumänen, Jugoslawen, Russen.

Bereits mit der ersten schweren Niederlage in der Winterschlacht vor Moskau 1941/42 angedeutet, war mit dem Untergang der 6. Armee in Stalingrad 1942/43 die eigentliche Wende im Zweiten Weltkrieg vollzogen. Im Sommer und Herbst 1944 ging es eindeutig der endgültigen Niederlage entgegen. Nun war kein Zweifel mehr angesichts der militärischen und politischen Erfolge, die die Antihitlerkoalition und die antifaschistischen Widerstandsbewegungen an allen Kampffronten erzielt hatten. Aber wie lange dauerte es noch bis zur endgültigen Niederlage des Nazireiches? Wieviele Opfer würde es noch kosten? Und wie wir das Nazi-Ende herbei bebten, als mehr und mehr von den faschistischen Verbrechen durchdrang, aber in uns sich alles sträubte es wahrhaben zu wollen, immer die Hoffnung, es sei nur ein Gerücht. Auschwitz, die Gaskammer. Nein, es war zu unfassbar, dass Menschen fähig sein könnten, unschuldige menschliche Wesen, Frauen, Kinder, Alte wie Ungeziefer auszutilgen, auszurotten, nur weil sie geboren sind, kein Recht auf Leben haben. Mein Bruder, meine Schwester, fast alle meine Verwandten wurden mit Zehntausenden der jüdischen Bevölkerung in Frankreich aus ihren Wohnungen gerissen, ins Sammellager nach Drancy – einen Vorort von Paris – gebracht. Von dort deportierte man sie in Viehwaggons nach Osten. Vielleicht auch nach Auschwitz, in die Gaskammer? Nein, ich wollte es nicht glauben.

Kann man sich vorstellen, wie wir die rasche, endgültige Niederlage des Hitlerreiches ersehnten?! Was es für uns damals bedeutete, wenn BBC-London und Radio Moskau an den Fronten Siege meldeten?! Als ich mit meiner Frau in einem illegalen Quartier im Vorort nördlich von Paris, wo wir »Volk und Vaterland«, die Zeitung der »Bewegung Freies Deutschland« herstellten, an einem Morgen von dem Lärm von Luftkämpfen in ungewöhnlicher Heftigkeit geweckt wurden und wir den gleichen Gedanken hatten: das könnte die Landung sein, die wir so inständig erwarteten, als das dumpfe Klopfzeichen der BBC-London tatsächlich die Meldung brachte: »Im Morgengrauen sind an der französischen Kanalküste amerikanische, englische und kanadische Truppen gelandet und haben erfolgreich mehrere Landeköpfe gebildet.« Was war das für ein Aufatmen, für ein Aufjauchzen. Das Kriegsende naht! Und dann der Vormarsch der alliierten Truppen in Richtung Paris und die sowjetischen Armeen schon in Polen, der preußischen Grenze sich nähernd; wir waren gewiss, bald kommt das Signal zum Aufstand!

Tatsächlich kam Mitte August 1944 das Signal, der Aufstand wurde begonnen mit dem Streik der Pariser Polizei. Ich hatte die direkte Verbindung mit unserem Chef der Deutschen in der Résistance, Otto Niebergall, im Vorort von Paris. Wir schnappten unverzüglich unsere Fahrräder und fuhren so schnell wir konnten nach Paris, welches sich bereits im Aufstand befand. Wir sahen die Trikolore flattern an den Häusern, die Männer, Frauen, Kinder die alles Mögliche herbei schleppten, um Barrikaden in den wichtigsten Durchgangsstraßen zu errichten. Deutsche Truppen wurden eingekesselt und versuchten immer wieder mit Panzern auszubrechen, mehrere wurden mit Molotowcocktails in Brand gesetzt. Otto Niebergall hatte den Kontakt mit dem Kommandostab des Aufstands, unterirdisch im Gare Montparnasse (Bahnhof).

Unser Appell an die Deutschen, sich zu ergeben, ging über Radio-Paris. Wir waren mit etwa 100 Deutschen am Aufstand in Paris beteiligt, beauftragt, mit weißer Fahne als Parlamentäre zu den Eingekesselten zu gelangen, um sie zur Aufgabe zu überreden und um die vorbereiteten Sprengungen zu verhindern. Wir gaben uns als Franzosen und Beauftragte der FFI, der Forces Françaises Interieures (Französische innere Streitkräfte) aus, waren aber auch der Gefahr ausgesetzt, als Deutsche erkannt und erschossen zu werden. Mit uns lehnten die Offiziere jegliche Verhandlungen ab, sie hofften noch auf Unterstützung von deutschen Streitkräften auf dem Wege nach Paris. Ergeben würden sie sich allenfalls den Amerikanern, nicht den Fran-

II. BEFREIUNG

zosen, weil viele der Propaganda glaubten, von ihnen massakriert zu werden. Nur in einem Fall hatten wir Erfolg.

In einem Tunnel des Parc des Buttes Chaumont im 19. Arrondissement (Stadtbezirk) hatten sich deutsche Truppen verschanzt. Sie saßen in einer Mausefalle. Nach Verhandlungen mit unseren Parlamentären ergaben sie sich. Tage darauf stand ich inmitten von 2 Millionen glückstrahlenden, sich gegenseitig umarmenden jubelnden Menschen: »Paris libre!« (Paris frei!) Es war das erhabenste Erlebnis in meinem Leben. Hätte es doch auch in Deutschland ein solches Erlebnis gegeben! Lange Zeit hatten wir im Widerstand davon geträumt. Es war unsere Vision, unser Traum, der Krieg könnte so enden, wie der erste Weltkrieg, mit dem Aufstand der deutschen Bevölkerung, so ähnlich wie die Novemberrevolution. An ihrer Seite stünden noch 8 Millionen verschleppte Zwangsarbeiter/innen. Aber es war auch der Alptraum der deutschen Kapitalmächte, der eigentlichen Verursacher und Nutznießer des Nazifaschismus, die ja 1918 vor dem Abgrund standen. So darf dieser Krieg nicht enden, dachten sie. Wie wäre die gesamte Nachkriegsgeschichte wohl verlaufen, wenn der Krieg mit eigener Kraft beendet worden wäre? Stattdessen mussten dies die anderen Völker herbeiführen, das sowjetische Volk hat es allein mit dem Opfer von 25 Millionen seiner Menschen bezahlt.

An der Mauer der Gedächtnisstätte des Preungesheimer Gefängnis in Frankfurt am Main, an der Stelle, an der die Guillotine stand, mit der Hunderte Antifaschisten hingerichtet wurden, stehen die Worte der Schriftstellerin Ricarda Huch: »Nicht erhob sich das Volk, denen Freiheit und Leben zu retten, die ihre Freiheit und Leben für das Volk hingaben.« Das ist die eigentlich große Tragik in jüngster deutscher Geschichte. Keine Wut, kein Zorn entlud sich in der deutschen Bevölkerung gegen die Hauptverantwortlichen des grausamsten Krieges in der Weltgeschichte, die so viel an Not und Tod, an Verwüstung und Vernichtung über ganz Europa, wie auch über das eigene Land brachten. Nicht die deutsche Bevölkerung bestrafte die bestialischen Verbrecher aus ihrer Mitte. Jetzt wäre die Stunde gekommen, sie zur Rechenschaft zu ziehen, so wie ich die Selbstjustiz aus der Bevölkerung während des Aufstandes gegen die Kollaborateure, gegen die bereitwillig und eng mit dem Nazifaschismus und seinen Verbrechen Zusammenwirkenden in Frankreich und in Italien erlebte. Nicht, dass ich Selbstjustiz befürworte. Aber hätte es doch wenigstens so etwas in Deutschland gegeben! Nein es gab gegen die Massenmörder keinen Zorn, keine Aufgebrachtheit, keine Erbitterung, keine Wut, sondern vielmehr Mitleid mit den Verurteilten in den Kriegsverbrecherprozessen der alliierten Militärgerichte.

Dadurch erklärt sich der reibungslose Übergang vom Dritten Reich in die Bundesrepublik, in der ehemalige hohe Funktionäre, die ihre Fähigkeiten dem Führer und der SS zur Verfügung gestellt hatten, alles werden konnten, in die entscheidenden Stellen kamen: Bundespräsident, Bundeskanzler, Ministerpräsident, unter Adenauer der Erste Staatssekretär Dr. Hans Globke, der wichtigste Mann in der Regierung, der die juristische Grundlage für die NS-Rassengesetze lieferte. Sie waren führend in der Ministerialbürokratie, der Verwaltung, der Wirtschaft, der Justiz, der Hochschulen, der Medien, sie bauten die Geheimdienste und das Militär auf und organisierten das Verschweigen der Nazivergangenheit. Eine Nachkriegsgeneration wuchs heran, die nichts, aber auch gar nichts darüber weder in der Schule noch von ihren Eltern erfahren durfte. Vor allem natürlich nichts über den Widerstand und dabei auch nur über den 20. Juli, vielleicht noch die Weiße Rose der Geschwister Scholl.

Bis heute vollkommen ausgeblendet ist der eigentliche Widerstand der zehntausenden Frauen und Männer, zumeist aus der Arbeiterbewegung, an dem die Kommunisten den Hauptanteil hatten. Ins Bewusstsein darf es aber nicht dringen, sonst wäre ja dem Antikommunismus, der zur Staatsdoktrin geworden ist, der Boden entzogen. Der von Hitler propagierte und mit Antisemitismus verknüpfte Antikommunismus wurde bis auf den Judenhass übernommen, es blieb nur die bolschewistische Gefahr, die Bedrohung aus dem Osten. Offiziell, vielleicht sogar aufrichtig, schämte man sich des Antisemitismus, wenn er auch unterschwellig schwelte, aber mit der Gefahr aus dem Osten, mit Hilfe des Antikommunismus wurde die Restauration und die Wiederaufrüstung, das Wiedererwecken des Militarismus begründet.

II. BEFREIUNG

In meiner Erinnerung lebt die Rückkehr nach Deutschland, in die Trümmerlandschaft meiner Heimatstadt Frankfurt am Main, gleich nach der Befreiung. Im Unterschied zu den damals Regierenden in der Ostzone, gab es von hieraus keinen Aufruf an die ins Ausland Vertriebenen und Geflüchteten zurückzukehren. Ich spürte, wie ich in meiner Umgebung unwillkommen war. Im Wiedersehen mit den Überlebenden des Widerstandes, aus dem kommunistischen Jugendverband, aus der Gewerkschaftsjugend, fielen wir uns in die Arme, und konnten uns nicht genug gegenseitig ausfragen, was jeder durchlebte. In der Bevölkerung meiner Umgebung spürte ich Eiseskälte, niemand hatte mich je gefragt, was meiner Familie geschah, wie ich überlebte, aber sie erzählten mir, wie sehr sie gelitten hatten, wenn wir überhaupt ins Gespräch kamen. Vor allem hörte ich immer wieder, dass sie von nichts gewusst haben. Das war so symptomatisch in den ersten Jahren der Nachkriegszeit, dieses allgemeine »nichts gewusst haben« und das Schweigen über die NS-Vergangenheit. Von den Eltern und in den Schulen haben die Nachgeborenen so gut wie nichts erfahren, was denn damals eigentlich geschehen war, zwischen 1933 und 45.

Auch ich schwieg über meine Vergangenheit gegenüber denen, die mir fremd waren. Dafür interessierte sich auch niemand, außer meinen Freunden. Wohl sagte es mir keiner ins Gesicht, aber ich spürte es, sie hätten es eher gewünscht dass wir endgültig verschwunden wären, sahen sie doch in den Überlebenden aus den KZ, den Kerkern, aus dem Exil Zurückgekehrten so etwas wie Ankläger, die ein schlechtes Gewissen weckten, wenn es überhaupt eins gab. Galten doch wir alle, die auf der anderen Seite kämpften, auch die im Kerker und KZ saßen, natürlich vor allem die Deserteure, die sich weigerten den verbrecherischen Krieg weiterhin mitzumachen, als Landesverräter. Vielleicht sehen mich diese ehemaligen Offiziere, welche ich in der Normandie traf, heute noch so.

Es bedurfte schon einer vierzigjährigen Wanderung durch die Wüste, bis neue Generationen heranwuchsen, die es erst einem Bundespräsidenten möglich machten, am 40. Jahrestag des 8. Mai vom Tag der Befreiung zu sprechen, was ihm aus den eigenen Reihen seiner

Partei, der CDU, einen Sturm der Entrüstung einbrachte. Aber welch eine Hoffnung erzeugt das, was sich nun verändert hat. Heute kann ich gegenüber der Jugend alles sagen, auch ihnen sagen, wer in Wirklichkeit Landesverrat beging, nämlich alle, die sich an den Verbrechen des Hitlerregimes beteiligten, die sich willfährig hierfür zur Verfügung stellten. Eigentlich müsste ich sagen, wer keinen Widerstand leistete, beging Landesverrat. Aber so weit will ich nicht gehen.

Doch gegenüber den Jugendlichen füge ich hinzu: Deinem Großvater oder deinem Urgroßvater, der in der Hitlerarmee kämpfte, würde ich nie einen Vorwurf machen, war er doch zwangsweise eingezogen. Er war auch damals jung, hatte vielleicht mit Begeisterung gekämpft, wirklich geglaubt, »Volk und Vaterland« gegen den drohenden Feind des »Judäo-Bolschewismus« zu verteidigen, sich selbst als Patriot gesehen. Das würde ich ihm nie vorwerfen. Mir hätte dasselbe passieren können, wenn ich anders beeinflusst aufgewachsen wäre. So selbstgerecht will ich nicht sein. Aber es gäbe keine Entschuldigung dafür, wenn er heute noch, nach mehr als einem halben Jahrhundert nicht weiß, dass er mit seinen damaligen »vaterländischen« Gefühlen für einen verbrecherischen Krieg missbraucht worden ist und heute als Zeitzeuge nicht dazu beiträgt, dass sich nicht ähnliches wiederhole. Den Beifall, den ich bekomme, wenn ich den Jugendlichen sage, stellt euch nicht in die Fußstapfen der kämpfenden Soldaten an der Ostfront, eher in die der Männer und Frauen des Widerstandes gegen alles was zu einem Rückfall in eine ähnliche Barbarei führen könnte. Das macht mich hoffnungsvoll!

Und darum geht es! Dazu könnte das Begehen des 60. Jahrestages des 8. Mai wesentlich beitragen. Wie wichtig ist das Erinnern an diesen Tag! Wie wichtig das Erinnern an die Befreiung Europas und Deutschlands von der Hitlerbarbarei, an die Rotarmisten und US-Soldaten in Torgau an der Elbe, die sich die Hände reichten; das Nazireich war untergegangen, die menschliche Zivilisation gerettet: Für alle Ewigkeit muss im Gedächtnis der Menschheit verankert bleiben: dieses Morgenrot der Menschheit, dieser Jubel, der ganz Europa, ja die ganze Welt erfasste, aber auch, dass es ihn in Deutschland nicht gab. Dieses Erinnern hat eine große Bedeutung für die Fähigkeit und Bereitschaft, bei der Schaffung und Enstehung eines Deutschlands mitzuhelfen, welches wir erträumt hatten, ein antifaschistisch-demokratisches Deutschland, in dem nie, nie mehr aufkommen kann, was zu diesem entsetzlichen, blutigen, schändlichen Kapitel deutscher Geschichte führte, in dem für alle Zukunft niemand mehr in Angst leben muss, jemals vom Faschismus und Krieg bedroht zu sein. In mehreren Ländern Europas ist der 8. Mai ein Feiertag. Er müsste eigentlich der nationale Feiertag Deutschlands sein. Mehr als tausend Gründe gäbe es.

* * *

GERHARD LEO

Dreimal befreit*

Den 8. Mai 1945 habe ich in dem kleinen südwestfranzösischen Städtchen Cognac nahe der Atlantikküste erlebt. In diesen letzten Kriegsmonaten war der Ort, sonst beschauliches Zentrum der französischen Weinbrandherstellung, zu einer Truppenkonzentration von militärischen Stäben, durchziehenden Einheiten und hier stationierten Regimentern geworden. Frankreich war schon fast völlig von der Naziokkupation befreit, aber hier an der Atlantikküste hatten sich noch drei von der Wehrmacht besetzte Festungen – La Rochelle, Royan und Pointe de Graves – erhalten. Mehrere tausend deutsche Soldaten, Unteroffiziere und Offiziere klammerten sich an einige

---

*   Bei diesem Text handelt es sich um einen überarbeiteten, vom Autor und seinem Verlag freundlich genehmigten Nachdruck aus: Gerhard Leo, Dreimal befreit, in: Hans Modrow (Hg.), Der 8. Mai 1945. Ende und Anfang, Berlin 1995, S. 91-95

Quadratkilometer Land am Meer und verweigerten die Kapitulation. Die militärische Eroberung dieser von Bunkern und schweren Waffen starrenden Stützpunkte hätte große Kräfte erfordert, die dringend an der Front in Deutschland gebraucht wurden.

So hatte sich das französische Oberkommando entschlossen, die letzten Nazi-Inseln im Land mit genügend Streitkräften zu umgeben, damit ein Ausbruch unmöglich war. Gleichzeitig wurden die verbleibenden Wehrmachtsangehörigen auf französischem Boden intensiv durch Radiosendungen in deutscher Sprache, mit Flugblättern, meist aus der Luft abgeworfen, und mit Lautsprecheraktionen an der Front über ihre aussichtslose Lage aufgeklärt. Zu diesem Zweck arbeitete die Atlantikarmee unter General de Larminat mit einer Gruppe von deutschen Antifaschisten zusammen, die bereits Erfahrungen in der Soldatenarbeit während der Illegalität in Frankreich gesammelt hatten. Unter der Leitung von Herbert Linz gehörte ich zusammen mit Albert Hauser, Hans Heisel, Willi Ferda und Karl Heintz zu dieser Gruppe. Die Armee hatte uns einen relativ starken Sender zur Verfügung gestellt, Bir Hakeim genannt, nach der libyschen Festung, in der französische Truppen ihren ersten Sieg über die Rommel-Armee errungen hatten. Bir Hakeim sendete zweimal am Tag je 30 Minuten Informationen und Kommentare in den Kessel von Royan mit der Aufforderung, den sinnlosen und verbrecherischen Hitlerkrieg zu beenden und das eigene Leben für ein besseres Deutschland zu retten.

Die französischen Offiziere, die unsere Sendungen kontrollierten, hatten auch keine Einwände, wenn wir unsere deutschen Hörer ausführlich über Losungen, Programm und Einschätzungen des »Komitees Freies Deutschland für den Westen« informierten, das wir in Frankreich nach dem Vorbild des Nationalkomitees in der Sowjetunion gebildet hatten. Durch Überläufer – 150 Desertionen insgesamt in drei Kesseln südlich der Loire nach unseren Sendungen – kannten wir die Stimmung in den letzten Wehrmachtsstützpunkten gut. Ich hatte selbst im bretonischen Vannes, wo sich ein größeres Kriegsgefangenlager befand, mit zahlreichen Deserteuren und anderen Gefangenen aus den Kesseln ausführlich gesprochen. Wir wußten, daß nur eine kleine Minderheit von fanatischen Offizieren und Unteroffizieren den

II. BEFREIUNG

OKW-Befehlen auf Kampf bis zum letzten Mann Folge leisten wollte. Die überwiegende Mehrheit wollte einfach überleben und hatte vom Krieg genug.

Ich erinnere mich, daß ich die Nachricht über die erste Unterzeichnung der Kapitulation morgens beim Rasieren im Radio hörte. Es war alles noch im Konditional gesagt und klang nicht wie endgültig. Obwohl wir genau wußten, daß dies die letzten Tage des Krieges waren, erregten mich diese Informationen so sehr, daß ich mich ziemlich tief mit dem Messer in die Haut schnitt. Der Sieg über den Hitlerfaschismus, so lange herbeigesehnt, jetzt war er endlich da. Nun wußte ich, daß ich diesen schrecklichen, mörderischen Krieg überlebt hatte.

Cognac war zwar nicht unmittelbar Kriegsschauplatz, aber vor vier Tagen hatte ich noch am Royan-Kessel über Lautsprecher zu den belagerten Deutschen gesprochen. Hitlers Selbstmord, die Erfolge der Sowjetarmee, der Zusammenbruch der Naziführung, die letzten Kämpfe in Berlin und die zwingende Notwendigkeit, jetzt das eigene Leben zu retten und nicht den Parolen der unverbesserlichen Faschisten zu folgen, waren meine Themen. Der Kastenwagen mit meinem Mikrofon stand mindestens drei Kilometer von der Frontlinie entfernt, aber die Lautsprecher befanden sich an einem Fluß, nur wenige Meter von den ersten deutschen Stellungen entfernt. Kurz nachdem ich angefangen hatte, setzte wildes MG-Feuer, später auch Artilleriebeschuß ein. Die Einschläge wurden immer lauter, kamen also näher. Der französische Kapitän Gravier, Chef der psychologischen Kriegsabteilung, der mir gegenüber saß, schob mir einen Zettel zu, auf den er in großen Buchstaben geschrieben hatte. »Est-ce qu'on arrête?« – Hören wir auf? Doch ich wollte unbedingt meine Argumente zu Ende führen, denn ich war überzeugt, daß dies auch hier am Atlantik die letzten Stunden des Krieges waren und daß es jetzt darauf ankomme, Wankelmütige zu überzeugen aufzugeben, damit das Ende der Naziarmee wenigstens hier ohne Blutvergießen verlief.

Als wir die Sendung beendet hatten, ging ich mit dem zuständigen Bataillonskommandeur in Richtung Front. Wir sahen den Krater einer Granate auf einem Feld weniger als hundert Meter von unserem Lautsprecherwagen entfernt. Die Splitter waren noch heiß. Mir lief es kalt über den Rücken. Nach der Information jetzt wußte ich, daß solche Gefahren für Leib und Leben der Vergangenheit angehörten.

In den Räumen der Station Bir Hakeim, in denen die letzte Sendung vorbereitet worden war, trafen wir alle freudig erregt. Wir erfuhren, daß es bereits pausenlose Verhandlungen mit dem Kommando der Eingeschlossenen gab und die Truppen aller drei Stützpunkte am nächsten Tag, dem 9. Mai, kapitulieren wollten.

Am Nachmittag verließ ich, etwas beschwingt vom Weißwein der Gironde, der in den Redaktionsräumen reichlich geflossen war, den Sender. Die Einwohner von Cognac füllten die Straßen und drängten sich in den Cafés und Bistros zusammen. Überall wurde auf den Sieg angestoßen. Durch die Hauptstraße zog eine Demonstration hinter Trikoloren und den roten Bannern der Gewerkschaften. »Es lebe der Sieg«, stand es auf dem großen Transparent, das in der ersten Reihe getragen wurde, in der bereits einige aus deutschen Konzentrationslagern befreite Häftlinge in ihrer gestreiften Kleidung gingen.

Auf mehreren Plätzen wurden Girlanden mit Lampions zwischen den Platanen und Straßenlaternen gespannt, wie am 14. Juli, dem Nationalfeiertag. Improvisierte Orchester, auch Grammophone spielten zum Tanz auf. In einer Gasse hielten mich junge Leute an und luden mich ein, mit ihnen zu feiern. Ein Hausbesitzer, seines Zeichens Weinhändler, hatte soeben die Trennwand zu seinem seit 1940 zugemauerten Kellerteil durchbrechen lassen. Dahinter lagerten auf Holzregalen die besten Flaschen Bordeauxwein und Cognac, die der gute Mann zu Beginn der Okkupation fürsorglich vor allen Requisitionen in Sicherheit gebracht hatte, jetzt lud er alle Hausbewohner und etliche Passanten zum Probieren der geretteten Kostbarkeiten ein. Im Hof waren Tische und Bänke aufgestellt. Ich erinnere mich an einen mindestens zwanzigjährigen roten Bordeaux, dunkel und schwer, dessen Bukett schon verführerisch duftete. Mein Nachbar, ein älterer Mann, der mit anstieß, sagte, daß er gestern Nachricht aus Deutschland bekommen hätte: sein Sohn, Kriegsgefangener seit 1940, sei wohlauf und auf dem Weg nach Hause. Für ihn sei es der glücklichste Tag seines Lebens. »Na, und Sie«, fragte er. »Was empfinden Sie heute?«

Auch für mich sei es ein großes Ereignis, antwortete ich, wenngleich nicht unerwartet und schon gar nicht neu. Die Befreiung hätte ich schon zweimal erlebt; dies sei die dritte, endgültige. In der Tat, ich hatte die Beendigung des Krieges, die Niederlage der Nazis in Etappen genossen, und es war jedesmal unvergeßlich.

Am 1. Juni 1944, fast ein Jahr zuvor, war ich als politischer Häftling von Toulouse nach Paris in einem Sonderabteil der Wehrmacht unter Bewachung von fünf Feldgendarmen transportiert worden. In Paris sollte ich unter der Anklage der vorsätzlichen Zersetzung der deutschen Wehrkraft und des Hochverrats vor dem obersten Kriegsgericht der Wehrmacht in Frankreich erscheinen. Im Auftrag der Bewegung Freies Deutschland hatte ich, Sohn eines deutschen Emigranten, der schon 1933 nach Frankreich fliehen mußte, in Toulouse und in Castres versucht, Wehrmachtsangehörige für die Résistance zu werben. Als der Zug durch die Partisanengegend des Limousin fuhr und auf dem kleinen Bahnhof Allassac (Corrèze) halten mußte, wurde er von Freischärlern angegriffen. Sie schlugen die Feldgendarmen in die Flucht, ließen mir die Handschellen vom Schmied des Ortes aufbrechen und nahmen mich in ihre Reihen auf. Für mich war es wie eine Wiedergeburt. Der Prozeß in Paris, der sicher zum Todesurteil geführt hätte, mußte nun ohne mich stattfinden. Meine neuen Kameraden der 305. Kompanie der FTPF, der Französischen Freischärler und Partisanen, nahmen mich in ihre Reihen auf und gaben mir noch in Allassac meine erste Maschinenpistole.

Ich nahm dann an den vielfältigen Kämpfen der FTPF teil, besonders gegen die SS-Division »Das Reich«, die damals durch unsere Region mit ihren Hunderten gepanzerten Fahrzeugen zog. Unvergleichlich schlechter bewaffnet, hatten wir hohe Verluste. Umso mehr konnten wir das Glück des Endes der Kämpfe in der Corrèze schätzen, als sich die Wehrmachtsgarnison der Departementshauptstadt Tulle – mehrere hundert Soldaten, Unteroffiziere und Offiziere – Ende August am Tag der Befreiung von Paris unseren Einheiten kampflos ergab. An den Kapitulationsverhandlungen hatte ich mitgewirkt. Und als wir die Gefangenen, die meist froh waren, den Krieg heil überstanden zu haben, in einer langen Kolonne durch die Straßen von Tulle führten, von der Bevölkerung mit Beifall empfangen, hatte ich zum zweiten Mal ein Vorgefühl auf den großen Augenblick des 8. Mai 1945 erlebt. Für mich waren eben das Ende der Kampfhandlungen und die Befreiung auf drei glückliche Tage verteilt.

* * *

WERNER KNAPP

»Soll man sich als Deutscher mit den Verbrechen des deutschen Faschismus zu identifizieren haben?«[*]

Gespräch mit Peter Rau über deutsche Antifaschisten in der tschechoslowakischen Brigade der britischen Streitkräfte, über die Zweite Front und die Kämpfe in Nordfrankreich

Sie haben, soviel ich weiß, nie großes Aufheben darum gemacht, daß Sie als junger deutscher Antifaschist mit der tschechoslowakischen Exilarmee an der Landung in Frankreich und der langersehnten Eröffnung der Zweiten Front teilgenommen haben.

Warum auch? Ich bin erst geraume Zeit nach der entscheidenden Landungsoperation am 6. Juni 1944 über den Kanal nach Nordfrankreich verschifft worden.

---

[*] Bei dem vorliegenden Interview handelt es sich um einen freundlich genehmigten Nachdruck aus der jungen Welt v. 5.6.2004

II. BEFREIUNG

Da kann ich Sie also nicht mit den spektakulären Bildern vom sogenannten D-Day, dem Beginn der amerikanisch-britischen Operation »Overlord« in der Normandie in Verbindung bringen. Doch bevor wir auf Ihren Einsatz in Frankreich zu sprechen kommen: Wie wurden Sie überhaupt Angehöriger der alliierten Invasionsstreitmacht?

Da muß ich etwas weiter ausholen, von meinen Eltern erzählen, von der Kindheit in einem kommunistisch geprägten Elternhaus. Mein Vater – 1916 noch als Kriegsfreiwilliger an die Front gegangen – kam 1918 als entschiedener Kriegsgegner zurück und wurde 1919 Mitglied der neugegründeten Kommunistischen Partei, in deren Verlagswesen er in den 20 Jahren arbeitete. Nach 1933 war er unter anderem verantwortlich für die Beförderung illegaler Materialien nach Deutschland, zuletzt von der CSR aus. Im August 1935 wurde er von der Gestapo verhaftet und zu zwölf Jahren Zuchthaus verurteilt, aus dem er 1945 von der Roten Armee in Brandenburg befreit wurde. Meine Mutter, aus einer kinderreichen Pastorenfamilie stammend, kam über ihre Erfahrungen als Lehrerin – sie unterrichtete vor allem Kinder aus dem sozial benachteiligten Milieu – zu dem Schluß, daß ihre humanistischen Ideale nur in einer sozial gerechten Gesellschaft verwirklicht werden konnten. Sie wurde 1921 KPD-Mitglied. Nach 1933, zu der Zeit lebte unsere Familie bis auf den Vater, den wir nur gelegentlich und heimlich sehen konnten, in Berlin, war sie ebenfalls in die illegale Widerstandsarbeit eingebunden. So lernten meine Geschwister und ich schon früh, kindliche Begriffe wie »Gut« und »Böse« mit einer gesellschaftlich kritischen Wertung zu verbinden. 1935, im Oktober, veranlaßte die Partei unsere Emigration in die Tschechoslowakei.

Hier, so ist Ihrer Biographie zu entnehmen, gehörten Sie als Mitglied des Kommunistischen Jugendverbandes 1938 zu den Mitbegründern der FDJ – wie übrigens auch Adolf Buchholz, nach dem Krieg erster Chefredakteur der FDJ-Zeitung Junge Welt. Leider kam diese FDJ-Vorgeschichte in der späteren of-

fiziellen FDJ-Geschichte kaum vor, obwohl es sich doch gut gemacht hätte – von wegen: als FDJler an der Zweiten Front ...

Ja, die Sache mit der FDJ in Prag und später auch in Großbritannien ist schon wieder so eine Geschichte für sich. »Appel« Buchholz gelang es, als 1939 der Einmarsch der Wehrmacht in der CSR bevorstand, gemeinsam mit anderen Genossen von Prag aus nach England zu fliehen, wo er ebenfalls zu den Aktivisten der FDJ gehörte und bis 1942 auch ihr Vorsitzender war. Meine Mutter, meine Zwillingsschwester und ich konnten 1939 mit Hilfe der französischen Lehrergewerkschaft nach Frankreich ins Exil gehen. Doch schon wenige Monate später, als Hitler Polen überfiel, wurden auch wir wie Tausende andere deutsche Emigranten interniert. Meine Mutter kam in das berüchtigte Lager Gurs in Südfrankreich, wo sie 1940 verstarb. Auf Empfehlung französischer Genossen, zu denen trotz der Internierung Verbindungen bestanden, meldete ich mich mit anderen deutschen Emigranten aus der CSR als Kriegsfreiwilliger zu der in Frankreich geschaffenen tschechoslowakischen Exilarmee. Als »Reichsdeutscher« mit einem noch in Prag ausgestellten Paß für Staatenlose mußte ich mich dazu an die Pariser CSR-Botschaft wenden. Der Antrag wurde positiv entschieden, und so wurde ich, anstatt eine begonnene Lehre als Maschinenschlosser fortzusetzen, am 26. Oktober 1939, im Alter von 18 Jahren, Soldat.

Aus welchem Personenkreis rekrutierte sich diese Auslandsarmee?

Ihren Kern bildeten tschechoslowakische Einheiten, die vor der Schaffung des »Protektorats Böhmen und Mähren« auf polnisches Gebiet übergetreten und noch vor dem Krieg nach Frankreich evakuiert worden waren. Hinzu kamen zahlreiche tschechische und slowakische Bürger, die bereits längere Zeit in Frankreich lebten und hier eingezogen worden waren. Neben jüdischen, ungarischen und anderen Emigranten tschechoslowakischer Nationalität schlossen sich vor allem auch Sudetendeutsche, Tschechen und Slowaken, die in Spanien in den Internationalen Brigaden gekämpft hatten und nun in Frankreich interniert waren, dieser Armee an. Wenn ich mich richtig entsinne, hatte sie schließlich einen Bestand von 8 000 bis 10 000 Mann. Von der Führung und ihrer Struktur her war es eine bürgerlich-demokratische Truppe, deren Spitzen dem politischen Zickzackkurs der damaligen französischen Staatsführung – wie übrigens auch der Exilregierung der CSR – folgten. Anders sah es bei der Masse der Soldaten und Unteroffiziere und selbst in den mittleren Offiziersrängen aus. Da gab es, um ein markantes Beispiel zu nennen, eine große Sympathie für die Sowjetunion, weil die bis zum britisch-französischen Verrat von München zu ihren vertraglichen Beistandsverpflichtungen gestanden hat.

Im Mai 1940 begann Hitlers Wehrmacht ihren Feldzug gegen Frankreich. Nahmen auch die tschechoslowakischen Einheiten an den Abwehrkämpfen teil?

Eine richtige Feindberührung hatten wir zunächst kaum, wenn man vom anhaltenden Artilleriebeschuß der in allen Belangen überlegenen faschistischen Übermacht absieht. Das war an der Marne im Westen von Paris, doch schon wenige Tage vor dem Fall der Hauptstadt im Juni. Bald aber kam der Befehl zum Rückzug. Einem Teil unserer Einheiten gelang es, bei Melun im Süden von Paris der drohenden Einkreisung zu entgehen. Durch diese Kleinstadt wälzte sich nun ein fast endloser Zug französischer Infanterie und Artillerie. Nach dem Zusammenbruch der Seine-Front blieb dann die Überquerung der Loire die letzte Möglichkeit, sich einer Gefangennahme durch die rasch vordringende Wehrmacht zu entziehen. Die Reste unserer Truppen – ein großer Teil war in Gefangenschaft geraten, viele andere gefallen – nutzten die letzte unzerstörte Loire-Brücke in Gien. Der Fluß wurde danach zur Waffenstillstandslinie. Unser nächstes Ziel hieß Agde. In dieser Stadt am Mittelmeer, zwischen Marseille und Perpignan gelegen, war 1939 die tschechoslowakische Armee formiert worden. Dort hatte auch ich meine Rekrutenzeit absolviert. Hier wurden wir auf einem Kohlefrachter nach Gibraltar verschifft, von dort aus gelangten wir mit einem Truppentransporter im Geleitzug nach England.

Sind Sie auch in Großbritannien Angehöriger dieser Armee geblieben?

Zunächst ja, doch im Zusammenhang mit Meinungsverschiedenheiten über den demokratischen Charakter der Armee trennten sich im Sammellager bei Laemington zwischen 500 und 600 Soldaten, Unteroffiziere und auch einige Offiziere von dieser Truppe. Neben vielen Spanienkämpfern gehörte auch ich dazu. Wir wurden daraufhin in das britische Pioneer-Corps eingegliedert. Das waren nur mäßig bewaffnete Einheiten, die damals vor allem für Befestigungsarbeiten zur Abwehr einer möglichen deutschen Invasion auf der Insel eingesetzt wurden. Dieser Truppe gehörte ich von Oktober 1940 bis Januar 1942 an. In dieser Zeit hatte ich als FDJ-Mitglied auch Kontakte zur Londoner FDJ, an deren Veranstaltungen ich im Urlaub teilnehmen konnte, sowie zur Auslandsgruppe der KPD, in die ich 1941 aufgenommen wurde. Nach dem Überfall Hitlerdeutschlands auf die Sowjetunion orientierte die Partei darauf, daß sich die antifaschistischen Emigranten zu den Streitkräften melden sollten, zumal seinerzeit bereits die Eröffnung einer zweiten Front in Westeuropa im Gespräch war. So habe auch ich meine Wiederaufnahme in die tschechoslowakische Armee beantragt. Am Rande erwähnt: Dazu mußte ich ein Gesuch an Exilpräsident Benes richten, dem unter der Bedingung stattgegeben wurde, daß ich im Falle einer Kriegsinvalidität keine Rentenansprüche geltend machen würde. Im Jahr 1942 wurde die Armee – ihre 4 000 bis 5 000 Angehörigen waren bis dahin vor allem wegen der befürchteten Invasion zur Bewachung der englischen Ostküste eingesetzt – umstrukturiert. Es wurden zwei Panzerregimenter sowie spezielle Artillerieeinheiten gebildet. Ich gehörte zum 1. Panzerregiment und wurde Fahrer eines Cromwell-Panzers.

Geschah diese Umstrukturierung bereits mit dem Blick auf die spätere Landung in Frankreich?

Ja. Auch unsere Ausbildung wie verschiedenste Manöver in England und Schottland waren darauf ausgerichtet. Uns Soldaten war das recht; wir brannten darauf, an der Seite der Sowjetunion, die bis dahin allein die Hauptlast des Krieges trug, auch unseren Beitrag zur Befreiung der Völker zu leisten. Das Hinauszögern der zweiten Front empörte uns; auch in großen Teilen des britischen Volkes, das ja selbst unter den schweren Bombardierungen zahlreicher Städte durch die deutsche Luftwaffe zu leiden hatte, stieß es auf Unverständnis.

Was haben Sie persönlich von der Eröffnung der Front in der Normandie erwartet?

Was meine Hoffnungen betrifft, so bestanden sie darin, daß das deutsche Volk zur Besinnung kommt und doch noch die Kraft findet, sich massiv gegen Hitler aufzulehnen, um einen eigenen Beitrag zur Befreiung zu leisten und damit zu verhindern, daß seine Heimat, die ja auch meine Heimat war, in Schutt und Asche versinkt. Außerdem hoffte ich natürlich, meinen Vater und meine Schwester wiederzufinden.

Sie haben eingangs schon erwähnt, daß Sie selbst nicht zur ersten großen Landungswelle am 6. Juni gehörten. Wo haben Sie den D-Day verbracht?

An den Kämpfen dieses Tages waren unsere Einheiten noch nicht beteiligt. Mein Regiment befand sich im Südosten Englands; wir bereiteten uns auf unsere bevorstehende Landung vor. Die erfolgte dann in einem der fünf ersten Brückenköpfe an der Küste der Normandie, und zwar nordwestlich von Caen bei Arromanches-les-Bains und ohne faschistische Gegenwehr. Ein großes, inzwischen über den Kanal herangeschlepptes Stahldock sorgte dafür, daß wir mit relativ trockenen Füßen an Land gehen konnten.

Sie und Ihre Kameraden wußten sicher um die Schwere der

bevorstehenden Kämpfe. Dennoch die bei solchen Konstellationen oft gestellte Frage: Hatten Sie Skrupel, als Deutscher gegen Deutsche zu kämpfen?

Die Frage geht am Kern vorbei. Sie ist irreführend, weil nationalistisch gefärbt. Oder soll damit unterstellt werden, daß man sich als Deutscher mit den Verbrechen des deutschen Faschismus zu identifizieren habe? Das kann es wohl nicht sein! Historische Wahrheit ist doch, daß die Kommunistische Partei Deutschlands schon 1932 warnte, daß Hitler Krieg bedeutet. Viele haben damals diese von der patriotischen Sorge um Deutschlands Zukunft geprägte Warnung ignoriert. Deutsche Antifaschisten haben im Kampf gegen das Naziregime und seinen Krieg ihr Leben eingesetzt und oft genug gelassen, um zu verhindern, daß die herrschenden »deutschen Eliten« das Volk mit demagogischen populistischen Losungen für ihre Welteroberungspläne mißbrauchen und erneut in die nationale Katastrophe stürzen. Dagegen kämpften deutsche Patrioten – unabhängig von Weltanschauung und Parteizugehörigkeit – illegal im Land wie an den verschiedenen Fronten des Zweiten Weltkrieges: für ein besseres, ein antifaschistisch-demokratisches Deutschland.

Wie ging es nach Ihrer Landung weiter?

Wir bezogen einen Bereitstellungsraum bei Falaise, wo wir gewissermaßen nachträglich Zeugen der ersten Kämpfe wie der panischen Flucht von Wehrmacht und Waffen-SS wurden. Die Kleinstadt südlich von Caen glich einem Trümmerhaufen. Über weite Strecken war der Boden übersät mit fortgeworfenen Ausrüstungen; zerschossene Militärfahrzeuge und schwere Kampftechnik verstopften die Straßen ... Wenig später wurde unsere Einheit in Richtung Dünkirchen in Marsch gesetzt, das von der Wehrmacht zur Festung erklärt worden war. Deren Besatzung bestand aus rund 13 000 Soldaten, hauptsächlich Angehörige der 226. Granatwerferdivision. Aber auch SS-Einheiten und Reste von anderen Waffengattungen hatten sich hier eingeigelt. Ohne große Vorbereitung hatten wir ein für diesen Frontabschnitt wichtiges Objekt zurückzuerobern; wegen des sumpfigen Geländes mußten wir unsere Panzer zurücklassen und wurden als Infanteristen eingesetzt. Der Angriff war erfolgreich. In den folgenden Wochen ging es darum, alle Versuche der in Dünkirchen eingeschlossenen Faschisten zu vereiteln, sich mit den 100 Kilometer hinter unseren Linien gruppierten Hauptkräften der Wehrmacht zu vereinen. Unser Einkreisungsring krümmte sich auf einer Länge von 33 Kilometern wie ein Hufeisen um Dünkirchen. Dabei kam es wiederholt zu schweren Gefechten, in deren Ergebnis wir wie der Gegner Verluste hatten, aber auch etliche hundert Gefangene machen konnten. Insgesamt zählte unsere Brigade in diesen Kämpfen 165 Gefallene, 461 Verwundete und 40 Vermißte.

Einen letzten großen Ausbruchsversuch unternahm der Gegner am 10. April 1945, als Wehrmachtstruppen mit starker Artillerieunterstützung, mit Minen- und Flammenwerfern versuchten, die Frontlinie in drei Richtungen zu durchbrechen. Sie kamen nicht durch. Am 16. April mußten sie sich wieder auf ihre Ausgangspositionen zurückziehen.

Wo und wie haben Sie das Ende des Krieges, den Tag der Befreiung erlebt?

Es war an diesem Frontabschnitt. Nach der Unterzeichnung der Kapitulation in Berlin am 8. Mai ergab sich auch die Festungsbesatzung von Dünkirchen – insgesamt noch 10 800 Mann. Das Ende kam zwar nicht überraschend, trotzdem brach bei uns gewaltiger Jubel los. Wie wild wurde in die Luft geschossen; jeder freute sich, den Krieg überlebt zu haben. Dann begannen die Vorbereitungen auf die Rückkehr in die Tschechoslowakei. Hier wurde ich im Oktober 1945 demobilisiert und kehrte mit der aus England kommenden Gruppe um den KPD-Funktionär Wilhelm Koenen über Prag nach Deutschland zurück.

Kennen Sie die Titelgeschichte des zu Wochenbeginn erschienenen SPIEGEL über die Landung in der Normandie am 6.

Juni 1944? Die Überschrift hieß: »Als die Amerikaner Europa retteten«...

... Damit dürften die Briten und Kanadier, die polnischen oder tschechoslowakischen Soldaten nicht so recht einverstanden sein, die ebenfalls zur Invasionsstreitmacht zählten. Von den wenigen deutschen Emigranten in diesen Armeen will ich da gar nicht reden. Aber was heißt Europa gerettet? Entschieden worden ist dieser Krieg schließlich nicht allein in der Normandie, sondern an allen Fronten, an denen die Truppen der Antihitlerkoalition kämpften. Und nicht zu vergessen: Eingeleitet und besiegelt wurde die Niederlage der faschistischen Wehrmacht zuallererst im Osten. Zwischen Stalingrad und Berlin.

* * *

STEFAN DOERNBERG

»Der Aggressor mußte militärisch geschlagen werden«

Unvergessen bleibt für mich der Mai 1945. Nach wie vor halte ich dieses Frühjahr als meine schönste Erinnerung fest, bedeutete doch die Befreiung vom Faschismus zugleich das Ende der schlimmsten Tragödie im Leben der Völker, aller Zeitgenossen der damaligen Ereignisse. Das Kriegsende fiel für mich mit dem Abschluss der noch so blutigen Schlacht um die Reichshauptstadt, mit der Kapitulation der Reste der Berliner Garnison am 2. Mai zusammen. So war ich als Deutscher und zugleich als sowjetischer Offizier in der 7. Abteilung der 8. Gardearmee Augenzeuge eines der bedeutsamsten Ereignisses des vorigen Jahrhundert.

Ich gehörte zu den deutschen Emigranten, die in den Reihen der

Streitkräfte der Staaten der Antihitlerkoalition als Freiwillige am Kampf für die Befreiung der europäischen Völker, damit auch des deutschen Volkes von der faschistischen Barbarei teilgenommen haben. Insgesamt waren es nur wenige Deutsche, die in dieser Form ihren bescheidenen Beitrag im antifaschistischen Krieg geleistet hatten. Es war auch ein Abschnitt des deutschen Widerstands, zweifellos nicht der wichtigste. Er darf nicht überschätzt, wenn auch nicht vergessen werden. Nach gegenwärtigen Forschungen dürften es einige tausend Deutsche gewesen sein, die sich in die Streitkräfte der Sowjetunion, Großbritanniens, Frankreichs und der USA sowie in Partisanenabteilungen nicht weniger Länder eingereiht hatten. In der Roten Armee waren es nach unseren Forschungen nicht einmal einhundert Deutsche, die in den Jahren des Krieges auf diese Weise bestrebt waren, auch für die Neugeburt eines friedliebenden und zutiefst demokratischen Deutschland zu wirken. Nur vier von ihnen waren Teilnehmer der letzten großen Schlacht, erlebten das Kriegsende in Berlin.

Mir wurde ein doppeltes Glück zuteil. Ich wurde nicht wie so viele ein Opfer dieses schrecklichen Krieges, erlebte sein Ende noch dazu in Berlin, dort, wo ich 21 Jahre vorher das Licht der Welt erblickt hatte. Ich suchte unmittelbar nach dem Abschluss der Kämpfe sogar das Haus auf, in dem ich mit meinen Eltern in Berlin meine Kindheit verbracht hatte. Die Nachbarn konnten sich nach über zehn Jahren noch an die Eltern erinnern. Ausführlicher habe ich dies wie andere Turbulenzen an jenem Tag in meinen unlängst erschienenen Erinnerungen beschrieben, in denen ich eine Bilanz meines aktiven Lebens im 20. Jahrhundert ziehe und dabei auch den Kriegsereignissen viel Platz gewidmet habe.[1] Zu meinem glücklichsten Tag wurde eben der 2. Mai 1945, weil ich an diesem Tag wie kaum an einem anderen ohne jeden Abstrich die Hoffnung, ja die Gewissheit hegte, dass nunmehr für immer, zumindest für mein ganzes Leben ein stabiler Frieden angebrochen sei und es nie wieder einen Rückfall in die barbarische Vergangenheit früherer kriegerischer Zeiten geben würde.

Diese Hoffnung sollte sich nicht erfüllen. Das musste ich mir leider schon recht bald eingestehen. In den Jahren des Kalten Krieges drohte der ganzen Menschheit mehrmals der Absturz in eine nukleare Katastrophe, deren Ausmaß noch schlimmer gewesen wäre als die Hinterlassenschaft des Zweiten Weltkriegs. Letztendlich wurde sie durch das atomare Patt der zwei Weltmächte verhindert, obwohl auch das zu keinem Zeitpunkt ein Garantieschein für ihre Verhinderung war. Heute besteht aber erneut die Gefahr eines Rückfalls bis in die Anfänge des vorigen Jahrhunderts, als Kriege zu üblichen und fast legitimen Mitteln der Politik gehörten. Nach dem Wegfall der letztlich erzielten realen Koexistenz von zwei so antagonistischen Gesellschaftssystemen droht wieder, wenn auch anders, eine schlimme Entwicklung, die noch mehr eine Katastrophe für die gesamte menschliche Zivilisation heraufbeschwören kann. Erkenntnisse aus dem Zweiten Weltkrieg können mit dazu beitragen, den Frieden stabiler zu machen, wenn sie auch allein nicht ausreichen dürften.

Das Ende des Zweiten Weltkrieges, vor allem die letzten Tage der harten Häuserkämpfe in Berlin, werde ich nie vergessen. Es war dabei ein gemischtes Gefühl. Zum einen war ich natürlich überzeugt, dass dieser furchtbare Krieg in wenigen Tagen enden müsste. Zum anderen aber konnte ich mir nicht vorstellen, dass man schon am nächsten oder übernächsten Tag inmitten dieser Trümmerstadt in einem friedlichen Berlin, also ohne ständigen Kanonendonner und peitschende MG-Garben aufwachen würde. Zum Grübeln über die Zukunft hatte ich jedoch kaum Zeit.

Am frühen Morgen des 2. Mai wurde ich zum Gefechtsstand des Befehlshabers der 8. Gardearmee Generaloberst Wassili Tschuikow beordert. Dort war der Chef des Verteidigungsbereichs Berlin, der Wehrmachtsgeneral Weidling eingetroffen, der sich zur Kapitulation der deutschen Truppen in der Reichshauptstadt bereit erklärt hatte. Nicht ohne Aufregung tippte ich seinen Befehl auf einer Schreibmaschine mit deutscher Schrift, die ich mitgebracht hatte. (Möglicherweise ergaben sich daraus einige Tippfehler, wie ich das aus einem der Durchschläge erkennen kann, der sich nach wie vor in meinem Besitz befindet.) Etwas merkwürdig empfand ich den ersten Satz dieses ansonsten historisch bedeutsamen Dokuments. »Am 30.4.45 hat sich der Führer selbst entleibt und damit uns, die wir ihm die Treue

II. BEFREIUNG

geschworen hatten, im Stich gelassen.«[2] Das sollte also die wichtigste Begründung für die folgende leider viel zu späte Feststellung sein: »Jeder, der jetzt noch im Kampf um Berlin fällt, bringt seine Opfer umsonst.« Dann aber erfolgte die letztendlich richtige Aufforderung, sofort den Kampf einzustellen. Und das war schließlich das Wichtigste. Gemeinsam mit einem Offizier aus Weidlings Stab verkündete ich über unseren Lautsprecherwagen den Befehl zur Kapitulation an mehrere Einheiten, zu denen Weidling in der damaligen Situation bereits keine Verbindung mehr hatte. Fast 90 000 Soldaten und Offiziere, darunter einige Generale gaben sich bis zum Nachmittag gefangen. Niemand hatte erwartet, dass noch so viele den Durchhaltebefehlen gefolgt waren.

Die in Weidlings letztem Befehl enthaltene Mitteilung über den Selbstmord Hitlers war für mich schon keine sensationelle Nachricht, hatte ich doch davon bereits am Vortag erfahren. Es hatte sich so ergeben, dass ich Zeuge von Verhandlungen wurde, über deren tieferen Zweck sich die deutsche Geschichtsschreibung nach wie vor ausschweigt. In der Nacht vom 30. April zum 1. Mai war General Hans Krebs, seit kurzem Chef des deutschen Generalstabs, als Parlamentär auf dem Gefechtsstand von Generaloberst Tschuikow erschienen. Er befand sich zwischen dem Flugplatz Tempelhof und dem Potsdamer Platz, also bereits in der Stadtmitte von Berlin. General Krebs konnte ausgerüstet mit einer weißen Fahne weitgehend zu Fuß den Weg von der Reichskanzlei bis zum Gefechtsstand des Oberbefehlshabers der 8. Gardearmee zurücklegen, in der auch ich meinen Dienst versah.

Als erstes beeilte sich Krebs mitzuteilen, dass Hitler Selbstmord verübt habe. Zuvor habe er Goebbels zum Reichskanzler ernannt. Neuer Reichspräsident sei Großadmiral Dönitz. Der Chef des deutschen Generalstabs als höchster Vertreter der militärischen Führung in Berlin käme im Auftrag des neuen Reichskanzlers, der sich mit einem dringlichen Schreiben an die sowjetische Staatsführung wende. Es gehe um nicht weniger als um den Abschluss einer Friedensvereinbarung zwischen Deutschland und der Sowjetunion. General Tschuikow hatte mit dem Angebot zu einer Kapitulation der verbliebenen Reste der Wehrmacht in Berlin gerechnet. Er erklärte auch unumwunden, dass er als Militär zu nichts anderem bevollmächtigt sei. Die Alliierten hätten zudem seit Jahren beschlossen, dass für das Dritte Reich und die Wehrmacht nur eine bedingungslose Kapitulation in Frage komme. Über das Angebot von Goebbels informierte General Tschuikow sofort seinen Vorgesetzten, den Oberbefehlshaber der Frontgruppe Marschall Shukow, der noch in der Nacht zum 1. Mai Stalin anrief. Wie nicht anders zu erwarten, kam aus Moskau unverzüglich die Bestätigung, dass ein separater Waffenstillstand oder gar die Akzeptierung der neugebackenen Regierung unter Goebbels nicht in Frage komme.

Krebs brachte unterdessen ein Argument nach dem anderen vor, um sich seines Auftrags zu erledigen. Sie waren demagogisch, entsprachen der bekannten Manier seines Auftraggebers, bewiesen zugleich, dass auch die Militärführung nach wie vor in ihrer Denkweise von abenteuerlichen Plänen durchdrungen war. So verstieg er sich zu der Behauptung, dass es zwischen dem damaligen Deutschen Reich und Sowjetrussland angeblich mehr Gemeinsames gebe als zwischen Deutschland und den USA und Großbritannien. Die sowjetischen Militärs meinten zunächst, die Übersetzung könne nicht exakt sein, so unglaublich klang doch diese Behauptung. Immerhin war Deutschland genau so wie die westlichen Verbündeten der Sowjetunion ein kapitalistischer Staat, wodurch sich schon viele gemeinsame Grundzüge nicht nur der Eigentumsformen ergaben. Allgemein bekannt war ja auch, dass der sozialistische Staat oder, wie die Machthaber in Berlin es seit langem formuliert hatten, der »jüdische Bolschewismus« zum Hauptfeind erklärt worden war.

Gegen die Sowjetunion hatte sich auch in barbarischster Weise der Vernichtungskrieg gerichtet. Das alles sollte bedeutungslos sein und die Sowjetunion würde die Antihitlerkoalition aufkündigen? Auf Anregung von Goebbels wurde auch eine direkte Telefonleitung zwischen der Reichskanzlei und dem Gefechtsstand von General Tschuikow gelegt. Möglicherweise wollte sich der gerissene Propagandaminister in seinem neuen, wenn auch nur imaginären Amt selbst in die Verhandlungen einschalten. Es kam jedoch nur zu einer rein technischen Verbindung, bei der auch Soldaten einer sowjetischen Nachrichteneinheit verletzt wurden.

General Krebs musste unverrichteter Dinge wieder abziehen. Das Ende des Blutvergießens in Berlin ordnete weder der neue Kanzler noch der Generalstabschef an. Beide verübten am Abend des 1. Mai Selbstmord, da sie mit ihren abenteuerlichen Plänen, die eigentlich auf eine Fortsetzung des Krieges abzielten, gescheitert waren. Sowjetischerseits hatte man, wie es heute auch dokumentarisch belegt ist, die Absichten der Insassen der Reichskanzlei durchschaut. Sie unterschieden sich auch kaum von den Plänen, die bereits von Hitler und seiner Gefolgschaft in den letzten Monaten angesichts der nicht mehr zu verhindernden militärischen Niederlage verfolgt wurden. Ich hatte das merkwürdige Gehabe von Krebs zweifellos damals noch nicht voll durchschaut, erahnte nur, dass es Ausdruck einer panischen Angst vor den absehbaren Folgen sei, denen sich die Schuldigen an dem Vernichtungskrieg gewiss sein mussten. Auf der Konferenz von Jalta hatten Stalin, Roosevelt und Churchill im Februar 1945 unumwunden erklärt, dass alle nazistischen Kriegsverbrecher vor Gericht zu bringen und einer schnellen Bestrafung zuzuführen seien. Das sollte wohl durch einen nur zu durchsichtigen Trick verhindert werden.

Im Grunde ging es um den Versuch, die Bereitschaft der Sowjetunion zu separaten Verhandlungen vorzutäuschen, um dadurch die westlichen Alliierten zu einem Separatfrieden zu bewegen. Dönitz sollte als neuer Reichspräsident die Möglichkeit erhalten, diese Falschkarte auszuspielen und die immer noch nicht geringen Kräfte der Wehrmacht als Bundesgenosse im Kampf zur »Rettung der Festung Europa vor dem Ansturm der Roten Armee« anbieten. Nicht zufällig hatte ja das Oberkommando der Wehrmacht in den letzten Wochen den Widerstand gegen die vorrückenden Verbände der Alliierten an der Westfront fast völlig eingestellt, dagegen alle verfügbaren Einheiten, nicht nur den eiligst aufgestellten Volkssturm, an die Ostfront geworfen. Die Agonie der Führungskaste des Dritten Reichs äußerte sich auch darin, dass selbst Göring und Himmler wie auch einzelne hohe Militärs, von den Wirtschaftsführern ganz zu schweigen, auf eigene Faust danach suchten, wie sie sich in letzter Minute noch den bisherigen Gegnern anbiedern könnten. Dabei gingen sie davon aus, dass sie von der Sowjetunion zweifellos weniger Milde erwarten konnten, hatten sie doch im Osten ihren Vernichtungskrieg besonders grausam geführt.

Parallel zu den Bemühungen von Goebbels und Krebs bat Admiral Voss als Vertreter von Großadmiral Dönitz im OKW darum, ihm zu gestatten, sich zum neuen Reichspräsidenten zu begeben und ihm zu erklären, dass sich auch Hitler angeblich für separate Verhandlungen mit der Sowjetunion ausgesprochen habe, obwohl er nach der Auffassung von Dönitz in der jetzt ausweglosen Situation eine Vereinbarung mit den Westmächten vorgezogen habe. Nach dem Tod von Roosevelt hätte sich ja auch nach Hitlers Meinung hierfür eine Möglichkeit gegeben. Der Admiral dachte wohl, die Russen als »Untermenschen« müssten sehr einfältig sein. Doch er konnte sein nur zu durchsichtiges Vorhaben, Dönitz über den scheinheiligen neuen und so ungewöhnlichen Vorstoß von Goebbels und Krebs ins richtige Licht zu setzen, nicht ausführen. Er blieb in sowjetischer Kriegsgefangenschaft. Dönitz versuchte auch weiterhin, sich den Vertretern der USA und Großbritannien anzubiedern, bis er schließlich am 23. Mai, also Wochen nach der Unterzeichnung der bedingungslosen Kapitulation durch den Chef des OKW Generalfeldmarschall Keitel von den Alliierten festgenommen wurde.

Möglicherweise hätten sich unter den Militärs und Politikern der USA und Großbritannien einige gefunden, die zu einem Frontwechsel bereit und schon damals den Kategorien des späteren Kalten Krieges verfallen waren. Doch nicht sie bestimmten die Politik. Zudem mussten sie sich im klaren sein, dass ihnen niemand die Aufkündigung der Antihitlerkoalition gestattet hätte. Damals war das Ansehen der Sowjetunion und ihrer Armee dank ihres entscheidenden Beitrags zur Niederringung des Faschismus in der Weltöffentlichkeit, nicht zuletzt in den USA und in Großbritannien, so groß, dass ein Abkommen mit dem erklärten Feind hinter dem Rücken des eigenen Verbündeten, a priori nicht in Frage kam.

Wie dem auch sei, empfand ich den 2. Mai als das eigentliche Kriegsende, damit auch die vollendete Befreiung Europas vom Faschismus. Die noch folgende Unterzeichnung der Kapitulationsurkunde in Karlshorst am 8. Mai schien mir mehr als ein notwendiger formeller Akt, war doch der Krieg bereits aus. Ich war zwar an diesem Tag selbst in Karlshorst, hatte aber nur einen Auftrag am Rande des Geschehens zu erfüllen, war insofern kein unmittelbarer Augenzeuge. Später erst erfuhr ich, wie wichtig dieser Akt war, um die Antihitlerkoalition, die sich im Krieg so überragend bewährt hatte, auch weiter als Instrument zur Stabilisierung des so schwer errungenen Friedens zu festigen. Das entsprach ja auch der Erklärung der »Großen Drei« in Jalta. Sie hatten dort ihren gemeinsamen Entschluss bestätigt, »die Einheitlichkeit der Zielsetzung und des Vorgehens, welche den Vereinten Nationen den Sieg in diesem Krieg ermöglicht und gesichert hat, im kommenden Frieden aufrechtzuerhalten und zu stärken. Wir glauben, dass dies eine heilige Pflicht ist, deren Erfüllung unsere Regierungen ihren eigenen Völkern sowie den Völkern der Welt schulden.«[3] Es war nach meiner Auffassung ein ehrliches Bekenntnis, selbst Churchill, der seit 1917 aus seiner antisowjetischen Haltung kein Hehl machte, hatte sich, wenn auch mit einiger Mühe, zu diesem neuen Weltverständnis durchgerungen.

Viele Gedanken kamen mir in den ersten Tagen des noch so jungen Frieden. An mein eigenes Schicksal dachte ich weniger, war doch alles noch so ungewiss. Ich meinte höchstens, dass ich recht bald meine Uniform ausziehen und dann schon irgend eine Aufgabe beim demokratischen Neuaufbau übernehmen würde. Genauere Vorstellungen konnte ich nicht haben, schmiedete schon deshalb keine persönlichen Zukunftspläne. Leicht würde diese Neugeburt Deutschlands, denn eine solche musste bevorstehen, nicht sein. Um so mehr Zeit hatte ich, an die mir noch gegenwärtige Vergangenheit zurückzudenken.

Aus meiner damaligen Sicht war ich überzeugt, dass die Antihitlerkoalition auch weiterhin bei der Überwindung der Kriegsfolgen und der Errichtung eines stabilen Friedens eine zentrale Rolle spielen würde. Sie hatte sich bewährt, war sie doch mit die Voraussetzung, dass die menschliche Zivilisation gerettet werden konnte und die schlimmen Absichten der faschistischen Machthaber, die mit ihren

Plänen einer »Neuordnung Europas« die Völker in ihrer Freiheit, ja in ihrer Existenz so fürchterlich bedroht hatten, nicht in Erfüllung gingen. Ich hoffte auch, dass weltweit aus früheren Verfehlungen die notwendigen Schlussfolgerungen für die Gestaltung einer besseren Zukunft gezogen würden. Vor allem galt es den Einfluss jener mächtigen, in ihrer Profitsucht unersättlichen Kreise des Großkapitals entschieden zurückzudrängen, die mit ihrer expansionistischen Grundhaltung und ihrem verbissenen Antikommunismus, dem Faschismus zunächst als ihrem Erfüllungsgehilfen den Weg zur Staatsmacht und dann zur Entfesselung des Krieges geebnet hatten. In letzter Konsequenz war der Zweite wie schon der Erste Weltkrieg im Schoß des kapitalistischen Systems mit seinen Grundzügen und Widersprüchen entstanden. Daraus hatte sich die Notwendigkeit ergeben, jene Kreise des Großkapitals politisch wie ökonomisch zu entmachten, die in ihrem ureigenen Profitinteresse die Entfesselung des Krieges unterstützt oder wohlwollend geduldet hatten, zumindest ihren Einfluss deutlich zu begrenzen. Ganz besonders galt das für Deutschland. Voraussetzung dafür war nicht zuletzt ein geistiger Umbruch, war doch die faschistische Irrlehre mit ihrer völkischen Demagogie, darunter dem abscheulichen Rassismus, tief in alle Schichten eingedrungen.

In meinem Gedächtnis hatte sich aber auch eingeprägt, wie dieser Vernichtungskrieg langfristig und mit äußerster Perfektion, wenn auch in abenteuerlicher Verblendung über die eigene Machtfülle vorbereitet und dann in die Tat umgesetzt worden war. Wichtigste Stationen zur Entfesselung des neuen Weltkriegs waren die offene Intervention des Dritten Reichs zur Unterstützung des faschistischen Putschisten General Franco gegen die legitime spanische Regierung der Volksfront, der Anschluss Österreichs an Deutschland, die mit Unterstützung Frankreichs und Großbritanniens vollzogene Annexion des Sudetengebiets, der nur ein halbes Jahr später die völlige Zerschlagung der Tschechoslowakei folgte. Vor allem die Sowjetunion hatte damals intensiv versucht, dem nur zu offenen Aggressionsstreben Hitlerdeutschlands ein kollektives Sicherheitssystem der europäischen Mächte entgegenzusetzen. Das scheiterte, hofften doch die

Regierungen Großbritanniens und Frankreichs den Eroberungsdrang der deutschen Machthaber ostwärts kanalisieren zu können, das faschistische Deutschland als Vehikel zur Beseitigung des sozialistischen Staates zu nutzen, selbst aber vom Krieg unverschont zu bleiben. Das Münchner Komplott 1938 wie auch die Haltung bei den Verhandlungen in Moskau im Sommer 1939 hatten das deutlich gemacht. Das schien mir bereits damals so, fand dann später seine Bestätigung durch viele Veröffentlichungen, darunter auch archivarischer Quellen.

So empfand ich auch 1939 den Abschluss des sowjetisch-deutschen Nichtangriffspakts als eine erzwungene Notlösung, um einer drohenden Situation vorzubeugen, in der sich die Sowjetunion in voller Isolierung einem deutschen Angriff gegenüber sehen konnte. Mehr noch, der UdSSR drohte damals ein Zwei-Frontenkrieg, musste sie doch bereits militärische Operationen Japans im Fernen Osten abwehren. Heute wissen wir mehr über die unterschiedlichen Umstände, die den Beginn des Zweiten Weltkriegs markierten. Das Hitlerregime hatte sich seit langem auf die Entfesselung des Vernichtungskriegs festgelegt, sollte er doch die Vorherrschaft des deutschen Großkapitals in Europa, nach Möglichkeit sogar weiterhin die Weltherrschaft bringen. Die Hauptstoßrichtung stand auch seit langem fest. Noch am 11. August 1939 übermittelte Hitler dem Schweizer Völkerbundkommissar Carl Burghardt sein generelles Vorhaben, wobei er nicht ohne Grund annahm, dass dieser London und Paris informieren werde. »Alles, was ich unternehme, ist gegen Russland gerichtet; wenn der Westen zu dumm und zu blind ist, um dies zu begreifen, werde ich gezwungen sein, mich mit den Russen zu verständigen, den Westen zu schlagen und dann nach seiner Niederlage mich mit meinen versammelten Kräften gegen die Sowjetunion zu wenden.«[4]

Seit dem Urteilsspruch des Nürnberger Tribunal ist es eindeutig und völkerrechtlich verbindlich geklärt, dass das faschistische Deutschland, seine politischen Machthaber aber nicht weniger auch die militärische Führung und die Spitzen des Großkapitals die Schuld und Verantwortung für die Entfesselung des Zweiten Weltkriegs tragen, dass sie bewusst und pervers die verbrecherische Kriegsführung einschließlich des Genozids an den europäischen Juden und anderen Völkern, vor allem an slawischen, eingeplant und verwirklicht haben. Eine gewisse Mitschuld tragen insofern jedoch auch jene Politiker, die nicht rechtzeitig die Aggressionspolitik der faschistischen Machthaber durchkreuzt, vor allem ihrer Verwirklichung nicht ein kollektives Sicherheitssystem entgegengesetzt haben. So wurde es den Aggressoren erleichtert, ihre seit langem geplanten Handlungen in den ersten Kriegsjahren durchzusetzen. Die Antihitlerkoalition als das notwendige Bollwerk zur Rettung der menschlichen Zivilisation kam dadurch erst zu einem Zeitpunkt zustande, als der Krieg bereits fast alle europäischen Völker erfasst und in ihrer Existenz bedroht hatte.

Großbritannien und Frankreich erklärten zwar nach dem deutschen Überfall auf Polen Deutschland den Krieg, kamen aber Polen nicht zu Hilfe und unternahmen auch weiterhin keine militärischen Operationen. Dem »komischen Krieg« im Westen folgten Hitlers »Blitzkrieg« gegen Frankreich im Frühsommer 1940 sowie dann weitere Aggressionshandlungen, in deren Ergebnis das »Dritte Reich« die Potenzen fast des ganzen europäischen Kontinents für den perfektioniert geplanten Überfall auf die Sowjetunion nutzen konnte. Der Moskauer Führung lagen genügend Informationen über die deutschen Pläne vor. Trotzdem hielt Stalin an der falschen Annahme fest, dass Hitler seine Aggressionspläne gegen die Sowjetunion erst dann umsetzen werde, wenn er Großbritannien als Kriegsgegner ausgeschaltet hätte und Deutschland sich damit nicht in der Situation eines Zweifrontenkrieges befinde. Folgenschwer musste sich auswirken, dass die an der Westgrenze konzentrierten Truppen wie auch die staatlichen Organe insgesamt nicht von der drohenden Gefahr des deutschen Überfalls informiert wurden. Stalin untersagte noch dazu jegliche Vorsichtsmaßnahmen, weil sie angeblich von Hitler oder seinen Generalen als Provokation missverstanden werden konnten. So war die Rote Armee in doppelter Hinsicht auf den Kriegsbeginn nicht oder zumindest nicht ausreichend vorbereitet. 1937/38 war ihre Führung durch die Terrorwelle enthauptet worden. Über zwei Drittel der höchsten Kommandeure waren diesem Verbrechen zum Opfer gefallen. In nur wenigen Jahren konnte sich die Armee von diesem Blut-

II. BEFREIUNG

bad nicht erholen. Durch die bewusste Desinformation hatte sich dann Stalin 1941 eine weitere hohe Mitschuld für den katastrophalen Rückzug der Roten Armee aufgeladen.

Beides konnte mir jedoch nicht bewusst sein, als ich mich am 22. Juni 1941 als Freiwilliger zum Eintritt in die Rote Armee meldete. Sicher hätte sich an meinem Entschluss auch bei Kenntnis dieser Umstände nichts geändert. Meine Handlung war spontan und ich betrachtete sie als etwas Selbstverständliches. Ich wollte die Unabhängigkeit und Freiheit des Landes verteidigen, dass uns politisches Asyl und mir dazu die Möglichkeit einer guten Schulbildung gewährt hatte. Wenige Tage vor Kriegsbeginn hatte ich in Moskau mein Abitur abgelegt, dachte danach ein Universitätsstudium aufzunehmen. Daraus wurde nichts. Bereits zehn Tage nach Kriegsbeginn befand ich mich in den Reihen einer vom Moskauer Jugendverband aufgestellten Brigade südwestlich von Smolensk, wo wir zur Unterstützung von Pioniereinheiten beim Bau von Befestigungsanlagen eingesetzt wurden. So wurde ich auch Augenzeuge eines tragischen Rückzugs, den ich nicht erwartet hatte. Wie so viele andere war ich doch der Überzeugung, dass der durch den deutschen Überfall der Sowjetunion aufgezwungene Krieg in nicht so ferner Zukunft mit dem Sieg über das Hitlerregime enden würde. Ich dürfte unter den ersten deutschen Emigranten sein, die wieder in ihre befreite Heimat zurückkehrten.

Das bestätigte sich zwar im Frühjahr 1945, aber eben erst nach fast vier Jahren und nach einem so furchtbaren Krieg, der insgesamt über fünfzig Millionen Opfer gefordert und große Teile des europäischen Kontinents, vor allem seines östlichen Teils verwüstet hatte. Zu keinem Zeitpunkt seit dem Überfall auf die Sowjetunion zweifelte ich an der Niederlage der faschistischen Aggressoren, wenn ich auch heute weiß, dass sie durchaus nicht unausweichlich war. In vieler Hinsicht war die deutsche Wehrmacht damals die am besten ausgerüstete und am effektivsten auf einen Krieg vorbereitete Armee. Selbst in der letzten Kriegsphase erwies sich, dass zu keiner Stunde die Gefährlichkeit und Abenteuerlichkeit der damaligen deutschen Militärmaschine in ihrer ganzen Systemverwurzelung unterschätzt werden durfte. Hitler hatte zweifellos erheblichen Anteil auch an der Verlängerung der seit der Wende von Stalingrad und Ende 1944 noch mehr unausweichlichen Niederlage der abenteuerlichen Welteroberer. Doch ist es eine schlimme Geschichtslüge nur ihn und seine engste Umgebung für die Fortsetzung des Krieges verantwortlich zu machen, der auch Deutschland in die nationale Katastrophe stürzen musste.

Ich hatte Anfang 1945 nicht erwartet, dass der Widerstand der deutschen Wehrmacht auch auf deutschem Boden noch so hartnäckig sein würde. Aus meiner Tätigkeit als Offizier in einer der in den Armeestäben bestehenden 7. Abteilungen, die sich der politischen Aufklärung unter den Soldaten und Offizieren der Wehrmacht widmete (in der US-Armee bezeichnete man ähnliche Abteilungen nicht zu Unrecht als Einheiten der psychologischen Kriegsführung), war mir die sich zunehmend ändernde Stimmungslage unter den Frontsoldaten, den deutschen Landsern, nicht unbekannt. Trotzdem war auch ich davon enttäuscht, wie wenig Wirkung die Flugblätter erzeugten, die ich wie andere verfasste, wie auch die Lautsprechersendungen, mit denen wir an der vordersten Frontlinie die Offiziere und Soldaten von der nicht mehr abzuwendenden Niederlage und der um so mehr verbrecherischen Anweisung, den Krieg bis fünf Minuten nach zwölf fortzusetzen, zu überzeugen suchten. Es waren zwar schon wesentlich mehr Soldaten und auch Offiziere, die nicht mehr zum »Heldentod für Führer und Vaterland« bereit waren und eine günstige Gelegenheit suchten, um ihr Leben auch dadurch zu retten, dass sie sich entgegen den Befehlen ihrer Vorgesetzten gefangen gaben. Dennoch war ihre Zahl 1945 während der Winteroffensive der Roten Armee von der Weichsel bis zur Oder, selbst bei der Kesselschlacht um die Festung Posen, noch immer zu gering.

Besonders enttäuschend gestaltete sich im April die Schlacht um die Seelower Höhen. Am ihrem Vorabend wurde ich zusammen mit anderen Offizieren unserer Abteilung zum Gefechtsstand von Marschall Shukow beordert, der sich in dieser Nacht unweit der Frontlinie, der HKL, auf einem hohen Hügel, dem Reitweiner Sporn, befand. Der Stellvertreter des Marschalls wies uns in seinem Auftrag an, über unsere Lautsprecheranlage zu verkünden, dass im Morgengrauen der sowjetische Großangriff auf die Reichshauptstadt einsetze. Wir soll-

II. BEFREIUNG

ten hinzufügen, es könne sich nur um Tage handeln, bis endlich der Frieden wiederhergestellt sei. Marschall Shukow garantiere jedem, der sich in dieser letzten Stunde gefangen gebe, das Leben und damit die Möglichkeit des Wiedersehens mit seiner Familie. Befehle sind bekanntlich ohne Widerrede auszuführen. Dennoch fragte ich nicht ganz vorschriftsmäßig den General, ob wir dadurch nicht ein militärisches Geheimnis preisgeben würden. Die Antwort war prompt und für mich auch überzeugend. Es müsse alles getan werden, um in den bevorstehenden letzten Tagen des Krieges die Zahl der Opfer möglichst gering zu halten, nicht zuletzt natürlich der sowjetischen. Auch die deutschen Soldaten und Offiziere müssen doch erkannt haben, wie sinnlos jeder weitere Widerstand ist. Insbesondere erwarte man von den Truppenoffizieren an der vordersten Front, dass sie eigenständig im Interesse ihrer Soldaten handeln und auch selbst nicht mehr den so unsinnigen Durchhaltebefehlen der militärischen Führung folgen.

Mehrere Stunden lang erging dann unser Appell. Er war nicht wirkungslos, blieb wie sich dann herausstellte für mich dennoch enttäuschend. An den folgenden zwei Tagen sah ich bald mehr gefallene Soldaten als beim Beginn früherer Offensiven. Heute ist bekannt, dass bei den Kämpfen um die Seelower Höhen über 50 000 Soldaten ihr Leben lassen mussten, davon fast 20 000 Deutsche und über 30 000 Angehörige der Sowjetarmee und der polnischen Streitkräfte. Und das in den letzten Tagen des Krieges, als der Anbruch des so innig ersehnten Friedens, mit dem wohl jeder seine Hoffnungen und Wünsche verband, schon so nah war.

In den Jahren des Krieges hatte ich immer wieder schlimme Zeugnisse für seinen barbarischen Charakter wahrgenommen. Unvergessen war der Anblick der völlig zerstörten Ortschaften in der Ukraine und dann auch in Polen, noch mehr des Vernichtungslagers Majdanek mit seinen Gaskammern und Krematorien oder des Ghettos im Stadtzentrum von Lodz, auch des Konzentrationslagers von Sonnenburg wenig östlich der Oder, wo die Schergen der SS noch am letzten Tag vor der Befreiung des Lagers Hunderte Häftlinge hingemordet hatten. Die Durchhaltebefehle, die von den Generalen der Wehrmacht im Einklang mit den Anweisungen Hitlers und der Führung des OKW im April 1945 erteilt wurden, empfand ich als fast ein gleiches Verbrechen. Sie standen in der Kontinuität jener abenteuerlichen und menschenfeindlichen Politik, die seit der Entfesselung des Zweiten Weltkrieges, eigentlich schon bei seiner langfristigen Vorbereitung, die ganze Politik des Dritten Reichs bestimmt hatte. Allein im letzten Kriegsjahr, ganz besonders auch in der Abschlussphase gab es mehr deutsche Todesopfer als in den fünf Jahren davor, nicht zuletzt aus der Zivilbevölkerung. Sie erhöhten noch mehr das Blutkonto der faschistischen Führung und ihrer dem Kadavergehorsam verfallenen Gefolgschaft.

So musste es zur nationalen Katastrophe auch für das deutsche Volk kommen, wenn auch die Lebenssituation in Deutschland selbst unmittelbar nach Friedensanbruch nicht so elend war wie die in jenen Gebieten, die so furchtbar unter der deutschen Okkupation und den Folgen des Vernichtungskriegs gelitten hatten. Die fast aussichtslose Lage, in der sich so viele Menschen in Deutschland befanden, machte mir noch mehr deutlich, wie schwer sich eine Neugeburt Deutschlands gestalten musste. Hierzu war ein tiefgreifendes antifaschistisches Reformwerk vonnöten, ein solches, das vom deutschen Volk selbst getragen war. Eine wirklich antifaschistische geistige Erneuerung war nicht minder erforderlich wie die vollständige Entmachtung der Hauptschuldigen des Krieges und der nationalen Katastrophe. Das sollte eine bleibende Lehre sein, wenn man des 60. Jahrestages des Kriegsendes und der Befreiung vom Faschismus gedenkt.

Der antifaschistische deutsche Widerstand war breiter und umfangreicher, als es zunächst 1945 angenommen wurde. Er war vielfältig und keine Form oder Gruppierung darf diskriminiert werden. Die Erinnerung an ihn ist heute mehr denn je notwendig, ist doch Widerstand sowohl gegen ein Wiederaufleben neonazistischer Umtriebe als auch gegen eine höchst gefährliche Politik erforderlich, die sich zur Möglichkeit einer deutschen Teilnahme an Kriegshandlungen, selbst an einem völkerrechtswidrigen Präventivkrieg in jeder möglichen Region des Erdballs bekennt, die Anwendung militärischer Gewalt mit all ihren Folgerungen wieder salonfähig machen möchte. Zugleich dürfen wir den Beitrag des deutschen Widerstands am Freiheitskampf der Völker nicht überbewerten. Es bleibt eine Tatsache, dass auch die Befreiung des deutschen Volkes von seinen schlimmsten Verderbern von außen erfolgen musste.

Ich hatte in den Kriegsjahren eine andere Entwicklung erhofft. Es drang auch von Zeit zu Zeit durch, dass in Deutschland selbst der verbrecherische Krieg durchaus nicht widerstandslos hingenommen wurde. So erfuhr ich, dass in vielen Städten immer wieder Flugblätter gegen den Krieg auftauchten oder dass in nicht explodierten Bomben handgeschriebene Grußworte an die Soldaten der Roten Armee gefunden wurden. Sehr beeindruckt war ich von der Nachricht, dass in Berlin 1942 eine von Goebbels initiierte Hetzausstellung unter dem verlogenen Titel »Das Sowjetparadies« in Brand gesetzt wurde. (Später erst erfuhr ich, dass eine vornehmlich aus jüdischen Widerstandskämpfern von Herbert Baum geleitete kommunistische Gruppe diesen Anschlag vollbracht hatte). Nicht minder beeindruckt war ich dann später von der Aktion der Geschwister Scholl in München. Es tat sich also etwas.

Nach dem Attentat auf Hitler am 20. Juli 1944 hatte ich kurzfristig sogar die Hoffnung, dass sich auch in der Wehrmacht die Einsicht in die Realitäten durchsetzen würde. Leider blieb die mutige Tat von Stauffenberg ohne spürbare Wirkung auf den Kriegsverlauf. Der Kreis der Verschwörer war doch zu klein. Niemand kann zudem wissen, welche Folgen ein Gelingen des Anschlags gehabt hätte. An Hitlers Stelle wäre ein anderer getreten, der nicht nur den Krieg fortgesetzt sondern möglicherweise auch den »meuchlings getöteten Führer« zum Märtyrer hochstilisiert hätte. Große Hoffnungen hatte ich auf das Nationalkomitee »Freies Deutschland« und den »Bund Deutscher Offiziere« mit General Seydlitz als Präsidenten gesetzt. Die Bevollmächtigten dieser beiden Organisationen, in der Regel kriegsgefangene Offiziere, hatte ich kennen und schätzen gelernt. Sie bewiesen hohen Mut bei ihrer politischen Aufklärungsarbeit, wandten sich mit eigenen Flugblättern wie auch durch Lautsprechersendungen an die Soldaten und Offiziere der Wehrmacht. Sie erreichten mehr als die meisten anderen Gruppen des deutschen Widerstands. Neuere

Forschungsarbeiten belegen, wie hoch ihr Wirken sowohl durch die Führung der Wehrmacht und die Gestapo als auch durch Geheimdienste und manche Medien in den USA und in Großbritannien eingeschätzt wurde.[5] Das Nationalkomitee »Freies Deutschland« und seine Bevollmächtigten erreichten ihr eigentliches Ziel aber auch nicht. Es kam weder zur Selbstbefreiung noch zu einer größeren Teilaktion an irgendeinem Frontabschnitt.

Ich musste leider erkennen, dass sich das Oberkommando der Wehrmacht, die Befehlshaber der Fronttruppen wie leider auch die gesamte Führung des NS-Staates bis fünf Minuten nach Zwölf auf die Wirkungen ihrer Demagogie, auf das perfekte Terrorsystem wie auch auf den Kadavergehorsam und im Endeffekt auf eine fast blinde Gefolgschaft stützen konnten. Dafür gab es viele Gründe. Bis heute quält mich der Gedanke, dass auch die antifaschistischen Kräfte ihrer Verantwortung nicht voll gerecht wurden, dass unsere Frontpropaganda ihr Ziel ebenfalls nicht erreicht hatte und nicht selten ungenügend überzeugend, mitunter wohl sogar unbeholfen war.

Doch sie war nicht ergebnislos, trug dazu bei, dass sich mehr und mehr Soldaten und auch Offiziere der Wehrmacht den sträflichen Befehlen der Führung verweigerten, sich gefangen gaben, um so ihr Leben nicht mehr für den verbrecherischen Krieg zu opfern. Zumindest im bescheidenen Maße trug unsere Propagandatätigkeit dazu bei, dass der Zweite Weltkrieg auf beiden Seiten nicht noch mehr Opfer forderte. In diesem Sinn war sie ein Beitrag zum Sieg über den Faschismus, zur Befreiung der Völker Europas, auch ein Baustein für die Errichtung eines anderen, eines neuen Deutschland. So sahen ich wie auch meine sowjetischen Kameraden es damals.

Dennoch musste der Aggressor militärisch geschlagen werden. Es war alles andere als ein Zufall, dass im Mai 1945 die Sowjetarmee in Berlin einzog und auch auf diese Weise vor aller Welt dokumentiert wurde, dass ihr und der Sowjetunion als Staat der entscheidende Beitrag zur Niederschlagung des Faschismus zukam. So empfand ich es damals, so war es weltweit unbestritten. Die Sowjetunion hatte mit Abstand die größten Opfer getragen. Die Zahl der Kriegsopfer war noch weitaus größer als ich 1945 erahnen konnte. Erst nach Jahrzehnten konnte insgesamt exakt die schreckliche Bilanz des Krieges gezogen werden. Aufwendige Berechnungen, mit denen der sowjetische Generalstab Mitte der 80er Jahre beauftragt wurde, ergaben nach etwa zehn Jahren folgendes: Die UdSSR hatte im Zweiten Weltkrieg 27 Millionen Tote zu beklagen, darunter 14 Millionen Kriegsopfer aus der Zivilbevölkerung, die in den besetzten Gebieten oder als nach Deutschland verschleppte Zwangsarbeiter umkamen wenn nicht sogar mutwillig ermordet wurden. Von den über drei Millionen sowjetischen Kriegsgefangenen wurden zwei Millionen in den Lagern ermordet oder starben an Hunger und Krankheiten.[6] Als Vergleich sei vermerkt, dass die USA etwa 260 000 Tote zu beklagen hatten, Großbritannien etwa 400 000, Frankreich etwa 800 000, Jugoslawien fast 2 Millionen und Polen etwa 4,5 Millionen. Die Verluste der Wehrmacht an allen Fronten betrugen 8,8 Millionen. In sowjetische Gefangenschaft gerieten nach offiziellen Angaben 2,4 Millionen Soldaten und Offiziere. Von ihnen starben in der Gefangenschaft – meist durch Krankheit oder infolge vorher erlittener Verwundung – 350 000.[7]

1945 wurde weltweit anerkannt, dass es die Sowjetunion war, die den entscheidenden Beitrag zur Befreiung der europäischen Völker, ja zur Rettung der menschlichen Zivilisation vor dem ihr drohenden Absturz in die Barbarei erbracht hatte. Der britische Premierminister Winston Churchill, nach eigenen Worten wahrlich kein Freund oder Verehrer der Sowjetunion, schrieb am 27. September 1944 an Stalin, er werde im Unterhaus wiederholen, was er bereits früher gesagt habe, »nämlich, dass es die russische Armee ist, die der deutschen Kriegsmaschine das Rückgrat zerbrochen hat und die auch im gegenwärtigen Moment an ihrer Front den unvergleichlich größeren Teil der Kräfte des Gegners fesselt.«[8] Im Frühjahr 1945 erklärte Churchill unumwunden. »Die künftigen Generationen werden sich vor der Roten Armee genauso bedingungslos verpflichtet fühlen, wie wir dies tun, die wir es erleben konnten, Zeuge dieser großartigen Siege zu sein.«[9] Das Verdienst der Sowjetunion bei der Rettung der menschlichen Zivilisation, die in ihrer Existenz in Todesgefahr geschwebt hatte, darf von niemandem bezweifelt werden. Dabei handelte sie als Kernstück der Antihilerkoalition, die alles andere als ein merkwürdiges Bündnis war, wenn sie auch so unterschiedliche Staaten zu einem Bündnis zusammenschweißte.

Ganz besonders im letzten Kriegsjahr nach der Landung des anglo-amerikanischen Expeditionskorps in Nordfrankreich war die Wirksamkeit der Antihitlerkoalition im vollen Maße zur Geltung gekommen. Auch die Schlagkraft der Partisanen und anderer Widerstandsgruppen in den noch von den faschistischen Okkupanten besetzten Gebieten hatte sich verstärkt. Bisherige Verbündete oder Satelliten des Dritten Reichs wechselten die Front. Trotzdem stand nach wie vor das Gros der Wehrmacht der Roten Armee gegenüber, blieben die Kämpfe an der Ostfront die verbissensten und opferreichsten. Bereits 1941 war der so präzis für nur sechs Wochen geplante deutsche Blitzkrieg am Widerstand der Roten Armee gescheitert. Das war die erste Niederlage der deutschen Wehrmacht im Zweiten Weltkrieg. Ein Jahr später folgte die Wende des Krieges bei Stalingrad, danach trugen weitere Entscheidungsschlachten weltweit zum Ansehen der Sowjetunion bei. All das sind Binsenwahrheiten, wenn sie auch heute in nicht wenigen Publikationen und Sendungen des Fernsehens wie Schulbüchern oft unterschlagen oder sogar verfälscht werden.

Es gehört nun einmal zur historischen Wahrheit, dass nicht Russland, sondern die Sowjetunion, und zwar als sozialistischer Staat, im vorigen Jahrhundert die einzige Macht war, die den faschistischen Aggressoren widerstehen konnte. Die Oktoberrevolution von 1917, aus der sich unter so schwierigen Bedingungen eine neuartige Gesellschaftsformation entwickelte, war die Voraussetzung dafür gewesen. Sie hatte viele Mängel, wies unverzeihliche Deformationen auf. Manches konnte und musste ich bereits 1945 erahnen, das ganze Ausmaß und ihre schlimme Nachhaltigkeit erkannte ich jedoch damals nicht. Das bezieht sich auch auf den Anteil Stalins am Sieg über den Faschismus. Zweifellos hat er als Regierungschef und Vorsitzender des Staatlichen Verteidigungskomitees beträchtliche Leistungen vollbracht. Als der Oberste Befehlshaber der Streitkräfte trug er in zunehmender Weise zur Kriegswende bei. Insgesamt positiv dürfte auch seine Rolle bei der Festigung der Antihitlerkoalition bewertet werden. Deshalb hatte ich damals volles Verständnis für das hohe

II. BEFREIUNG

Ansehen, das er 1945 im Sowjetvolk wie im Ausland genoss. Nach heutigen Erkenntnissen fallen all seine Fehler, seine negativen Entscheidungen, von den so schlimm belastenden verbrecherischen Handlungen ganz zu schweigen, noch mehr ins Gewicht. Ich bleibe daher bei einer von mir in einer bilanzierenden Bewertung geäußerten Einschätzung: Das Ansehen des siegreichen ersten sozialistischen Staates war 1945 nicht dank sondern trotz Stalin gewachsen.[10]

Nichts kann eine irgendwie geartete Beschönigung der Vergangenheit rechtfertigen. Trotzdem sollte auch das bevorstehende historische Jubiläum ein Anlass sein, unabhängig von der politischen Grundhaltung, die historische Wahrheit zumindest zu akzeptieren und die Kernereignisse des vergangenen Jahrhunderts nicht zu verfälschen. Die Sowjetunion hatte ihre Überlegenheit über einen so mächtigen Gegner wie das damalige Deutsche Reich bewiesen, sich während des Krieges stärker als die mit ihr verbündeten Staaten erwiesen. Viele Faktoren könnten angeführt werden, angefangen vom moralischen, dem mobilisierenden Bewusstsein, einen gerechten Kampf für den Erhalt der eigenen Freiheit und eine gerechte Gesellschaft zu führen. Gepaart war das mit der langjährigen internationalistischen Erziehung und der vorherrschenden Zuversicht, nach dem Krieg gestärkt an der Gestaltung eines besseren menschlichen Lebens mitwirken zu können. Nicht zu unterschätzen ist aber auch, dass sich gerade in den Kriegsjahren die sozialistische Planwirtschaft als besonders effektiv erwies. Obwohl das Deutsche Reich über die Wirtschaftspotenzen, auch die industriellen fast des ganzen europäischen Kontinents verfügte, zudem die am weitesten ökonomisch entwickelten Gebiete der Sowjetunion in der Anfangsphase des Kriegs von der Wehrmacht besetzt waren, ergab sich das folgende Bild: trotz einer 1942 wesentlich geringeren Förderung von Eisenerzen, von Kohle, Rohöl und anderen Brennstoffen wie sonstigen strategisch wichtigen Rohstoffen produzierte die Rüstungsindustrie der Sowjetunion bereits in den folgenden Jahren mehr Panzer, Flugzeuge, Geschütze und Munition als Deutschland. Auch das war kriegsentscheidend. Die Lieferungen aus den USA und Großbritannien waren ein wichtiger Beitrag, wenn sie auch nur insgesamt etwa 5% der sowjetischen Produktion ausmachten.[11]

All das konnte mir 1945 nicht bekannt sein. Doch erahnte man es in der Grundtendenz, fühlte man vieles zumindest unbewusst als Augenzeuge. Ich kann nicht verheimlichen, dass ich ein Gefühl des Stolzes spürte, einen bescheidenen Beitrag zur Befreiung vom Faschismus in jener Armee geleistet zu haben, der 1945 der entscheidende Anteil an diesem für die ganze Welt so schicksalhaften Ringen zukam. Und doch marterte mich ein gespaltenes Gefühl. Ich war auch als Offizier der Roten Armee Deutscher geblieben, hatte deshalb mehr Verständnis für die Nöte und Sorgen, auch für die Gedanken, die in den ersten Tagen des Friedens die Menschen in Deutschland bewegten. Von Befreiung sprach verständlicherweise niemand. Die meisten gebrauchten den Begriff »Zusammenbruch«. Damit meinten sie nicht so sehr die totale militärische Niederlage oder den Bankrott der lange überwiegend begrüßten Pläne zur Eroberung anderer Länder, die als Erweiterung des deutschen Lebensraums ausgegeben wurden. Unter Zusammenbruch verstand man die in vieler Hinsicht chaotische Situation, in der nichts mehr richtig funktionierte, es keinen Verwaltungsapparat, kein Verkehrswesen, keine oder kaum eine Belieferung mit Nahrungsmitteln, selbst nicht nach den so niedrigen Normen der Lebensmittelkarten gab. In vielen Orten, auch in Berlin gab es weder Strom noch Gas, nicht einmal die Wasserleitungen waren intakt. Dieser totale Zusammenbruch der Infrastruktur war mehr zu spüren als der Zusammenbruch der Staatsmacht und wirkte sich auch besonders nachhaltig auf das Alltagleben aus.

In Erinnerung sind mir zwei Sätze geblieben, die damals in aller Mund waren. »Lieber ein Ende mit Schrecken als Schrecken ohne Ende« bezog sich auf die Kämpfe auf deutschem Boden, vor allem aber auf die Bombenangriffe der Alliierten, die gerade in den letzten Kriegswochen – nicht nur in Dresden, Berlin oder Potsdam – zu so hohen Opfern geführt und weit und breit Ruinen hinterlassen hatten. Der Ausspruch deutete auch auf die Erkenntnis hin, dass das alltägliche Leben, einschließlich der Versorgung mit Grundnahrungsmitteln, jetzt im Frieden sogar schlechter sein würde als in den Jahren des Krieges. Dagegen hörte ich immer wieder einen anderen Satz: »Wir sind angenehm enttäuscht«. Zunächst konnte ich den tieferen Sinn nicht verstehen. Dann aber traf ich auf die weit verbreitete Meinung, dass man verständlicherweise kein Freund einer fremden Besatzung war, es aber nicht zu jener befürchteten Situation gekommen sei, mit der die offizielle Propaganda seit den letzten Monaten oder auch schon früher die Menschen geschreckt habe. Die Not der Menschen hatte sich mit dem Anbruch des Friedens sogar zunächst weiter verschärft. Das Besatzungsregime brachte gerade in den ersten Tagen und Wochen für viele zusätzliche Entbehrungen und Leiden. Dennoch hatte man sich auf Schlimmeres eingestellt. Schon gar nicht habe man erwartet, dass sich die Russen um die Lebensmittelversorgung oder die Ingangsetzung des zerrütteten städtischen Verkehrs, um das Gesundheitswesen, die Seuchenbekämpfung, Strom- und Gasversorgung und anderes kümmern würden und so schnell deutsche Selbstverwaltungen wieder in den Gemeinden, auch den Großstädten und selbst den Ländern zugelassen würden. Es war eben nicht ganz so schlimm gekommen, wie man nicht ohne Grund befürchtet hatte. Obwohl alle sich mir gegenüber als unwissend ausgaben, konnte man doch schon bald meist feststellen, dass Kenntnisse über das deutsche Besatzungsregime recht verbreitet waren und eben deshalb eine noch härtere Vergeltung von den Siegern befürchtet wurde.

Die Zukunft Deutschlands hing nach meiner Auffassung in vieler Hinsicht von der Politik der Siegermächte ab, hatten doch sie die oberste Gewalt in Deutschland übernommen. Mir war jedoch nicht bekannt, wie man sich konkret das künftige politische System sowie insgesamt den Gesellschaftsaufbau in Deutschland vorstellte. Für die heute von manchen vorgebrachten Behauptungen, dass man in Moskau eine »Sowjetisierung« Deutschlands oder zumindest des östlichen von der UdSSR besetzten Teils geplant habe, gab es keine Anzeichen. Mehr noch, es lagen keinerlei Anweisungen vor, wie die künftige politische und wirtschaftliche Struktur Deutschlands aussehen sollte. Aus heutiger Kenntnis archivarischer Dokumente geht zudem hervor, dass eindeutig die Reparationsforderungen im Vordergrund standen. Hierfür und zur Planung der Besatzungszonen sowie zu Struktur und Vollmachten der gemeinsamen alliierten Organe wurden Vorstellungen entworfen. Ein unlängst auch in deutscher Sprache veröffentlichter Dokumentenband gibt darüber genaueren Aufschluss.[12] Ich hatte 1945 die Vorstellung, dass sich der demokratische Neuaufbau Deutschlands, einschließlich einer strikten Entmilitarisierung und Entnazifizierung unter der strengen Kontrolle der Besatzungsmächte vollziehen würde, die eigentliche Gestaltung der Zukunft Deutschlands aber in deutschen Händen liegen würde. Doch dazu dürfte es nicht so schnell kommen.

Nach meiner Auffassung musste auch eine längere Zeit verstreichen, bis sich die Kenntnis über die Ursachen des Krieges und damit verbunden das Verständnis für einen eigenen deutschen Beitrag zur entschiedenen Ausmerzung der Wurzeln des Faschismus durchsetzte. Im Osten Deutschlands verlief dieser Prozess schneller als ich zunächst angenommen hatte. Trotzdem dauerte es auch dort einige Jahre, bis man in der DDR den 8. Mai 1945 als Tag der Befreiung vom Faschismus bezeichnete. In der BRD wurde erst nach vierzig Jahren durch den Bundespräsidenten Richard von Weizsäcker offiziell vom Tag der Befreiung gesprochen. Zurecht betonte er auch, man dürfe den 8. Mai 1945 nicht vom 30. Januar 1933 trennen. Gegenwärtig fungiert der 8. Mai 1945 jedoch meist absichtlich wertneutral als Tag des Kriegsendes. Nicht zufällig dominiert das Schlagwort »Versöhnung« oftmals über die eindeutige Anprangerung des Vernichtungskrieges, seiner Verursacher und Profiteure. Dabei dürfte es heute nicht weniger als vor 60 Jahren notwendig sein, den Aggressionskrieg Hitlerdeutschlands als das größte Verbrechen der damaligen Machthaber in Deutschland zu benennen und aus dem dunkelsten Kapitel der deutschen Geschichte wie insgesamt aus dem Zweiten Weltkrieg die erforderlichen Lehren zu ziehen. Die historische Wahrheit darf im Interesse einer stabilen friedlichen Zukunft weder vergessen noch entstellt werden.

Anmerkungen

1   Stefan Doernberg, Fronteinsatz, Erinnerungen eines Rotarmisten, Historikers und Botschafters, Berlin 2004

2   Zitiert nach Stefan Doernberg, Die Geburt eines neuen Deutschland, Berlin 1959, S. 27 (In Publikationen, die in der Bundesrepublik erschienen, wird

der Text meist nicht authentisch, wahrscheinlich nach einer Rückübersetzung aus dem Englischen oder vielleicht Russischem wiedergegeben.)

3   Zitiert nach Amtsblatt des Kontrollrats in Deutschland, Ergänzungsblatt Nr. 1, Berlin o J., S. 5; siehe auch: Das Potsdamer Abkommen, Dokumentensammlung, Berlin 1984, S. 25

4   Zitiert nach Carl Jacob Burghardt, Meine Danziger Mission 1937-39, München 1960, S. 348

5   Siehe Heike Bungert, Das Nationalkomitee und der Westen. Die Reaktion der Westalliierten auf das NKFD und die Freien Deutschen Bewegungen 1943-1948, Stuttgart 1997

6   Vgl. Der Große Vaterländische Krieg. Zahlen und Fakten, Moskau 1995 (russisch), S. 95

7   Vgl. »Russisches Archiv«, Der Große Vaterländische Krieg, Bände 13 u. 15, Moskau 1995 (russisch); Andreas Hilger, Deutsche Kriegsgefangene in der Sowjetunion 1945-1956, Essen 2000

8   Zit. nach: Schriftwechsel des Vorsitzenden des Ministerrates der UdSSR mit den Präsidenten der USA und den Ministerpräsidenten Großbritanniens in den Jahren des Großen Vaterländischen Krieges 1941 – 1945, Bd. 1, Moskau 1957 (russisch), S. 260

9   Ebenda, S. 310

10 Siehe Stefan Doernberg, Niederlage des Faschismus – Rettung der menschlichen Zivilisation, in: 50. Jahrestag der Befreiung vom Faschismus. Wider den Geschichtsrevisionismus, Bonn 1996, S. 21f.

11 Vgl. N.A. Vossnesenski, Die Rüstungswirtschaft der UdSSR in der Periode des Großen Vaterländischen Krieges, Moskau 1948 (russisch), S.38, 74

12 Vgl. Die UdSSR und die deutsche Frage 1941-1948. Dokumente aus dem Archiv für Außenpolitik der Russischen Föderation, Band 1: 22. Juni 1941 bis 8. Mai 1945, Berlin 2004

* * *

HANNA PODYMACHINA

»Unsere Wahrheit störte den Gegner schon«*

Interview mit Peter Rau über ihren Einsatz als Angehörige der Roten Armee an der Südwest-Front (bei der Einkesselung von Paulus' 6. Armee nördlich von Stalingrad) und danach, über Propaganda aus der Luft und deren Wirkung bei deutschen Wehrmachtssoldaten

Hanna Podymachina, 1924 in Berlin als Hanna Bernstein geboren, emigrierte 1934 mit ihren Eltern aus Hitler-Deutschland in die Sowjetunion und wurde 1942 als Leutnant der Roten Armee Mitarbeiterin der 7. Abteilung zur Arbeit unter den Truppen und der Bevölkerung des Gegners. Das Kriegsende erlebte sie im Range eines Oberleutnants in Wien. Nach der Befreiung Deutschlands vom Faschismus arbeitete sie unter Oberst Sergej Tjulpanow in der Informationsverwaltung der Sowjetischen Militäradministration in Berlin. Nach ihrer Hochzeit mit dem sowjetischen Hauptmann Semjon Podymachin 1946 wurde sie ein Jahr später demobilisiert, blieb aber bis 1949 Zivilangestellte der SMAD. In den 50er Jahren studierte sie am Moskauer Fremdsprachinstitut und war Dolmetscherin an der DDR-Botschaft in der UdSSR-Hauptstadt. Nach Übersiedlung der Familie nach Berlin im Jahr 1960 arbeitete sie in verschiedenen Institutionen der DDR und von 1964 bis 1991 im Kombinat Kraftwerksanlagenbau. Hanna Podymachina ist Mitglied der VVN-BdA und des Verbandes Deutscher in der Resistance, in den Streitkräften der Antihitlerkoalition und der Bewegung Freies Deutschland (DRAFD).

Sie waren im Herbst und Winter 1942/1943 als deutsche Antifaschistin bei Stalingrad eingesetzt. Wie kam es dazu?

Das hat eigentlich eine lange Vorgeschichte. 1934, da war ich zehn, bin ich mit meinen Eltern und meinem zwei Jahre älteren Bruder aus Deutschland in die Sowjetunion emigriert. Mein Vater, Rudolf Bernstein, war als Funktionär der KPD von den Nazis verfolgt worden. In Moskau hat er dann bei der Komintern gearbeitet, und ich bin dort zur Schule gegangen; erst in die deutschsprachige Karl-Liebknecht-Schule, später in eine sowjetische Schule. 1936 erhielten wir – aus Sicherheitsgründen unter dem Familiennamen Bauer – die sowjetische Staatsbürgerschaft.

---

* Bei dem vorliegenden Interview handelt es sich um einen freundlich genehmigten Nachdruck aus der jungen Welt v. 25.1.2003

Von der »Tschistka«, den Stalinschen Säuberungen und Repressionen auch gegen deutsche Emigranten, war Ihre Familie nicht betroffen?

Nein. Mein Vater war in der zweiten Hälfte der 30er Jahre im Komintern-Auftrag in Westeuropa im Einsatz; er kehrte erst 1940 nach Moskau zurück und ging dann nach dem Überfall Deutschlands als Propagandaoffizier der Roten Armee an die Front, zuerst an die Brjansker und später an eine der baltischen Fronten.

Wie haben Sie selbst den 22. Juni 1941 erlebt? Gab es da in der Sowjetunion nicht verbreitet Mißtrauen gegenüber allen Deutschen?

Kann ich nicht sagen. Meine Mitschüler – ich ging ja 1941 noch zur Schule – haben schon gewußt, daß ich Deutsche war: Doch die meisten Menschen konnten sehr wohl unterscheiden zwischen uns und jenen Deutschen, die nun plötzlich und wortbrüchig ihre Heimat überfallen hatten. Und die Sowjetunion war ja praktisch meine zweite – eigentlich meine erste Heimat, denn mit dem, was in Deutschland unter den Faschisten geschah, konnte ich mich nicht identifizieren. Und als sie überfallen wurde, war auch ich als Komsomolzin, ebenso wie Zehn- oder Hunderttausende sowjetische Mädchen, bereit, zu ihrer Verteidigung beizutragen. Allerdings gingen die ersten Komsomolbrigaden ohne mich in den Einsatz; nach einer Blinddarmoperation lag ich am 22. Juni 1941 noch im Krankenhaus .... Im Oktober 1942, nach dem Abitur, war es dann aber endlich soweit: Die Rote Armee hatte die Komintern-Führung um Hilfe gebeten; es wurden dringend Dolmetscher und Übersetzer benötigt. Und so wurde auch ich gefragt, ob ich dazu bereit wäre. Ich war es, natürlich, und ein paar Tage später ging es dann los.

Direkt von Moskau an die Front nach Stalingrad?

Nein, jedenfalls nicht direkt. Im Oktober hatte sich ja schon die

Wehrmacht in der Stadt festgesetzt. Aber nördlich von Stalingrad, zwischen Don und Wolga, wurden gerade die sowjetischen Truppen zur geplanten Gegenoffensive aufgestellt bzw. umgruppiert. Die Armeen der Stalingrader und der Donfront schickten sich an, die Stadt vom Norden, Osten und Südosten her in die Zange zu nehmen, und die neugeschaffene Südwestfront, zu der ich geschickt wurde, bereitete sich im Nordwesten, zwischen Serafimowitsch und Kletskaja, auf den Angriff vor. Aber damit hatte ich direkt erst mal nichts zu tun. Ich wurde, gleich zum Leutnant ernannt, zum Frontstab in Serafimowitsch kommandiert, genauer gesagt in die 7. Abteilung, die für die Arbeit unter den Truppen und der Bevölkerung des Gegners – wir sagten unter uns kurz und bündig »Zersetzung des Gegners« – zuständig war.

Wären Sie lieber »vorne« mit dabeigewesen, und hätten Sie auch auf Ihre Landsleute geschossen?

Ach, die Frage stellte sich so überhaupt nicht; unsere Waffe war ja, wie es so schön heißt, das Wort. Wie die meisten in der 7. Abteilung hatte ich nicht mal eine Pistole; meine erste – eine Beutepistole – habe ich 1944 in Sofia von einem bulgarischen Genossen bekommen. Davon mal abgesehen, hatte es die Südwestfront zuerst vor allem mit rumänischen Einheiten zu tun. Aber grundsätzlich waren alle Okkupanten Feinde: Ich dachte, fühlte und handelte, wie schon gesagt, wie ein Kind der Sowjetunion.

Was hatten Sie nun als Mitarbeiterin der 7. Abteilung konkret zu tun?

Na, die ganze Palette – alles, wofür eben Deutsch-Kenntnisse erforderlich waren: Flugblätter entwerfen, übersetzen, korrigieren, Gefangenenverhöre dolmetschen, erbeutete Briefe lesen und auswerten, was dann wieder in den eigenen Flugblättern verwertet werden konnte.

Was war der Inhalt der Flugblätter, was haben sie bewirkt?

II. BEFREIUNG

Wichtigstes Ziel war, die Wehrmachtssoldaten über den Charakter des Krieges aufzuklären, das Nazi-Regime zu entlarven, die für den Gegner aussichtslose Situation zu beschreiben und ihn zur Aufgabe des Kampfes zu bewegen. Das hätte schließlich weniger Todesopfer zur Folge gehabt – auf beiden Seiten. Was die Wirkung angeht: Allzu erfolgreich war sie, gemessen an Überläufern oder Deserteuren, in dieser Phase des Krieges wohl noch nicht.

Haben Sie denn, wenn der Südwestfront bei Stalingrad vor allem rumänische Einheiten gegenüberstanden, auch selber mit deutschen Kriegsgefangene zu tun gehabt?

Anfangs wohl nicht, später schon. Die meisten waren ziemlich verbiestert, glaubten nach wie vor an den Endsieg und wollten nichts einsehen. Andererseits kann ich mich noch gut an zwei Gefangene von der Organisation Todt erinnern. Die sind ziemlich froh gewesen, aus dem Schlamassel raus zu sein. Einer von ihnen hat mich nach dem Krieg sogar in Berlin besucht.

Truppen der von Generaloberst Nikolai Watutin befehligten Südwestfront waren zwischen dem 19. und 23. November auch direkt daran beteiligt, bei Stalingrad den Ring um die Paulus-Armee zu schließen. Wurde an diesem Tag im Frontstab nicht ordentlich gefeiert?

Ich kann mich nicht an irgendwelche Siegesfeiern erinnern. Dazu war es wohl auch noch zu früh. Es bestand ja immer noch die Gefahr eines Durchbruchs durch unsere Linien oder daß die Wehrmacht von Westen her zu den bei Stalingrad Eingekesselten vordringt. Zum Jahreswechsel sah das schon anders aus. Da haben sie in der Abteilung schon mal die Gläser gehoben – Samogon, also Selbstgebrannten – sa Rodinu, sa Stalina; also auf die Heimat und auf Stalin; da konnte sich auch ein 18jähriges Mädchen nicht raushalten. Aber: Nie wieder Samogon!

Zur selben Zeit, im Dezember und Januar, waren von der Moskauer KPD-Führung auch Walter Ulbricht, Erich Weinert und Willi Bredel an die Stalingrader Front geschickt worden, um die deutschen Soldaten davon zu überzeugen, daß weiterer Widerstand sinnlos ist. Hatten Sie mit ihnen Kontakt?

Nein, von ihrer Anwesenheit hatte ich überhaupt nichts mitbekommen. Vielleicht lag das daran, daß unsere Abteilung im Dezember bereits weit hinter dem Don agierte; die meisten Armeen der Südwestfront kämpften da ja schon ein paar hundert Kilometer westlich von Stalingrad.

Sie selbst haben also nicht aus dem Schützengraben über Lautsprecher zur Kapitulation aufgefordert?

Ach, Sie denken da sicher an das bekannte Bild von Ulbricht und Weinert? Nein, an solchen Einsätzen war ich nicht beteiligt. Unsere Armeegruppe – aus ihr ging später die Dritte Ukrainische Front hervor, deren Kampfweg über die Ukraine und Moldawien, Rumänien, Bulgarien, Jugoslawien und Ungarn bis nach Österreich führte – erhielt erst im Februar 1943, also nach dem Ende der Schlacht um Stalingrad, ein als Lautsprecherwagen umgebautes Fahrzeug. In dem habe ich dann allerdings fast den ganzen Kampfweg bis zur Befreiung 1945 nach Wien zurückgelegt.

Das ging mir jetzt ein bißchen schnell. Zwischen Stalingrad und Wien lagen ja immerhin ein paar tausend Kilometer und zweieinhalb Kriegsjahre ...

Zuerst mal zu unserem Wagen: Das war ein speziell umgebauter Bus, mit drei großen Lautsprechern obendrauf und zwei weiteren Trichtern in der Rückfront sowie allem nötigen technischen Zubehör, also Plattenspieler, Tonbandgeräte, entsprechender Schallplattenvorrat, provisorische Übernachtungsmöglichkeiten und ein Kanonenofen. Ausgelegt war dieses Fahrzeug für eine fünfköpfige Besatzung, aber wir waren meist nur zu dritt unterwegs: ein Fernmeldespezialist, ein Hauptmann, als Chef, der Fahrer, beide waren Ukrainer, und ich als Sprecherin. Damit fuhren wir also, meistens im Dunkeln, gedeckt an die vorbestimmten Frontstellen, manchmal bis in die vorderste Linie. Trotzdem lagen wir nicht selten unter Beschuß, unser Wagen wies etliche Spuren davon auf. Einmal sind wir auch in ein Minenfeld geraten – ein bißchen Glück gehörte halt auch dazu. Zuweilen hatten wir auch ganz andere Aufträge: So mußten wir zur Täuschung des Gegners verschiedentlich vom Tonband Geräusche militärischer Handlungen abspielen, Geschützfeuer oder fahrende Panzerkolonnen simulieren. Und in größeren Gefechtspausen gaben wir mit unserer Musikanlage auch vor den eigenen Truppen »Konzerte«. In den befreiten Gebieten, vor allem dann in den anderen Ländern, hatten wir auch Aufgaben zur Information der Bevölkerung.

Und wie war das mit der »Engelsstimme von oben«, von der Sie vor vielen Jahren mal in einer Sendung des DDR-Rundfunks gesprochen hatten?

Ach, das war doch nur eine kurze Episode im Sommer 1943, irgendwo in der Ukraine. Da kamen sie im Stab oder wo auch immer auf die Idee, ein Flugzeug für die Lautsprecherpropaganda einzusetzen. Das war ein entsprechend umgebautes leichtes Bombenflugzeug vom Typ U-2, später Po-2 genannt. Ein einmotoriger Doppeldecker mit zwei ursprünglich offenen Sitzen und großen Lautsprechern unter den Tragflächen. Mein Platz, also der hintere Sitz, war mit einer undurchsichtigen Haube abgedeckt und den erforderlichen Gerätschaften inklusive Mikrofon ausgestattet. Mit dem sind wir, also der Pilot und ich, nachts los über die Frontlinie. Über den deutschen Stellungen wurden die Motoren abgestellt, dann kreisten wir im Gleitflug, solange es ging, und ich spulte mein Programm ab: erst ein bißchen Musik, dann die Texte: Lage im Frontabschnitt, Aufforderung zur Kapitulation oder zum Überlaufen usw. Der Pilot, er war aus Wladiwostok, war anfangs zwar mächtig sauer; er hätte den Deutschen lieber ordentlich Zunder gegeben, doch was sollte er machen:

Befehl ist Befehl. Daß sie uns unten gehört hatten, merkten wir am Beschuß (nicht nur die Tragflächen wiesen zahlreiche Einschüsse auf, ich selber kam glücklicherweise mit nur einem Streifschuß davon). Und einige Gefangene erinnerten sich später auch noch an die wundersame Engelsstimme aus der Luft. Nach etlichen Nachtflügen wurde das Experiment jedoch wieder abgebrochen, und ich kehrte in »meinen« Lautsprecherwagen zurück.

Um noch einmal auf die Wirkung der sowjetischen Propaganda zurückzukommen. Erich Weinert schrieb in seinen Frontnotizen vom Einsatz bei Stalingrad, daß die Aufklärungspropaganda der Roten Armee erfahrungsgemäß wenig wirksam sei, nicht zuletzt, weil sie nicht sehr geschickt und zudem für die deutschen Landser Feindpropaganda sei. Andererseits mußte auch er feststellen, daß fast »jedes Wort in den Wind geredet« war, obwohl es von Deutschen kam ...

Weinert ist aber auch mit ziemlichen Illusionen an den Kessel gefahren: »Gottverdammt, was wäre das für ein Festtag, wenn wir sie überzeugen könnten und sie legten die Waffen nieder! Und hunderttausend Leben wären gerettet!« Selbst General Michail Burzew, der oberste Chef der 7. Verwaltung bei der Politischen Hauptverwaltung der sowjetischen Streitkräfte, hat immer wieder seine Abteilungsleiter, also die Chefs der 7. Abteilungen bei den Fronten und der Unterabteilungen bei den Armeen, vor Illusionen gewarnt. Die jahrelange faschistische Beeinflussung und die Lügenpropaganda der Nazis hatten bei den deutschen Soldaten tiefe Spuren hinterlassen, dagegen hatten es unsere Wahrheiten schwer. Andererseits hat er in seinem Erinnerungsbuch »Einsichten« auch viele gegenteilige Beweise anführen können, wo sich hohe Wehrmachtsoffiziere über den »Teufel der Zersetzung« beklagten und sich häufende Fälle von Deserteuren bzw. Überläufern als »Folge der Feindpropaganda« ausmachten.

Auch unsere Abteilung gelangte in den Besitz solcher Dokumente. Hier habe ich noch eines aus dem Oberkommando eines Armeekorps vom Juli 1944, in dem unter Bezugnahme auf die »sichtlich verstärkte feindliche Propaganda durch Flugblätter und Lautsprecherübertragungen wirksamere Abwehrmaßnahmen« gefordert werden: »Die feindliche Lautsprecherpropaganda muß möglichst zum Schweigen gebracht oder durch unser Feuer erstickt werden ... Obwohl der Frontsoldat den Wert dieser ihrem Inhalt nach feindlichen Flugblätter kennt, muß nichtsdestoweniger das Lesen der Flugblätter unbedingt verhindert werden. Die Weitergabe an Kameraden oder das Weitererzählen des Inhalts wird als Wehrkraftzersetzung bestraft ... Gegen die feindliche Flugblattpropaganda sind die gleichen Maßnahmen durchzuführen wie gegen das Abhören ausländischer Rundfunksendungen ...« Und die Strafen für »vorsätzliche Untergrabung des Kampfgeistes« reichten bekanntlich bis zur Todesstrafe. Also ganz so wirkungslos war unsere Arbeit wohl doch nicht.

Aus heutiger Sicht und mit dem Wissen um das vorläufige Ende der sozialistischen Alternative in Deutschland wie in der Sowjetunion gefragt: Hat sich der Einsatz damals trotzdem gelohnt?

Natürlich hat es sich gelohnt und war richtig, nicht nur unserer Ideale wegen. Im Krieg damals war doch gar nichts anderes denkbar als der Kampf gegen den Faschismus, oder hätten wir Hitler und seine Truppen widerstandslos immer tiefer ins Land lassen sollen? Auch wenn unser Traum vom Sozialismus sich nach dem Krieg nicht erfüllt hat – der Frieden war es wert, die Kriege der Gegenwart sprechen doch für sich ...

Noch eine letzte Frage: Im ehemaligen Kapitulationsmuseum in Berlin-Karlshorst ist derzeit die Ausstellung »Frauen in der Roten Armee« zu sehen. Auch wenn in den sowjetischen Truppen damals nicht mehr als hundert Deutsche, darunter vielleicht zwei Dutzend Frauen, gekämpft haben, hätte ich zumindest vom heutigen deutsch-russischen Museum wenigstens auch einen Hinweis darauf erwartet. Wie sehen Sie das? Sie waren ja selbst Gast der Eröffnungsveranstaltung. Haben Sie sich in dieser Ausstellung wiedergefunden?

Nein, aber das hatte ich natürlich auch nicht erwartet. Ich bin da nicht so eitel, allerdings schon der Meinung, daß der Einsatz von Frauen in den Propagandaabteilungen ebenfalls einer entsprechenden Erwähnung wert gewesen wäre. Ohnehin vermittelt die Ausstellung in meinen Augen ein etwas schiefes Bild, wenn da von Karrieren oder Weiblichkeit die Rede ist. Wir sind, egal ob Deutsche, Russin oder Ukrainerin, doch nicht freiwillig in den Kampf gezogen, um Karriere zu machen oder Uniformröcke spazieren zu tragen.

* * *

ESTHER BEJARANO

»Das Hitler-Bild brannte, und wir tanzten«[*]

Was verbinden Sie mit dem 8. Mai 1945?

Dieser Tag ist einer der schönsten Tage in meinem Leben. Ich war mit sechs Ravensbrücker Kameradinnen vom Todesmarsch geflohen, und an dem Morgen trafen wir amerikanische Soldaten. Wir mußten ihnen vom KZ erzählen, und ich erwähnte, daß ich in Auschwitz im Mädchenorchester Akkordeon gespielt habe. Es verging vielleicht eine halbe Stunde, da stand plötzlich ein Soldat mit einem Akkordeon vor mir. Er sagte: »Ich schenke es dir, komm, laß uns singen und du mußt spielen.« Während wir so zusammensaßen, hörten wir auf der Straße plötzlich großen Jubel. Wir liefen alle auf die Straße und sahen, wie die Rote Armee einmarschierte. Was wir uns

---

[*] Bei dem vorliegenden Text handelt es sich um den freundlich genehmigten Nachdruck eines Interviews von Birgit Gärtner mit Esther Bejarano (erschienen in der jungen Welt v. 8.5.2004).

heute kaum noch vorstellen können: Die amerikanischen und russischen Soldaten lagen sich lachend in den Armen. Die russischen Soldaten berichteten, daß der Krieg vorbei und Hitler tot sei. Ein russischer Soldat holte aus einem Haus ein riesiges Bild von Adolf Hitler und stellte es mitten auf den Lübzer Marktplatz. Alle versammelten sich rings um das Bild. Ein amerikanischer und ein russischer Soldat zündeten es gemeinsam an. Das Hitler-Bild brannte lichterloh, die Soldaten und Mädchen tanzten drum herum, und ich spielte Akkordeon dazu.

Wurde Ihre Freude von der deutschen Bevölkerung geteilt?

Als wir die Befreiung feierten, waren wir allein mit den amerikanischen und russischen Soldaten, die einheimische Bevölkerung ließ sich nicht blicken. Ob aus Überzeugung oder aus Scheu, vielleicht auch Scham, darüber läßt sich nur spekulieren. Aber nach 1945 gab es in der BRD kein Bedürfnis, die Verantwortlichen für die faschistischen Verbrechen zur Rechenschaft zu ziehen. Viele der Akteure sind nie belangt worden. Im Gegenteil, ihnen wurde zur Flucht verholfen, so daß sie die faschistische Ideologie weiterspinnen und weltweit exportieren konnten. Ehemals hohe Parteifunktionäre, die einst ihre Fähigkeiten dem »Führer« und der SS zur Verfügung gestellt hatten, bauten später in der BRD Verwaltungen, Bildungseinrichtungen, Medien, das Militär und die Hochschulen auf. Sie konnten alles werden, Lehrer, Richter, Ministerpräsident, ja, sogar Bundespräsident.

Allerdings muß ich ganz ehrlich sagen, daß wir damals auch kein besonderes Verlangen nach Kontakt zur Bevölkerung hatten. Wir wußten ja gar nicht, wie die Menschen, denen wir begegneten, eingestellt waren. In den ersten Tagen nach unserer Flucht war der Krieg ja noch nicht vorbei, und wir mußten befürchten, daß wir auf Nazis treffen, die uns zu der Ravensbrück-Kolonne zurückbringen würden. Aber auch in den Wochen nach dem 8. Mai, als wir größtenteils zu Fuß von Lübz nach Fulda gelaufen sind, waren wir nicht an Kontakt interessiert.

Wie war das für Sie, als Sie dann 1960 aus Israel nach Deutschland zurückgekommen sind?

Das war ganz furchtbar für mich. Wir sind mit dem Zug aus der Schweiz eingereist, und an der Grenze habe ich dann den ersten Deutschen in Uniform gesehen. Ich war wie gelähmt, mein Herz schlug wie verrückt, ich hatte sofort wieder SS und Gestapo vor Augen. Wir sind dann nach Saarbrücken gefahren, und ich hätte meinem Mann und meinen Kindern gern das Haus gezeigt, in dem ich als Kind gewohnt hatte. Aber da war inzwischen eine Polizeiwache drin, und ich habe mich nicht getraut, da reinzugehen und die Beamten anzusprechen.

Später, in Hamburg, hatte ich großes Mißtrauen allen Menschen gegenüber, die etwas älter waren als ich. Bei jedem habe ich gedacht: »Was hat der wohl im Krieg gemacht? Hat der meine Eltern oder meine Schwester erschossen?« Wir haben ganz lange nur Kontakt zu den Mitgliedern der jüdischen Gemeinde gehabt, weil ich mit den anderen Deutschen einfach nicht reden konnte. Das hat sich dann erst geändert, als ich Kontakt zur VVN-BdA bekam. Dort traf ich Menschen, die ähnliches durchgemacht hatten wie ich und solche, die sich mit der deutschen Vergangenheit auseinandergesetzt hatten. »Die besseren Deutschen«, sage ich immer. Das war eine sehr wichtige Erfahrung und auch ausschlaggebend dafür, daß wir in Hamburg geblieben sind.

Sie sagten vorhin, Sie seien mit sechs Kameradinnen vom Todesmarsch geflohen. Wie war das bei der strengen SS-Bewachung möglich?

Wir mußten mit sieben Frauen nebeneinander marschieren, und an der Seite gingen die SS-Schergen mit ihren geladenen Gewehren. Wer hinfiel und nicht mehr laufen konnte, wurde gnadenlos erschossen. Da gab es Gefangene, die Folterungen, Krankheit, Hunger und Kälte überstanden hatten und jetzt, fünf Minuten vor zwölf, von der Faschistenbande ermordet wurden. Wir wußten nicht, wohin die

Kolonne marschierte. Nachts blieb unsere Gruppe meistens auf großen Plätzen in einer kleinen Stadt sitzen oder liegen. Die Nächte im April waren noch kalt und wir froren, weil wir ja nicht warm genug angezogen waren. Der Boden war kalt, trotzdem legten wir uns total übermüdet auf die kalten Pflastersteine.

Die SS-Wärter gingen aber ja nicht Mann an Mann, sondern alle paar Meter einer. Irgendwann hörten wir, wie einer zu dem anderen sagte, nun dürfe nicht mehr geschossen werden. Da haben wir sofort aufgehorcht und die Gunst der Stunde genutzt. Wir gingen gerade durch einen Wald, so daß wir nicht sonderlich geordnet marschieren konnten. Und dann hat sich unsere Reihe, eine nach der anderen, verdrückt und hinter Bäumen und Sträuchern versteckt. Wir haben eine ganze Weile gewartet und sind schließlich zusammen abgehauen. Glücklicherweise trugen wir Straßenkleidung unter unseren Sträflingsanzügen. In unserem Lager waren auch kommunistische Gefangene, die hatten in ihrer Baracke ein Radio versteckt und waren so auf die Evakuierung vorbereitet. Sie haben uns Bescheid gegeben und uns geraten, uns immer normale Kleidung unter zuziehen, um im Fall der Fälle für die Flucht gerüstet zu sein. Das war ein sehr wertvoller Tip, der uns vielleicht das Leben gerettet hat. Dann hatten wir das Glück, einem Flüchtlingstreck zu begegnen und haben uns einfach daruntergemischt. Aber außer Gefahr waren wir erst, als uns die Soldaten begleitet haben.

Erinnern Sie sich noch daran, wie der Faschismus begann?

1933, als Hitler an die Macht kam, war ich gerade acht Jahre alt. Daran kann ich mich natürlich nicht mehr erinnern. Damals lebte ich mit meiner Familie in Saarbrücken, und das Saarland gehörte noch nicht zum »Deutschen Reich«. Noch nicht, denn im Januar 1935 votierte die saarländische Bevölkerung in einer Volksabstimmung für die Angliederung. Und dann bekamen wir sofort zu spüren, was es hieß, jüdisch zu sein in diesem faschistischen Deutschland. Am 1. März 1935 fuhr Adolf Hitler unter großem Jubel der Bevölkerung in Saarbrücken ein und holte das Saarland »heim ins Reich«, wie es damals hieß. Daran kann ich mich noch sehr gut erinnern: Tausende jubelnde Menschen, die alle die Hand zum »Führergruß« erhoben. Die Bedeutung war mir damals natürlich nicht klar, ich weiß nur, daß ich dieses Szenario bedrohlich fand.

Ich bin 1940 in das Landwerk in Ahrensdorf gekommen. Dort sollten wir Jugendlichen auf die Auswanderung nach Palästina vorbereitet werden. Das war zionistisch ausgerichtet, doch zu dem Zeitpunkt war das die einzige Bildungsmöglichkeit, die jüdischen Jugendlichen offenstand. Mit den jüdischen Geschäften waren die letzten Verdienstmöglichkeiten für die jüdische Bevölkerung und die letzten Ausbildungsplätze für jüdische Jugendliche verschwunden. Die »arischen« Geschäftsleute durften keine jüdischen Menschen einstellen – und die meisten wollten das auch gar nicht.

Für uns wurde das Landwerk eine Voraussetzung fürs spätere Überleben im Arbeitslager und in Auschwitz: Zum einen, weil wir dort gelernt hatten, was Gemeinschaft und Solidarität bedeuten und was es heißt, Probleme gemeinsam zu lösen. Zum anderen, weil wir alle mit den gleichen Problemen konfrontiert waren. Wir wurden sehr jung von unseren Eltern, Geschwistern und der uns vertrauten Umgebung getrennt und mußten die Deportation unserer Lieben verkraften, obwohl wir damals noch nicht ahnten, was das bedeutet. Aber es war in jedem Falle ein schmerzlicher Verlust, und wir konnten uns gegenseitig darüber hinwegtrösten. Das hat uns unheimlich zusammengeschweißt und sicher dazu beigetragen, daß zumindest einige von uns Auschwitz überhaupt überleben konnten.

Wie lange waren Sie in Auschwitz?

Etwa sieben Monate. Eines Morgens beim Appell wurde bekanntgegeben, daß alle, in deren Adern »arisches Blut« fließt, sich bei den Blockältesten melden sollten. Nach gründlicher Prüfung der Angaben würden diejenigen, die akzeptiert würden, in ein anderes Lager kommen. Das Internationale Rote Kreuz hatte dieses Programm initiiert, denn sie wollten, daß keine »Halbjuden« in den Vernichtungslagern wären. Für mich heißt das, daß die damals sehr genau gewußt haben, was in Auschwitz und den anderen KZs los war. Und alle haben dem Massenmord schweigend zugesehen, von der Rettung von uns paar »Halbjuden« mal abgesehen. Ich bin zusammen mit 70 anderen Frauen nach Ravensbrück gekommen, in Auschwitz sind Millionen umgekommen – Auschwitz ist der größte Friedhof der Welt.

Durch meine Großmutter väterlicherseits war ich »ein Viertel arisch«. Was sollte ich also machen? Einerseits wollte ich mit meinen Kameradinnen zusammenbleiben, andererseits war ich die einzige von uns, die Auschwitz vielleicht schon bald würde verlassen können. Nach reiflicher Überlegung kamen wir zu dem Schluß, daß ich mich erst mal melde. Meine Freundinnen meinten, ich hätte geradezu die Pflicht zu versuchen, aus Auschwitz rauszukommen, damit ich den Menschen außerhalb erzählen könne, was für schreckliche Verbrechen dort an uns begangen wurden.

Eine Verpflichtung, die Sie bis heute sehr ernst nehmen. Fällt es Ihnen schwer, über Ihre Vergangenheit zu reden?

Das war am Anfang ziemlich hart für mich. Ich kann mich noch daran erinnern, als ich 1980 das erste Mal vor Leuten über meine Geschichte reden sollte. Ich war gut darauf vorbereitet und hatte mir etwas aufgeschrieben, was ich ablesen wollte. Als es dann so weit war, habe ich so gezittert, und die Tränen liefen und liefen, daß ich überhaupt nicht mehr sprechen konnte. Da habe ich eine Bekannte gebeten, den vorbereiteten Text vorzulesen. In der ersten Zeit habe ich jedes Mal, wenn ich darüber sprach, den Faschismus immer wieder neu durchgemacht. Ich war hinterher fix und fertig und hatte nachts Alpträume: Ich sah SS und Gestapo vor mir und habe schrecklich gelitten.

Aber auch nach so vielen Jahren gehen meine Vorträge nicht spurlos an mir vorbei. Immer noch passiert es mir, daß ich dann nachts schlecht schlafe und irgendwelche Horrorträume habe. Das ist natürlich nicht jedes Mal so, im Laufe der Jahre ist das schon erheblich weniger geworden. Vermutlich, weil ich mir immer sage: »Es ist eine

Notwendigkeit, ich muß das machen«. Dadurch, daß ich seit 20 Jahren in Schulen gehe und meine Geschichte erzähle, habe ich eine gewisse Routine entwickelt. Das heißt aber nicht, daß ich ein bestimmtes Programm habe, das ich einfach so runterspule und ansonsten nicht weiter darüber nachdenke, oder daß es mir nichts ausmacht, darüber zu reden. Erinnern kostet Kraft.

Wie denken Sie über den wieder erstarkten Antisemitismus und das offene Auftreten der Neofaschisten?

Die politische Entwicklung setzt mir sehr zu. Ich frage mich oft, wie wird sich das weiterentwickeln? Werden meine Kinder oder Enkelkinder ähnliches durchmachen müssen wie ich? Das schlimmste Erlebnis für mich war der Polizeiübergriff auf die Antifa-Demonstration gegen den Neonaziaufmarsch anläßlich der Eröffnung der Wehrmachtsausstellung am 31. Januar 2004 in Hamburg. Ohne vorherige Ankündigung wurde die von der VVN-BdA angemeldete Kundgebung von der Polizei angegriffen, mit Schlagstöcken und Wasserwerfern. Ich saß in einem Kleinbus und wollte gerade zu meiner Rede ansetzen. Ich habe durch das Mikrofon gesagt, daß ich Auschwitz-Überlebende bin, sie wußten also genau, wer in dem Wagen saß. Ich habe die Polizei aufgefordert, den Wasserwerfereinsatz sofort zu stoppen. Doch statt dessen wurde mir von den Beamten der Strom abgedreht und der Wagen, in dem ich saß, minutenlang von den Wasserwerfern bestrahlt. Mich trennte nur die Windschutzscheibe von den Wassermassen, und ich hatte eine wahnsinnige Panik, daß das dünne Glas der Wucht des Wassers nicht standhalten würde. Ich bin dann später zur Einsatzleitung gegangen, um mich zu beschweren. Der Mann, den ich angesprochen hatte, sagte dann zu mir, er könne nichts dafür, er führe nur die Befehle aus, die ihm gegeben werden. »Das habe ich schon mal gehört«, habe ich ihm geantwortet. »Diese Haltung hat am Ende zig Millionen Menschen das Leben gekostet.«

Das hat mich sehr viel Kraft gekostet, und ich habe mich nur sehr mühselig davon erholt. In den ersten Tagen nach diesem Vorfall habe ich überhaupt nicht geschlafen, jedes Mal, wenn ich die Augen zumachte, sah ich die Wasserwerfer wieder vor mir. Aber auch das wird mich nicht davon abhalten, auch in Zukunft gegen Neonaziaufmärsche zu demonstrieren. Im Gegenteil, es zeigt mir, daß das notwendiger denn je ist. Und es bestärkt mich in der Forderung von uns Shoa-Überlebenden, den 8. Mai zum nationalen Feiertag zu ernennen. Das beinhaltet gleichzeitig, sich endlich mit der Vergangenheit auseinanderzusetzen. Das ist unser Beitrag zu der notwendigen gesellschaftlichen Diskussion über den deutschen Faschismus, den von damals genau so wie den von heute. 59 Jahre nach Ende des Faschismus sind Antisemitismus, Rassismus und Ausländerfeindlichkeit wieder gesellschaftsfähig. Mit einer Dreistigkeit können Neonazis in vielen Städten aufmarschieren, geschützt von der Polizei, während Gegendemonstrantinnen und -demonstranten von der Polizei verprügelt und festgenommen werden. Ich frage mich: Wie ist das nach 55 Millionen Toten, die dem deutschen Faschismus zum Opfer gefallen sind – wie ist das nach Auschwitz noch möglich?

* * *

HERMANN KANT

Bedenkzeit

Ich wußte nicht und wußte erst viel später, daß wir den 8. Mai hatten, als wir den 8. Mai 1945 hatten. Auch von der Bedeutung des Tages sprachen zunächst lediglich Gerüchte. Weil auf den Wachtürmen des sowjetischen Lagers am Rande der polnischen Stadt Puławy ein mächtiges Gebrüll anhob und eine ebenso mächtige Schießerei, zu der kein ersichtlicher Grund vorlag, sagten wir uns: Dann wird es wohl vorbei sein. Womit wir zwar den Krieg meinten, eigentlich aber unsere Gefangenschaft.

Meine hatte am 20. Januar des Jahres begonnen. Das war lange her, und ein Ende schien nun nahe. Was sollte ein Frieden taugen, der uns nicht die Gitter öffnete? In dieser Frage erschöpfte sich mein politisches Denken. Nur eine Ahnung hatte ich, es werde vermutlich nicht so kommen. Unrechtsbewußtsein ist ein späteres Wort, doch hatte ich nicht folgenlos mit Unrechtsbewußten zu tun gehabt, ehe ich zum Unrecht herangezogen wurde. »Mein Gott, was wir da machen müssen!« klagte ein Verwandter seiner Frau, als er aus Polen auf Urlaub kam. Ich hörte, wie sie es meiner Mutter flüsterte. »So eine Schweinerei!« knurrte mein Meister und meinte das Elend der sowjetischen Gefangenen im Parchimer Lager.

Seine Worte waren kaum an mich gerichtet, haben mich aber erreicht. »Siehst du, siehst du!« rief mir meine Mutter in den Sonntagsschlaf, weil das Radio den langerwarteten Überfall auf Rußland gemeldet hatte. Als es dreieinhalb Jahre später hieß, ich solle beim Überfallen helfen kommen, empfahl mir mein Vater: »Nu speel di dor bloß nich op!«

Zwischen dem väterlichen Mahnwort und dem Weckruf meiner Mutter hatte vor allem der Krieg das Sagen. Soweit sich die private Welt zu ihm vernehmen ließ, tat sie es wenn nicht beklommen so doch unbegeistert. Bedenke ich den Propagandaaufwand, den die Lobredner des Reiches und seiner Feldzüge seit meiner Einschulung mit Kino und Radio, Zeitung und Büchern getrieben hatten, war der Gewinn kärglich. Ich konnte dem Gestellungsbefehl, der am 8. Dezember 1944 erging und mich nach Kolberg in Pommern befahl, nicht das geringste abgewinnen. Auf den Gedanken allerdings, ich könne ihm nicht gehorchen, ließ ich mich nicht lange ein.

Der Einberufung nicht zu folgen, galt mir wie den meisten Deutschen, insoweit hatten Reichsfilmwesen und Reichsschrifttum doch gesiegt, als ein ebenso aussichtsloses wie abartiges Unterfangen. Vor dem Zuchthaus schien die Kaserne generell das kleinere Übel zu sein. Ungehorsam war nur der kürzere Weg zum Tod. Was Wunder, daß ich Deserteure schaudernd bestaunte. Kein Wunder, daß sie mir seit langem und für immer als die Mutigeren gelten. Ein böses Wunder aber nach wie vor, daß ich mit dieser Meinung zu einer verschwindenden

II. BEFREIUNG

Minderheit gehöre. Wieder einmal hat es nicht zuletzt mit dem Mangel an Vorstellungskraft zu tun. Oder, gottlob, mit einem Mangel an Erfahrungen, die für solche Vorstellung nötig wären.

In einem Roman, *OKARINA* heißt er, einer Aussageform, in der sich dergleichen leichter beschreibt, steht zur Sache, was die Eltern eines Einberufenen diesem sagten: »Wenn ich nicht gehe, hole man mich. Wenn ich mich verstecke, suche und finde man mich. Oder wo wolle ich mich verstecken? Habe mich, solange es Spiel war, in Haus, Stall oder Garten einmal einer nicht gefunden? Und könne ich mir denken, wie man mich suchen werde, wenn es kein Spiel wäre? Mit der Gabel im Heu, dem Bajonett unterm Bett und dem Hund in der Laube? Oder sehe ich mich im Wurzelwerk bei den Tieren des Waldes? Plane ich, mich von diesen Tieren und diesen Wurzeln zu ernähren? Auf wie lange veranschlage ich meine so gesicherte Abwesenheit? Wisse ich, wer ab der Zeit, da ich den Behörden fehle, diesen als Pfand zu dienen habe? Auch sei nicht, ob ich laufen wolle, die Frage, sondern wohin. Nach Osten, wo mich keiner vermute? Nach Süden, wo es bis zur Adria hinunter eine Weile preußisch bleibe? Was werde ich meinem Magen sagen, wenn der schreie, er sei achtzehn und habe ein Recht? Was dem nächstbesten Gendarmen, den meine nordischen Züge anzögen? Was dem Schaffner, dem mein Marschpapier nicht zur Fahrtrichtung stimmte? Was der Volksgenossin, die, da Volksgenossin, keinen weiteren Grund benötigte? – ›Junge‹, so sprachen Vater und Mutter zu mir, ›weil wir dich behalten wollen, mußt du gehen.‹«

Soweit zur Lage in der Heimat; im Frontbereich trat einige Verschärfung hinzu. Weil man sich in Feindesland befand und der Feind nahe war, rechnete man überall mit ihm. Vor allem anderen aber hatte man mit dem Freund, mit den Eigenen, mit der Staatsmacht, mit der Wehrmacht zu rechnen. Eine Begegnung mit Unbekannten brachte grundsätzlich Gewehre in Anschlag. Wer sich von seiner Truppe entfernte, bekam es immerfort mit anderen Truppen zu tun. Zumindest wurde ihm die Parole abgefragt; in aller Regel hatte er einen Marschbefehl vorzuweisen. Wer die eine nicht kannte und den anderen nicht besaß, wußte bald, er hatte kaum noch Aussichten. Obwohl, die Augen verband man dem schon lange nicht mehr, den man standrechtlich über den Haufen schoß.

In seinem überragenden Buch »Ernstfall« erzählt Dieter Wellershoff vom Zwang, sich bei der Rückzug genannten Flucht von Ostpreußen bis an die Grenze von Schleswig-Holstein nicht allzuweit von den sowjetischen Truppen, den Verfolgern also, zu entfernen, wenn man den eigenen Feldgendarmen nicht als fahnenflüchtig gelten wollte. Eine solche Mehrfach-Fühlung konnte eine zwar fliehende, aber doch noch kämpfende Truppe, eine Gruppe mithin, mit einiger Not herstellen. Ein einzelner Deserteur jedoch, der nur entkommen, aber nicht überlaufen wollte, stand vor einem schier unlösbaren Problem: Niemand durfte seiner gewahr werden. Mehr allein als er konnte keiner sein.

Aber weniger allein, als ich am 8. Mai 1945 war, kann man kaum sein. Auch das steht zu Buche und wird im Auszug hierher gesetzt, weil der Roman von den Berichtsformen die genauere ist: »Meine Richtung wies man mir fortan mit Fäusten. Und als der Sommer kam, hatte ich kaum mehr zu tun als auf Sonnenaufgang und Sonnenuntergang zu warten. Mein Magen war immer noch achtzehn, aber man hörte sein Schreien nicht im Geschrei von zehntausend Mägen. Ich hörte es und konnte nur beschwichtigend knurren: Ich habe doch selber nichts, mein Guter ... Aber er hörte mich nicht und schrie. Ich dagegen hütete mich vor jedem Schrei. Tagsüber lag ich stumm im Sand, nachtsüber stumm auf der Pritsche ... Im zertretenen Gras hörte ich die Käfer wandern, im hölzernen Verschlag ihre stinkenden Vettern. Von meinen stinkenden Vettern vernahm ich vor allem anhaltendes Stöhnen. Wir stanken, weil das Wasser sommers wie winters knapp war. ... So daß wir zu Resten verkamen. Zu Schemen unserer selbst. Zu wesenlosen Trugbildern also. Zu Schemata zugleich, vereinfacht anschaulichen Darstellungen dessen, was mit uns gemeint war. Eine belebte Maschine, deren Zweck vornehmlich Selbstzweck ist. Mit, der Käfer wegen, geschorenem Schädel, so daß der bloße Kopf nicht als bloßer Hirntopf, sondern pfiffig verschientes Geschirr erkennbar wird. Mit, der Käfer wegen, geschorenem Oberkörper, in dessen Achselhöhlen nur grieser Grind noch wohnt. Mit, der Käfer we-

II. BEFREIUNG

gen, geschorenem Unterleib, in dem statt des Trutgockels ein welker Puterhals nistet ... Was aber, verehrte Angehörige, als Bild zu nahe an verbotenen Bildern ist. Wie leicht denkt sich, liegt man am Bauche bleich von Sanitätskalk, am Arsche blau von erstaunlich verbliebenem Gewicht, im Magen gänzlich unbeschwert, am Gaumen längst unverwöhnt, wie leicht ersinnt sich ein Feuerchen unter die kachelkahlen Hühnerhintern, ein Töpfchen und eine Brühe um sie herum. Und wie leicht kommt, wer so erfindet, von Sinnen. Und von Verstand. Wo gerade dieser in solchen Nöten nötig ist.«

In den Nöten, die sich ergeben, wenn man als einer von zehntausend Eingepferchten zählt, die auf kaum mehr als die nächste Fütterung sowie auf ihre alsbaldige Entlassung warten und bis zu diesem rotkreuzverbrieften Zeitpunkt von dem fabulieren, was sie nach dem Freikommen zu verzehren planen, hat mir mein mehr als jugendlicher Verstand geholfen. Gegen drohenden Stumpfsinn bot ich auf, was ich für Scharfsinn hielt. Stellte mir dort, wo man in keinem Augenblick, also auch an keinem Ort, allein war, die verbotenste aller Fragen, fragte mich nicht nur: Wann kommst du hier raus?, sondern fragte mich auch: Wie kamst du hierher?

Denn gesagt worden war mir bis zum 20. Januar 1945, ich werde, falle ich den Roten, den Russen, dem Iwan in die Hände, auf Erden nicht mehr weit gelangen. Es hat mir eingeleuchtet, ich wußte die Gründe. Schließlich hat mich die Schule aufgenommen, als sie anfing, eine Nazi-Schule zu sein. So daß ich über Todfeindschaft unterrichtet war. Zur Theorie trat eine Praxis, in der ein Einstliebster meiner Mutter unters Handbeil kam und ein Freund meines Vaters im KZ zu Tode. Weder Pietät noch Furcht vorm Verrat haben meine Eltern gehindert, diese Vorkommnisse unter den Ohren ihrer Kinder am Abendbrottisch zu bereden. Die Zeitung lesen, die Kommentare des Radios und der Nachbarn hören konnte ich allein. Kurzum, ich hatte als eingeweiht zu gelten, als ich einberufen wurde. Es fehlte mir für den kurzen Prozeß, der mir von den Bolschewisten drohte, wohl an Einverständnis, nicht aber an Verständnis.

Noch weniger an Einverständnis und zugleich noch weniger an Verständnis fehlte es mir, als ich am Leben blieb. Im Januar bedachte ich es nicht so sehr. Da war das Amlebengebliebensein, das Amlebengelassenwordensein ein Atem und Gedanken verschlagendes Hauptereignis. Im Mai jedoch und schon gar nach jenem 8. Mai, von dem die Wächter auf den Türmen soviel Wesens machten, hatte ich der Frage, wieso ich noch lebte, vielmals nachgedacht. Schon gar, weil ich auch der nach dem Weg, auf dem man in eine Lage kommt, in der eine solche Erkundigung fällig wird, nicht ausgewichen war.

Nein, man hatte mich weder religiös erzogen, politisch geschult oder philosophisch ausgestattet. Ich war nur bei jugendlichem Grips und setzte mich gegen eine Verblödung zur Wehr, die zu befürchten stand, wenn sich der Austausch von Mann zu Mann auf Stoffwechselfragen beschränkte. Ich nutzte mein Alleinsein im Nieundnirgendsalleinsein, um mir mit ungeheuerlichen Vermutungen und Erkundigungen zu kommen. Wenn man mir meinen sicheren Tod verheißen hatte und ich immer noch bei, wenngleich unsicherem, Leben war, dann mußte mich irgendwer belogen haben. Die Möglichkeit, dieser Irgendwer habe sich lediglich geirrt, schloß ich aus. Dafür hatten sämtliche öffentlichen Einrichtungen und nahezu sämtliche amtlichen Personen zu sehr darauf bestanden. Dafür war es zu sehr Teil des Systems und Grundsatz vom Grundgesetz meines Daseins gewesen.

Folglich mußte nicht irgendwer, sondern etwas sehr Amtliches mich in Elementarem belogen haben. Verheißen worden war der Tod, geblieben war das Leben. Zugegeben, ein erbärmliches, ein Geradenoch-, ein kümmerliches Restleben, aber Leben eben doch. Was ich bis zu jenem Tag, von dem ich später hörte, er sei der 8. Mai gewesen, für das Ergebnis einer Finte hielt. Ich glaubte nicht sehr fest an eine Verschwörung, die auf die Verzögerung meiner Ermordung hinauslief, aber für ausgeschlossen hielt ich sie nicht. Wenn sie mich auch, aus ihren Gründen natürlich, nicht umgebracht hatten, traute ich den Russen, Triumph einer Nationalpädagogik, doch alles zu.

Weshalb mir am ersten Tag des Friedens nicht nur ein Warten auf die Freiheit, sondern auch ein neues Warten auf die gegen mich gerichtete unfriedlichste aller Taten begann. Da der Sommer schon im Frühling begonnen hatte und ebenso heftig wie lange anhielt, blieb zwischen den kargen Suppen üppig viel Zeit, auf warmem Lagersand

II. BEFREIUNG

und heißen Lagerpritschen den alten Fragen nachzuhängen. Wobei es unvermeidlich war, bedeutungsschwere Einzelheiten auf eine bedeutungsschwere Summe zu bringen. Wie weit mein Rechnen gediehen wäre, wenn ich in der Zeit um den 8. Mai 1945 schon alles verstanden hätte, was ich seit dem 20. Januar desselben Jahres sehen mußte, kann ich nicht sagen. Zu schweigen von dem, was ich erst in späteren Jahren erfuhr. Vermuten darf man, ich wäre – nicht aus Dickfelligkeit, sondern aus Furcht vor den verrußten Fakten – in die Träume von dickeren Suppen geflüchtet.

Denn, immerhin, eingefangen wurde ich in einem polnischen Dorf zwischen Chełmno und Koło. Aus Koło stammten – Claude Lanzman hat in seiner längst klassischen Filmdokumentation »Shoa« davon berichtet – jene 700 Juden, die im späteren Massenvernichtungslager Chełmno beim allerersten Einsatz des Gaswagens umgebracht worden sind. Meine allererste Gefängnisnacht verbrachte ich in Konin, von dessen Shoa-Schicksal Theo Richmond in seinem Buch »Konin« mehr erzählt, als sich aushalten läßt. Beim Spießrutenlauf über den Gefängnishof von Radogoszcz sah ich, was meine Landsleute mit den Landsleuten der Spießrutenträger angerichtet hatten. Gleich nebenan im Lager von Łódź, das gerade aufhörte, Litzmannstadt zu heißen, bot sich bei meinem Eintreffen ein ähnliches Bild. Wie gut, daß ich nicht wußte, wie sehr sich an vielen Orten die Bilder glichen. An einem Ort namens Auschwitz zum Beispiel, dessen Lager und Nebenlager zwar weitgehend geräumt, aber noch nicht befreit waren, als ich in Gefangenschaft geriet. In Majdanek jedoch, anderes Beispiel, bin ich an einem entsetzlichen Tag zwischen dem 20. Januar und dem 8. Mai 1945 gewesen und habe gesehen, wie viele Gründe es gegeben hätte, Leuten, die eine Uniform wie meine trugen, mit Knall und Fall das Leben zu nehmen.

Der Vollständigkeit halber und falls mir jemand mit diesem widerwärtigen Leugnen oder einem nicht weniger erbärmlichen Aufrechnen kommen möchte: Das knappe halbe Jahr zwischen dem 20. Januar und dem 8. Mai 1945 hat eine dreieinhalb Jahre lange Fortsetzung erfahren, die ich zu einem Teil im Warschauer Zentralgefängnis und zu einem anderen in dem inzwischen polnischen Arbeitslager verbrachte, das ursprünglich auf Geheiß Himmlers im zerstörten Ghetto aufgeschlagen worden war.

Dieser »jüdische Wohnbezirk« steht in Büchern sonder Zahl beschrieben. So in den Erinnerungen von Reich-Ranicki, die das Beste sind, was dieser seltsame Mensch je zu Papier gebracht hat. Oder in den frühen Aufzeichnungen des Pianisten Szpilman, aus denen weit später ein Film geworden ist. Im Roman spreche ich von dem himmelweiten Unterschied zwischen Szpilmans und meinem Aufenthalt am selben Ort: »Bei ihm kommen die Zelazna, die Smocza und die Gęsia als seine Kinderstraßen vor. Bei mir kommen sie kurz nach Ende meiner Kindheit vor. Szpilman wurde in Muranów geboren, das meine Mit-Arier zum jüdischen Wohnbezirk erklärten, bevor sie es zerstörten. Ich avancierte in den Resten zum Angehörigen eines Räumkommandos, das einer Ordnung halber und eines künftigen Denkmals wegen anfangs mit Händen in den fauligen Müll greifen mußte ... Wenn sonst abgebrauchte Redensarten über den Kolonnen hingen, hielten hier alle den Mund. Nicht daß Skrupel oder Totengedenken uns schweigen ließen; das hatten wir für polnische Städte nicht gelernt. Sogar Flüstern schien riskant, wo selbst die Posten nicht den Schreihals gaben. Wie anderswo Graben-oder-Begrabenwerden galt, ließ sich hier ein Sowohl-als-auch erahnen. Wir beluden Loren, kippten sie an fernen Plätzen aus. Wo die Bahn begann, entstand eine Ebene; wo sie endete, türmten sich Hügel. Ich sah hin und dachte hin. Entgegen der Empfehlung überließ ich das Denken nicht den Pferden. Ich überließ es mir. Vielleicht, weil ich auf den Gleisen wie ein Pferd in Diensten stand. Was nicht heißt, ich hätte Trost gefunden, wenn ich das Trümmerteil, in das Bewegung kam, ins Verhältnis setzte zur Wüstenei, die weiter reglos lag. Und endlos. Wenn diese Sanduhr richtig ging, hatten wir Steine lebenslang. Ich setzte meine Holzschuh in die Kiesel, war dem Gestein ein steter Tropfen, flog schneckengleich voran und hätte Rumpelstilzchen alle meine künftigen Kinder versprochen, wäre es mir beim Räumen von Warschaus brandigstem Bezirk zur Hand gegangen. Doch schien der Knecht nur gut, wenn es galt, Flachs zu Gold zu spinnen, und schien nicht gut, wo es Steinen galt, die keine mehr waren. Ich mußte selber sehen, wie ich den

Fuß aus der Erde zog, mußte, wenn ausgemacht war, ich werde nie mehr backen und braten und des Königs oder sonstwes Tochter holen, selber sorgen, daß sich die Zeit in verträgliche Teile teilte. Das erreicht, wer Ärger macht. Ich war nicht darauf aus, andere gegen mich einzunehmen, aber ich nahm sie, soweit sie gleich mir im verschroteten Teil von Warschau die Planierraupe ersetzten, gegen mich ein. Indem ich um Angaben ersuchte. Niemand gab Bescheid. Niemand war hier gewesen. Niemand hatte vom Gefängnis gehört, in dem ich Spießruten lief. Niemand kannte Łódź, als es Litzmannstadt hieß. Niemand ahnte, warum wir am Gleis vor Majdanek so geschlagen wurden. Niemand verstand den Aufsichtführenden, der im Ghettorest scherzte, mit der Lorenbahn sei, wenn wir sie bis zum Umschlagplatz verlängerten, der Direktanschluß nach Treblinka wieder hergestellt. – Von wegen Anteil der Arbeit an der Menschwerdung des Affen. Wir sind solchen Wirkungen an der Gęsia, das hieß Gänsestraße, folgenlos entkommen.«

Was ich so romanhaft weder vom Ghetto-Schutt noch vom versteppten Lagerplatz Puławy sagen könnte. Der Aufwand, den man mit mir trieb, hat sich zu Teilen gelohnt. Nicht folgenlos für mich hat man mich die Stelle aufräumen lassen, an der Willy Brandt dann hingekniet ist. Nicht folgenlos lief ich über vereiste Leichenhügel, die sich meinesgleichen verdankten. Nicht folgenlos hörte ich im Gefängnis einem zu, der in Auschwitz tätig gewesen war. So wenig angenehm sich diese Stationen und Informationen auch ausnahmen, sie verhalfen dem blutigen Affen ein wenig zurück in Menschennähe.

Nicht daß mein Verlangen nach Heimfahrt um ein Jota geringer geworden wäre, als uns der 8. Mai 1945 geschlagen hatte, aber ich verstand Jota für Jota mehr, warum es sich noch hinziehen mußte. Wie ich den Zustand der Orte bedachte, durch die ich seit dem 20. Januar kam, begriff ich die Umstände, die mich einschlossen. Auf die später oft gehörte Klage, man habe mich nicht in Baracken pferchen dürfen, in denen vorher Jahr um Jahr andere, Angehörige anderer Armeen und Völkerschaften, umgekommen waren, bin ich nie verfallen. Zu ihrer Ehre: Auch von meinen manchmal sehr vergreinten Kameraden keiner. Wir hatten über Hunger und Heimweh den Humor verloren, aber jeden hätten wir wohl ausgelacht, der unsere Quartiere benörgeln wollte. Wir hatten sie aufgestellt; nun saßen wir in ihnen ein.

Das allgemeine Verständnis ging nicht so weit, vom stattgehabten Tod auf einen womöglich statthaften, nämlich unseren, zu folgern – schließlich hatten wir 8. Mai, nun war Frieden, nun mußte, gottverdammt, Schluß sein und das Tor aufgemacht werden –, aber in dem Schutz, der sich aus Alleinsein ergab, konnte ich mir Verwunderung über unser Amlebensein leisten. Zumal man nicht nur die so oft verheißene Tötung unterließ, sondern martialisch auf unserer Gesundung bestand. Gut die Hälfte der Zeit zwischen dem 20. Januar und dem 8. Mai habe ich in sowjetischen Gefangenenlazaretten verbracht. Wahrhaftig ist in ihnen noch viel gestorben worden, doch hatten die meisten von uns ihre Wunden dorthin mitgebracht.

Falls die Sowjets vom obersten Marschall bis zur geringsten Krankenschwester darauf aus gewesen sein sollten, mich mit ihrer Propaganda, die für mich und tausende meinesgleichen aus Salben und Bädern, Kräutern und Pflastern plus einer erbarmungslosen Entlausung und einer noch erbarmungsloseren Krankengymnastik bestand, hinters Licht zu führen, ist ihnen das vollauf gelungen. Ihr agitatorisches Meisterstück machten sie, als ich eines Tages, es ist nicht weit vorm 8. Mai 1945 gewesen, denken mußte, sie hätten mir das Leben nicht nur gelassen, sondern auch gerettet. Aber wer weiß, was sie damit erreichen wollten.

III.
Und danach

MICHAEL KLUNDT

Vom Antifaschismus zur Totalitarismusdoktrin
Anti-Hitler-Koalition und 8. Mai im Geschichtsbild

Eine Ausstellung in Berlin – »Mythen der Nationen. 1945 – Arena der Erinnerungen« – zeigt anhand vielfältigen Materials, dass viele Staaten nach 1945 und z.T. bis heute einen Widerstands-Mythos kreiert hätten, um in ihren von Widerstandsgruppen, Kollaborateuren und Mitläufern gekennzeichneten Gesellschaften bürgerkriegsähnliche Zustände (wie z.B. in Griechenland) zu vermeiden.[1] Wie immer, wenn von bundesdeutscher Seite die Mythen anderer Staaten behandelt werden, ist auch hier kritische Vorsicht geboten. Trotz ihrer auch gegenüber der bundesdeutschen Nachkriegs-Geschichtspolitik nicht unkritischen Herangehensweise erlaubt sich die Ausstellung einige Verdrehungen der Geschichte: So wird selbstverständlich der »Mythos Antifaschismus« in der DDR gebrandmarkt und mit dem Film »Nackt unter Wölfen« illustriert. Doch findet man im Filmrepertoire der Bundesrepublik neben den üblichen »Gute Nazis – Böse Nazis«-Schmonzetten und -Romanzen wie »Des Teufels General« dann auf einmal den Film »Die Mörder sind unter uns« aus der Sowjetischen Besatzungszone, welcher schon früh die Verbrechen der Wehrmacht behandelte. Dass der Film unter der BRD eingeordnet wird und nicht bei der DDR, untermauert den Vorwurf des Mythos Antifaschismus, während die exkulpatorischen BRD-Nachkriegsfilme dadurch aufgewertet werden.[2] Gleichzeitig wird auf solche Weise möglich, der Sowjetischen Besatzungszone und der DDR zu attestieren: In ihr »musste man vergessen, was wirklich im Kriege geschehen war«, denn »der Völkermord wurde nicht thematisiert.«[3] Erstaunen ruft ebenfalls hervor, dass die Ausstellung zwar haarklein die widersprüchlichen Geschichtspolitiken und Instrumentalisierungen anderer Länder unter die Lupe nimmt (nach dem Motto: Die anderen auch!), aber die neuesten deutschen Geschichtsmythen nicht behandelt. Dass die deutsche Bundesregierung 1999 zur Legitimation des völkerrechts- und grundgesetzwidrigen Angriffskrieges gegen die Republik Jugoslawien unter Bezugnahme auf Auschwitz-Vergleiche Kriegslügen und Mythen verbreitete, erwähnt die Ausstellung mit keiner Zeile (vgl. auch den Beitrag von Kurt Pätzold).[4]

Für die Zeitgenossen der antifaschistischen und »unheiligen Allianz« (als welche ihre Gegner sie bezeichnen)[5] war die Frage nach dem sowjetischen Beitrag zum Sieg über den deutschen Faschismus selbstverständlich eindeutig beantwortet. Der britische Premierminister Winston Churchill sprach sicherlich nicht nur im Namen seiner Regierung und Bevölkerung, als er in einer »persönlich(en), geheim(en) und streng vertraulich(en) Botschaft an Marschall Stalin« vom 27. September 1944 folgendes festhielt: »Ich werde morgen im Unterhaus die Gelegenheit ergreifen, um noch einmal zu erklären, was ich schon früher gesagt habe, nämlich daß es die russische Armee ist, die der deutschen Kriegsmaschine das Genick gebrochen hat und die gegenwärtig an ihrer Front den weitaus größten Teil der feindlichen Streitmacht bindet.«[6]

Dass und warum dies heute nicht mehr zum Allgemeinwissen gezählt und in erwähnter Ausstellung als sowjetischer Nachkriegsmythos dargestellt werden kann,[7] soll im vorliegenden Beitrag untersucht und problematisiert werden. Am 28. August 2004 hieß es in der SPIEGEL-TV-Sendung auf VOX, »Das Dritte Reich in Farbe« über die alliierte Landung in der Normandie: »Es war der Anfang vom Ende des Dritten Reiches.« Auch der Kölner Stadt-Anzeiger vom 29. Mai 2004 betonte in einem Info-Kasten zwar zutreffend, dass der D-Day »die größte Landungsoperation der Weltgeschichte« gewesen sei, um dann, ohne die sowjetischen Entscheidungsschlachten in Stalingrad 1942/43 und bei Kursk 1943 auch nur in Betracht zu ziehen, zu schlussfolgern: »›Operation Overlord‹ besiegelte die deutsche Niederlage im Zweiten Weltkrieg.« Im gleichen Geist steht auch das SPIEGEL-Titelbild vom 29. Mai 2004, welches lautet: »Normandie, 6. Juni 1944. Die Landung. Als die Amerikaner Europa retteten.«

Vor wem Europa gerettet wurde, meint Sohn Manfred des Generalfeldmarschalls der Wehrmacht Erwin Rommel beantworten zu können, wenn er behauptet, dass der D-Day die Funktion hatte, den

Vormarsch der Roten Armee bis zum Atlantik zu verhindern, und somit also nicht zuerst der Niederschlagung des deutschen Faschismus diente. In einem Interview mit dem Nachrichtenmagazin SPIEGEL vermutet der ehemalige CDU-Oberbürgermeister von Stuttgart: »Wenn die Alliierten nicht gelandet wären, hätten irgendwann die Russen Deutschland niedergewalzt.«[8] Der Wahrheitsgehalt dieser, den Kalten Krieg bereits 1944 voraussetzenden Einschätzung erweist sich indes eher bei der Beantwortung der Frage, warum die Westalliierten eigentlich nicht – wie mit der Sowjetunion abgesprochen und von dieser immer wieder vergeblich angemahnt – schon 1942 oder spätestens 1943 in Europa landeten.[9]

Wie ist es zu verstehen, dass in der deutschen Öffentlichkeit als Alternative zum angeblich totalitären Antifaschismus ein Modell des Antitotalitarismus angeboten wird, mit dessen Hilfe die Geschichte umgeschrieben werden soll?[10] Für die Anhänger der Totalitarismusdoktrin – wie sie sich etwa im Sächsischen Gedenkstättengesetz von 2003 oder im CDU/CSU-Bundestagsantrag zur Erinnerungspolitik vom Juni 2004 ausprägt – sollte an »beide Diktaturen auf deutschem Boden« erinnert werden, ohne wenigstens eine analytische oder kausale Unterscheidung zwischen dem Nationalsozialismus sowie der Zeit der Sowjetischen Besatzungszone und der DDR vorzunehmen.[11] Die Vertreter dieser Ansicht fragen sich auch nicht, warum sie von nur zwei Diktaturen auf deutschem Boden im 20. Jahrhundert ausgehen.[12] Immerhin waren die letzten Jahre während des Ersten Weltkrieges nichts anderes als eine Militärdiktatur und das wilhelminische Kaiserreich auch davor schon nicht gerade der Inbegriff einer Demokratie.[13] Auch ist die Militärverwaltung der Alliierten in der ersten Zeit nach 1945 in gewisser Weise als (Militär-)Diktatur – nämlich im Sinne der Entscheidungsgewalt bei den obersten alliierten Bevollmächtigten, welche nicht vom Souverän gewählt wurden, da der NS-Staat und seine Institutionen zerschlagen waren, noch keine neuen, demokratischen Institutionen existierten und die Bewusstseinslage der ganz großen Bevölkerungsmehrheit dies auch noch gar nicht ermöglichte – zu klassifizieren, auch wenn sie selbstverständlich absolut notwendig und zu begrüßen war. Doch den Vertretern des Totalitarismusansatzes geht es nicht wirklich darum, Geschichte zu analysieren und zu erklären, sondern um die – allenfalls als Vergleich ausgegebene – Gleichsetzung von Faschismus und Kommunismus sowie darum, den Totalitarismusansatz als Deutungsmonopol für die Interpretation des 20. Jahrhunderts durchzusetzen. Auf diesem Wege muss es zwangsläufig zur Einebnung des Gedenkens an die faschistischen Verbrechen, zu deren Relativierung und Verharmlosung kommen – zugunsten einer Gleichsetzung mit nach 1945 begangenem Unrecht.[14]

Am ideologischen Ziel des Totalitarismusansatzes stehen häufig denn auch die Verniedlichung des nazistischen Massenmordes und die Verteufelung und Kriminalisierung jeder Form von Sozialismus – besonders aber der DDR –, ganz so wie Konrad Adenauer es bereits 1950 auf dem Goslaer Parteitag der CDU formulierte: »Ich wollte, die Bewohner der Ostzonen-Republik könnten einmal offen schildern, wie es bei ihnen aussieht. Unsere Leute würden hören, dass der Druck, den der Nationalsozialismus durch Gestapo, durch Konzentrationslager, durch Verurteilung ausgeübt hat, mäßig war gegenüber dem, was jetzt in der Ostzone geschieht.«[15]

Wem das noch nicht reicht, der kann sich bei Jörg Friedrich darüber informieren, was imperialistische Geschichtsschreibung bedeutet. Der ehemals liberale Berliner Historiker entwickelt inzwischen allen Ernstes Strategien, wie das Kaiserreich doch noch den Ersten Weltkrieg hätte gewinnen können, selbstverständlich nachdem es nur in ihn hineingeschlittert ist[16] – wie das faschistische Deutschland dann ja auch in den Zweiten Weltkrieg, so Friedrich bei anderer Gelegenheit.[17] Zuerst einmal gemeinsam mit dem Westen gegen den Osten lautet die Devise, welche er in einem großen Artikel in der WELT vom 4. August 2004 favorisiert. Wie es dann nach Unterwerfung des Ostens weitergehen konnte beschreibt Friedrich so: »Da lagen imperiale Gestaltungsräume für Generationen. Und diese würden, blockadefest, von riesigen Waffenbergen herab und unzähligen U-Booten hinauf mit den perfiden Briten und den geschäftigen Yankees abrechnen.«[18] Um auch den Bezug zum Faschismus und zum Zweiten Weltkrieg aufzuzeigen, erinnert der Geschichtsrevisionist daran, welche geldgierige Großmacht diese »unwiederbringliche Stunde« aller deutsch-imperialistischen Träume vermasselt hat und deswegen schuldig zu sprechen ist für alle folgenden Verbrechen: »Ohne den USA-Eingriff hätte es keinen Versailler Siegfrieden gegeben, keinen Stalin, keinen Hitler.«

Das Problem des Geschichtsrevisionismus muss hierbei genauer beleuchtet werden. Erstaunlicher Weise herrscht in den geschichtswissenschaftlichen und -politischen Kontroversen ein sog. Primat der Ideologie (NS als »Rassenstaat«) vor, welches das früher in Westdeutschland zwar auch nur von einer Minderheit vertretene, trotzdem aber nicht ganz einflusslose Primat der Ökonomie (NS als »Klassenstaat«) bei der Betrachtung von Faschismus und Zweitem Weltkrieg sowie der Anti-Hitler-Koalition abgelöst hat (auch in Debatten z.B. mit Antideutschen wird dies immer deutlicher).[19] Auf diese Weise wird die Geschichte immer mehr zu einer Geschichte von Ideen verklärt, deren materielle Bedingungen und Interessen weitgehend unberücksichtigt bleiben.[20]

In seinem Buch »Das Zeitalter der Extreme« behandelt der britische Sozialhistoriker Eric Hobsbawm das komplexe Entstehen der Anti-Hitler-Koalition. Dabei verweist er auf eine Umfrage vom Januar 1939, in der Amerikaner/innen danach befragt wurden, wen sie als Sieger eines Krieges zwischen Deutschland und der Sowjetunion vorziehen würden. Während sich nur 17 Prozent für Nazi-Deutschland aussprachen, favorisierten 83 Prozent die Sowjetunion. »In einem Jahrhundert, das von der Konfrontation zwischen dem antikapitalistischen Kommunismus der Oktoberrevolution (den die Sowjetunion repräsentierte) und dem antikommunistischen Kapitalismus (dessen Vorkämpfer und krönendes Beispiel die USA waren) geprägt war, hätte nichts abweichlerischer wirken können als diese Sympathieerklärung für die Heimstatt der Weltrevolution; oder die Tatsache, daß die Bewohner eines streng antikommunistischen Landes, dessen Wirtschaftssystem anerkanntermaßen kapitalistisch war, die Sowjetunion vorzogen. Und das um so mehr, als damals nach aller Übereinstimmung die stalinistische Tyrannei gerade auf ihrem Höhepunkt war. Diese historische Phase war sicherlich außergewöhnlich, aber vergleichsweise kurzlebig. Sie währte maximal von 1933 (als die USA offiziell die Sowjetunion anerkannten) bis 1947 (als sich die beiden ideologischen Lager als Feinde im ›Kalten Krieg‹ gegenübertraten), realistischerweise aber nur von 1935 bis 1945. Mit anderen Worten: Sie wurde vom Aufstieg und vom Fall von Hitlerdeutschland begrenzt (...), gegen das die USA und die Sowjetunion gemeinsame Sache machten, weil beide diesen Staat als größere Gefahr betrachteten als den jeweils anderen.«[21]

1. Ausgeblendete Fakten zur Vorgeschichte der Anti-Hitler-Koalition

Was also hat die Anti-Hitler-Koalition – diese laut Hobsbawm »unnormale Allianz« – zusammengeführt und was hat sie auseinander gebracht? Was waren die jeweiligen Konsequenzen? Vorausgegangen war – wie heute jedes Kind in der Schule lernt – der »Pakt der Diktatoren« oder Totalitarismen, welcher bis 1941 ein antifaschistisches Bündnis unmöglich gemacht habe.[22] Ist es legitim, der Sowjetunion damit eine (Mit-)Verantwortung bei der Entfesselung des Zweiten Weltkrieges zu übertragen? Wann begann überhaupt der Zweite Weltkrieg? Warum wird sein Beginn auf den 1. September 1939 datiert, wo doch nach dem deutschen Überfall auf Polen keinerlei Kriegsaktivitäten Frankreichs und Großbritanniens zu verzeichnen waren, obwohl beide Staaten NS-Deutschland den Krieg erklärt hatten? Warum beginnt der Zweite Weltkrieg nicht mit Japans Überfällen auf die Mandschurei, China, die Mongolische Republik und die sowjetische Ostgrenze seit 1931/36?[23] Oder mit Deutschlands und Italiens Aggression gegen die spanische Republik und zugunsten des Militärputschisten Franco seit 1936? Warum nicht mit dem »Anschluss« Österreichs im Frühjahr 1938, der Zerschlagung und Annexion der Tschechoslowakei seit 1938 und Klaipedas (Memelgebiet/Litauen)? Was spricht gegen einen Weltkriegsbeginn durch Italiens Überfall auf Äthiopien (Abessinien) 1935 und auf Albanien (am 7. April 1939) – also noch vor dem 1. September 1939? Eine kurze Antwort darauf könnte sein, dass die Großmächte USA, Großbritannien und Frankreich bis dahin noch nicht in die Kampfhandlungen verwickelt waren. Das sind selbst die beiden letzteren auch nicht nach dem 1. September 1939, aber dennoch: formal befinden sie sich im Krieg mit Nazi-Deutschland. Die thesenhafte Antwort auf die Frage, warum sie sich nicht schon durch die vorherigen Aggressionen der faschistischen Staaten angesprochen fühlten, scheint einfach beantwortet zu sein: Weil sie diese Aggressionen, wenn nicht unterstützt, so zumindest geduldet und toleriert haben – immer in der Hoffnung, die Aggressoren würden ihr Angriffsziel in der Sowjetunion suchen und finden.[24]

In den meisten Medien wird so getan, als sei das einzige Hindernis für das Zustandekommen einer Militärallianz gegen Hitler vor 1941 in der sowjetischen Außenpolitik und im Nichtangriffsvertrag mit Nazi-Deutschland zu suchen. Dabei bleiben aber wichtige historische Ereignisse unberücksichtigt. So fanden sich bereits zum Ende des Ersten Weltkrieges vierzehn ansonsten rivalisierende kapitalistische Staaten in einer Front zusammen gegen die Infragestellung ihrer gemeinsamen Wirtschafts- und Gesellschaftsordnung, welche sie in der sozialistischen Sowjetrepublik verkörpert sahen. Schon 1918 begannen die kapitalistischen Länder eine militärische Intervention, um die Russische Revolution niederzuschlagen. Auch nach dem Scheitern dieses Interventionskrieges (für dessen Opfer in der bürgerlichen Geschichtswissenschaft häufig alleine die Bolschewiki verantwortlich gemacht werden),[25] blieben ihre Ziele im Denken und in den politischen wie militärischen Planungen maßgeblicher Teile der Führungsschichten in den großen kapitalistischen Ländern bestehen. Diese Konfliktlinie zwischen Kapitalismus und Sozialismus lässt sich in der Politik der Westmächte verfolgen von der Errichtung eines antisowjetischen »cordon sanitaire« in Ostmitteleuropa und dem Bündnis mit den in diesen Ländern herrschenden, größtenteils diktatorischen Regimen über den Locarno-Vertrag von 1925 bis zum Münchner Abkommen 1938 und sogar bis zu den Planungen Anfang 1940, die sich mit der Möglichkeit militärischer Operationen gegen die Sowjetunion befassten.

Die Politik des Deutschen Reiches verfolgt dieselbe Linie ebenfalls kontinuierlich seit den Militärinterventionen gegen die Revolution in Finnland, in den baltischen Ländern und der Ukraine 1918/19, bis sie zur konkreten Aggressionsplanung gegen die Sowjetunion nach der Errichtung der faschistischen Diktatur wurde. Das Bündnis zwischen Deutschland, Japan und Italien von 1936 war daher durchaus programmatisch gemeint, als es sich »Anti-Komintern-Pakt« nannte.

So erwies sich, wie Reinhard Kühnl zusammenfasst, »der Drang nach Weiterführung der traditionellen Macht- und Expansionspolitik und nach Beschaffung der dafür erforderlichen Potentiale auch nach dem Ende des Ersten Weltkriegs als dominant. An dem Interventionskrieg gegen die Russische Revolution, der 1918 begann und bis 1921 andauerte, beteiligten sich 14 kapitalistische Staaten, wobei Frankreich, England, die USA und Japan eine führende Rolle einnahmen. England führte Kolonialkriege u.a. in Irland, Indien, Ägypten und China, Frankreich in Syrien, Marokko und gegen die Rif-Republik, die USA intervenierte militärisch in China, Nicaragua und anderen lateinamerikanischen Ländern. Japan startete – nach einer längeren Phase konzentrierter Aufrüstung – 1931 seine Aggression gegen die Mandschurei und gegen China, und Italien überfiel 1935 Abessinien, um sich in Nordafrika ein Kolonialreich zu schaffen. Im spanischen Bürgerkrieg (1936 bis 1939) schließlich intervenierten auf der Seite Francos die faschistischen Großmächte Deutschland und Italien, während der Republik nur die Sowjetunion beistand.«[26] Demnach waren also bereits diverse Kriegsvorbereitungen und reale kriegerische Aktionen geschehen, bevor 1939 Deutschland Polen überfiel und damit den Zweiten Weltkrieg auslöste.

Der »Kreuzzug gegen die Sowjetunion« begann auch nicht erst mit dem Machtantritt Hitlers, sondern wurde bis dahin vor allem von Großbritannien bestimmt, welches maßgeblich zur Mobilisierung der vierzehn gegen die junge Sowjetrepublik intervenierenden Staaten beitrug. 1927 hatte England dann seine diplomatischen Beziehungen zur Sowjetunion abgebrochen und ein Embargo über ihre Exporte verhängt. Darauf folgte der Einfall Japans in Nordchina 1931, in dessen Verlauf japanische Truppen die sowjetische Grenze in Sibirien erreichten, sodass die Sowjetunion nun befürchten musste, sich kurz vor einem Krieg mit Japan zu befinden.

Als dann Italien 1935 Äthiopien (Abessinien) überfiel und okkupierte und 1936 deutsche Truppen in das entmilitarisierte Rheinland einmarschierten, schlug die Sowjetunion angesichts der Gefahr weiterer faschistischer Expansionen ein System der kollektiven Sicherheit in Europa vor.[27] Mit Frankreich und der Tschechoslowakei kam es 1935 zu Verträgen des gegenseitigen Beistands. Doch dann schickten 1936 das faschistische Italien und NS-Deutschland reguläre Truppen, darunter ausgesprochene Eliteeinheiten, nach Spanien. Angesichts dieser Aggression faschistischer Staaten gegen eine demokratisch gewählte Regierung bezogen jedoch Frankreich und England die Position einer »Nichteinmischung«, welche sie 27 europäischen Staaten aufzwangen, und ließen damit den Faschisten Freiraum zur Zerschlagung der spanischen Republik.[28] Im November 1936 schlossen Nazi-Deutschland und Japan dann den gegen die Sowjetunion gerichteten Antikominternpakt ab, dem sich kurz darauf Italien anschloss.

Mit der Meldung von Radio Berlin am 11. März 1938, dass eine »kommunistische Erhebung in Österreich« zu befürchten sei, fiel am gleichen Tag die Wehrmacht völkerrechtswidrig in das Land ein und annektierte es zwei Tage später. Alleine die Sowjetunion versuchte, Österreich in Schutz zu nehmen, und appellierte an England und Frankreich, eine kollektive Verteidigung ins Auge zu fassen. Doch stattdessen beobachteten die westlichen Demokratien weiterhin seelenruhig, wie Hitler-Deutschland als nächstes seine Truppen Mitte Mai 1938 an der tschechoslowakischen Grenze aufmarschieren ließ und die Sowjetunion, welche durch einen Vertrag mit dem bedrohten Land verbunden war, ebenfalls mehr als 40 Divisionen an ihrer Westgrenze aufstellte und 330.000 Reservisten einzog. Im September 1938 trafen sich die Regierungsvertreter Großbritanniens und Frankreichs mit den faschistischen Mächten Deutschland und Italien in München. Hier beschlossen die großen »Demokratien«, das Sudetenland, welches ein integraler Bestandteil der Tschechoslowakei war, an NS-Deutschland auszuliefern, ohne die CSR als Opfer dieses unglaublichen Vorgangs auch nur zu fragen oder die Sowjetunion zu konsultieren. Dieser Akt völkerrechtswidriger Aggressionsbeihilfe wurde gefolgt von der Unterzeichnung einer deutsch-englischen Deklaration am 30. September 1938, in welcher die beiden Staaten den Wunsch zum Ausdruck brachten, »nie wieder in einen Krieg gegeneinander verwickelt zu werden.« Kurze Zeit danach unterschrieb Frankreich ebenfalls eine solche gemeinsame Erklärung mit dem faschistischen Deutschland.[29] Als die deutsch-französische Deklaration am 6. Dezember 1938 zustande kam, beseitigte sie aus Sicht des deutschen Außenministers Ribbentrop »die letzten Reste der Gefahr einer französisch-russischen Zusammenarbeit«. Ähnlich äußerte sich der französische Außenminister und Mitverfasser der Deklaration, Georges Bonnet, gegenüber den französischen Botschaftern: »Die deutsche Politik orientiert sich von nun an auf den Kampf gegen den Bolschewismus. Deutschland zeigt seinen Willen zur Expansion nach Osten.«[30]

Gleichwohl bot die Sowjetunion als einziger Staat der Tschechoslowakei im Falle einer deutschen Aggression Hilfe an, wurde aber zurückgewiesen. Die Deutsche Wehrmacht besetzte am 15. März 1939 die Hauptstadt Prag, während Hitler der reaktionären polnischen Regierung einen Teil der Tschechoslowakei übergab. Als Gegenleistung dafür besetzte das deutsche Militär bereits eine Woche später das litauische Territorium von Klaipeda (Memelgebiet) als wichtigen Hafen des Baltikums.[31]

Indessen griff im Mai 1939 die japanische Armee die Mongolei an, mit welcher die Sowjetunion durch einen militärischen Beistandspakt verbunden war. Nachdem die japanischen Truppen von der Roten Armee unter dem Befehl des noch unbekannten G. K. Shukow zurückgeschlagen worden waren, verließen sie am 30. August 1939 die Mongolei. Der tags darauf erfolgende deutsche Überfall auf Polen und der nach dem Übertritt der polnischen Regierung auf rumänisches Territorium erfolgende Einmarsch der Roten Armee in Ostpolen werden zumeist als eine Art neuer Teilung dieses Landes unter den beiden Diktatoren Hitler und Stalin beschrieben. Darum ist es wichtig, auch die Vorgeschichte des deutsch-sowjetischen Nichtangriffsvertrags zu rekonstruieren, der dieser Entwicklung unmittelbar vorausgegangen war.

2. Entstehung, Charakter und Folgen des »Hitler-Stalin-Pakts«

Schon im März 1939 nahm die Sowjetunion Verhandlungen mit Großbritannien und Frankreich auf, um ein Verteidigungsbündnis gegen weitere deutsche Aggressionen zu bilden. Die beiden Westmächte gaben aber sowohl der UdSSR als auch Hitler-Deutschland zu verstehen, dass ihnen an einem solchen Bündnis nicht wirklich gelegen war. Indem sie Verhandlungen mit der Sowjetunion verschleppten, machten sie Hitler deutlich, dass er gegen die Sowjetunion marschieren könne, ohne vom Westen gestört zu werden. Von Juni bis August 1939 fanden geheime englisch-deutsche Verhandlungen statt, in deren Verlauf die Briten Hitler im Austausch gegen die Garantie der Unversehrtheit des britischen Empires Handlungsfreiheit im Osten versprachen.[32] So wurde also der Zweite Weltkrieg in einer wesentlichen Hinsicht eine Fortsetzung des Ersten: Während die bei der Verteilung der Welt zu spät und zu kurz gekommenen kapitalistischen Mächte – Deutschland, Japan und Italien – um deren Neuverteilung kämpften, verteidigten die schon »besitzenden« Staaten – unter Führung von England, Frankreich und den USA – die bisherige (Kolonial-)Verteilungsordnung. Für Verwirrung bei den Strategen sorgten jedoch die Existenz des mit der Russischen Revolution 1917 entstandenen neuen Sowjetstaates und die Frage, wie man sich zu ihm stellen und welche Rolle er einnehmen sollte, sowie die Bewertung seines Macht-, Nutzen- und Gefährdungspotenzials.

Auf diesem Felde sorgten die faschistischen Mächte allerdings für Klarheit, da sie die Zerschlagung und Unterwerfung der Sowjetunion als grundsätzliche Voraussetzung dafür ansahen, dass überhaupt um die Weltmacht gekämpft werden konnte. Die Hoffnung der faschistischen Führung, dabei große Sympathie und Zustimmung bei den Westmächten zu erhalten, wurde schnell erfüllt. Deren Interesse an der Auslöschung des Sozialismus, welches ähnlich groß gewesen war wie das des deutschen Imperialismus, machte etwa der Stellvertreter des britischen Premierministers, Lord Halifax deutlich. Hitler habe, so erklärte Halifax am 19. November 1937, »nicht nur in Deutschland selbst Großes geleistet (...), sondern auch durch die Vernichtung des Kommunismus im eigenen Lande diesem den Weg nach Westeuropa versperrt. (...) Daher (könne) mit Recht Deutschland als Bollwerk des Westens gegen den Bolschewismus angesehen werden.«[33]

Nicht nur Herbert Hoover, der Vorgänger Roosevelts im US-Präsidentenamt, wünschte sich inbrünstig, dass Deutschland die UdSSR zerschmettern werde. Auch der Herzog von Windsor, welcher 1936 unter dem Namen Edward VIII. König von England war, zeigte sich so begeistert von Hitler, dass er ihm gemeinsam mit seiner Ehefrau in Berchtesgaden einen Besuch abstattete, nicht ohne den Führer »in seiner Ambition zu bestärken, Rußland zu überfallen«, wie er 1966 stolz in seinen Memoiren bekundete: »(Hitler) vermittelte mir die Einsicht, daß das Rote Rußland [sic] der einzige Feind war und daß Großbritannien und ganz Europa daran interessiert waren, Deutschland zu ermutigen, gegen den Osten aufzumarschieren und den Kommunismus ein für allemal niederzuschlagen. (...) Ich dachte, daß wir unsererseits zusehen könnten, wie die Nazis und die Roten einander bekämpfen würden.«[34]

Den Führungsschichten der westlichen Demokratien schien der Aufbau einer starken Militärmacht in Deutschland also eine durchaus nützliche Sache zu sein – vorausgesetzt, ihre eigenen Staaten würden vom Expansionsdrang des deutschen Faschismus nicht betroffen und dieser wäre bereit, ihre Interessensphären – besonders in Ost- und Südosteuropa – beim Vollzug seiner Expansionen und Aggressionen nach Osten zu beachten. In diesem Sinne ist der »Verständigungs- und Beistandspakt«, den die Regierungen Frankreichs und Englands am 15. Juli 1933 mit den faschistischen Großmächten schlossen (dessen Ratifizierung freilich am französischen Parlament scheiterte), zu verstehen – genauso wie das deutsch-britische Flottenabkommen von 1935 und das Münchner Abkommen von 1938. Ein Memorandum des Foreign Office Großbritanniens hatte bereits 1935 festgehalten, dass »sein Expansionsbedürfnis Deutschland nach Osten treiben wird« und dass angesichts des »bolschewistischen Regimes« sich »eine solche Expansion nicht auf friedliche Durchdringung« beschränken könne.[35]

Um die Aufrechterhaltung ihrer ökonomischen und militärischen Potenziale sowie ihrer Kolonialreiche nicht zu gefährden, wollten Frankreich und Großbritannien auf keinen Fall in einen Krieg mit Deutschland verwickelt werden. Ein solcher Krieg hätte mit Sicherheit zum Verschleiß der vorhandenen Machtmittel geführt, welche für weltweite Aufgaben verfügbar sein mussten. Konsequenter Weise erklärte der britische Regierungschef Chamberlain noch am 26. August 1939 auf der Kabinettssitzung: »Die Hauptidee besteht in folgendem: Wenn Großbritannien Herrn Hitler in seiner Sphäre [Osteuropa] in Ruhe lässt, wird er uns in Ruhe lassen.«[36] Deshalb waren die Westmächte zu beträchtlichen Konzessionen an die faschistischen Großmächte bereit, bis hin zu Konzessionen in der Kolonialfrage. Auch der US-Innenstaatssekretär Harold Ickes hält über diese Zeit in seinem Tagebuch fest: »Großbritannien gibt sich der Hoffnung hin, eine Konfrontation zwischen Rußland und Deutschland zu provozieren, ohne sich dabei selbst zu kompromittieren. (...) Frankreich sollte gleichfalls auf Zentraleuropa und Osteuropa zugunsten Deutschlands in der Hoffnung verzichten, dass letzteres in den Krieg gegen die UdSSR eintritt. So könnte Frankreich sicher hinter der Maginotlinie verbleiben.«[37]

Gerade weil der deutsche Imperialismus, wie Reinhard Kühnl schreibt, »in seiner Arroganz und seinem Überlegenheitsbewusstsein zu irgendwelcher Rücksichtnahme nicht bereit war und dies bei der Besetzung der »Rest-Tschechei« im März 1939 und dann beim Angriff auf Polen am 1. September 1939 auch auf geradezu verletzende Weise demonstrierte, gab es für die Regierungen Großbritanniens und Frankreichs nun keine anderen Möglichkeiten mehr, als ein deutliches Zeichen zu setzen – wenn sie sich nicht vor aller Welt vom Deutschen Reich ohrfeigen lassen und gänzlich widerstandslos auf ihre Weltmachtgeltung verzichten wollten.«[38] Selbst als die Wehrmacht schon in Polen einmarschiert war, war die Regierung Neville Chamberlains aber immer noch bereit, mit Hitler zu verhandeln, was selbstverständlich dessen Erwartungen entsprach.[39]

Am 3. September 1939 überreichten die beiden Mächte dennoch dem Dritten Reich die Kriegserklärung, ohne jedoch diesem demonstrativen Akt weitere militärische Maßnahmen folgen zu lassen. »Tatsächlich gaben die Regierungen Großbritanniens und Frankreichs ihre bisherige These immer noch nicht gänzlich auf, dass sich mit dem Faschismus doch auf antibolschewistischer Basis ein Arrangement müsse erzielen lassen, wenn man sich nur genügend konzessionsbereit zeige. So stand für die militärischen Planungen der Westmächte noch bis zum Frühjahr 1940 die Frage im Vordergrund, wie man wirksam gegen die Sowjetunion vorgehen könnte – durch Bombardierung der kaukasischen Erdölgebiete oder auch durch eine Militärintervention über Finnland.[40] Und erst als ihnen der Faschismus durch seine Aggression im Frühjahr 1940 das Messer direkt an den Hals setzte, gingen sie zu realen militärischen Aktionen über, die nun aber den überwältigenden Sieg des Faschismus schon nicht mehr verhindern konnten. Als in Großbritannien dann mit der Regierung Churchill endlich diejenige Fraktion an die Macht kam, die zum Widerstand gegen den Faschismus entschlossen war, beherrschte dieser schon Europa von Spanien bis nach Finnland. Von dieser Machtbasis aus konnte der deutsche Faschismus – im Bündnis mit Italien, Kroatien, Ungarn, Rumänien und Finnland – nun den geplanten Hauptschlag zur Sicherung von Weltmachtgeltung in Angriff nehmen: die Zerschlagung der Sowjetunion als Staat und die Unterwerfung und Versklavung der Völker bis zum Ural.«[41]

Unterdessen war der sowjetischen Führung, welche sich seit 1934 intensiv um ein Verteidigungsbündnis mit den Westmächten gegen die drohende faschistische Aggression bemüht hatte, mit dem Münchener Abkommen demonstriert worden, dass die Führungen Frankreichs und Englands sich mit Hitler und Mussolini verständigten und die Sowjetunion gänzlich isolierten. »Der Nichtangriffsvertrag, den die Sowjetunion dann am 23. August 1939 mit dem Deutschen Reich schloss, war bestimmt von der Hoffnung, damit wenigstens noch ein paar Jahre Zeit zu gewinnen und die Grenze noch etwas vorverlagern zu können. Dass es zwischen den kapitalistischen Machtblöcken zum Kriege kommen würde, war der sowjetischen Regierung durchaus klar. Allerdings nahm sie an, dass dieser Krieg das Deutsche Reich längere Zeit beschäftigen werde.«[42]

Die Sowjetunion ging den Nichtangriffsvertrag mit NS-Deutschland ein, da sich erneut eine antisowjetische Einheitsfront aller imperialistischen Mächte zu bilden drohte, die sie existenziell gefährdet hätte. Während Japan die UdSSR in Sibirien angreifen würde, hätte Deutschland mit der stillschweigenden Unterstützung von Großbritannien und Frankreich nach der Okkupation von Polen seinen Eroberungskrieg fortsetzen und den Blitzkrieg gegen die UdSSR beginnen können. In den realistischen bürgerlichen Kreisen der Westmächte sah man klar, dass sich die Sowjetunion durch den Vormarsch ihrer Truppen nach Ostpolen eine bessere Ausgangsposition geschaffen hatte. So erklärte der spätere britische Premierminister Winston Churchill am 1. Oktober 1939: »Die Tatsache für die russischen Armeen, sich auf dieser Linie zu halten, ist eindeutig durch die Sicherheit Rußlands gegenüber einer Bedrohung durch die Nazis notwendig geworden. In jedem Fall ist die Linie dort für eine Ostfront geschaffen worden, damit Nazideutschland keinen Angriff wagt.«[43]

So kam es, dass Großbritannien und Frankreich Deutschland den Krieg erklären mussten und nicht – wie erhofft – Zeugen des Durchmarsches der Naziarmee durch Polen gegen die Sowjetunion sein konnten. Statt aber mit nur einer einzigen Bombe die Ruhe der Nazis an der Westfront zu stören, beschränkten sich die politisch Verantwortlichen Frankreichs auf einen internen Krieg gegen die Kommunisten, bei dem am 26. September 1939 die Kommunistische Partei Frankreichs verboten und Tausende ihrer Mitglieder in Gefängnisse geworfen wurden.[44] Trotzdem waren nun Frankreich und Großbritannien, die sich in den gesamten 30er Jahren einem kollektiven Sicherheitssystem widersetzt hatten, gezwungen, in dem Augenblick in ein effektives Militärbündnis mit der Sowjetunion einzutreten, als Deutschland den deutsch-sowjetischen Vertrag brach.

Japan konnte indessen seine Eroberungskriege in Ostasien seit 1931 solange führen, bis auch hier wesentliche Interessen der kapitalistischen Kolonialmächte verletzt wurden. Doch erst Ende 1941 entschlossen sich schließlich die USA – anlässlich des japanischen Überfalls auf den US-Flottenstützpunkt Pearl Harbor –, zum Gegenschlag überzugehen. Bisher hatten sie sich – mit Ausnahme von Lieferungen an England und seit Herbst 1941 an die Sowjetunion – aus dem Krieg herausgehalten, welcher nun also zu einem wirklichen Weltkrieg wurde.

Der spätere US-Präsident Harry S. Truman machte jedoch bereits zwei Tage nach dem deutschen Überfall auf die UdSSR (am 24. Juni 1941) in seiner damaligen Funktion als Senator deutlich, wie schnell sich die gemeinsame Interessenlage der sich bildenden Anti-Hitler-Allianz wieder wenden könnte. »Wenn wir sehen, daß Deutschland auf der Gewinnerstraße ist, müssen wir Rußland helfen, und wenn Rußland auf dem Weg ist, den Sieg davonzutragen, dann müssen wir Deutschland helfen, so daß auf diese Weise auf beiden Seiten so viele wie möglich umkommen (...).«[45] Vielleicht erahnte Truman auch, was Eric Hobsbawm folgendermaßen formulierte: »Die Logik des antifaschistischen Krieges führte nach links.«[46]

Es war dem Antifaschismus nun endlich gelungen, eine außergewöhnliche Bandbreite unterschiedlichster Kräfte zu vereinigen. »Und mehr noch: Diese Einheit war positiv, nicht negativ und in gewisser Hinsicht auch von Dauer. Ideologisch basierte sie auf den gemeinsamen Werten und Bestrebungen der Aufklärung und des Zeitalters der Revolutionen: Fortschritt durch angewandte Vernunft und Wissenschaft; Ausbildung; eine vom Volk gewählte Regierung; keine Ungleichheit aufgrund von Geburt oder Herkunft; und Gesellschaften, die eher in die Zukunft als in die Vergangenheit blicken.« Sowohl kapitalistische als auch kommunistische Staaten und diejenigen der sog. Dritten Welt verpflichteten sich demnach »der Gleichberechtigung aller Rassen und Geschlechter« und dem Prinzip säkularer Staaten. Außerdem lehnten sie alle die Oberhoheit des freien Marktes ab und glaubten eher an ein aktives staatliches Management und staatliche Wirtschaftsplanung. »So schwierig es auch sein mag, sich im Zeitalter der neoliberalen Wirtschaftstheologie daran zu erinnern: aber zwischen den frühen vierziger und den siebziger Jahren mußten sich die berühmtesten und einst einflußreichsten Verfechter der freien Marktwirtschaft (beispielsweise Friedrich von Hayek) wie Propheten in der Wüste fühlen, die den unbesonnenen westlichen Kapitalismus vergeblich davor zu warnen versuchten, daß er sich auf dem ›Weg zur Knechtschaft‹ befinde (Hayek 1944). In Wirklichkeit nämlich befand er sich auf dem Weg in das Zeitalter des Wirtschaftswunders.«[47]

Unmittelbar nach Kriegsende war an einen etwaigen offenen Frontenwechsel gegen die UdSSR angesichts der Stimmungen im US-amerikanischen und britischen Volk nicht zu denken, denn letztere waren es, die diesen Krieg gegen den Welt-Faschismus trugen und unterstützten – auch für ein besseres, sozialeres Leben danach.[48] Dieses Einheitsgefühl und Friedensstreben waren es ebenfalls, welche nach Ende des Krieges zur Abwahl des immer antikommunistischer agierenden englischen Premiers Churchill führten. Eine solche Stimmung hatte genauso bei den Präsidentenwahlen in den USA 1944 Roosevelts Kurs einer fortdauernden Zusammenarbeit mit der UdSSR und der Vernichtung des Faschismus zugunsten eines dauerhaften Friedens bestätigt. »Noch eine Woche nach der Kapitulation Hitlerdeutschlands traten 90 Prozent der Bevölkerung der USA für einen härteren Frieden mit Deutschland ein, um eine erneute deutsche Aggression auszuschließen. (Verteidigungs-)Minister Stimson brachte diese Stimmung zum Ausdruck, als er erklärte, die Forderung extrem konservativer Kreise nach harten Militärmaßnahmen gegen die UdSSR oder gar einen Präventivkrieg gegen sie sei ›ein zynisches Mißverständnis dessen, was die Völker der Welt irgendeiner Nation gestatten werden.‹«[49] Und in einflussreichen Wirtschaftskreisen der USA sah man die Sowjetunion noch keineswegs mit den Augen des Kalten Krieges, wie ein Memorandum an die Roosevelt-Administration zeigt: »Seitdem Rußland kommunistisch geworden ist, haben die Sowjets unsere nationalen Interessen und unsere Lebensweise nie bedroht. Die wahnsinnige Politik Hitlers dagegen führt seit zwei Jahren die Welt einem Sklavendasein entgegen, unsere eigene Existenz als freies Volk schwebt in Todesgefahr.«[50]

3. Keine Befreiung durch die Rote Armee?

Nach 1990 hieß es immer wieder, »Zwischeneuropa« und das »Baltikum« seien auf dem Weg *zurück zur Freiheit*. Wie frei und demokratisch sie waren und wozu, bevor die Sowjetunion sie ihrer Freiheit beraubte, wird häufig verschwiegen und mythisiert.[51] So beschreibt etwa die ehemalige lettische EU-Kommissarin und Außenministerin Sandra Kalniete die Situation in ihrem Heimatland nach dem Einmarsch der Roten Armee und dessen Wiedereingliederung in den sowjetischen Staatsverband als Fortsetzung des »Genozids«, ohne auf die besondere Form der lettischen Kollaboration beim Holocaust hinzuweisen.[52] In ihrer Rede zur Eröffnung der Buchmesse in Leipzig vom 24. März 2004 sprach Kalniete über die Opfer des stalinistischen Terrors in ihrer Familie, was typisch für Lettland sei. Über die Gleichheit der Totalitarismen verkündete die Politikerin: »(...) Europa hatte sich eben erst von der Plage des Nazismus befreit; und nach Blutvergießen und Krieg war es wohl verständlich, dass nur wenige Menschen die Kraft hatten, der bitteren Wahrheit ins Auge zu blicken, insbesondere der Tatsache, dass der Terror in der einen Hälfte Europas weiterging, wo hinter dem Eisernen Vorhang das Sowjet-Regime weiter Genozide an den Völkern Osteuropas verübte und in der Tat auch am eigenen Volk. (...) Erst nach dem Fall des Eisernen Vorhangs erhielten die Forscher Zugang zu den archivierten Dokumenten und Lebensgeschichten dieser Opfer. Diese belegen, dass beide totalitären Regime – Nazismus und Kommunismus – gleich kriminell waren. Es darf niemals eine Unterscheidung geben, nur weil eine Seite auf der der Sieger gestanden hat. Ihr Kampf gegen den Faschismus kann nicht als etwas gesehen werden, das die Sowjetunion, die zahllose Unschuldige im Namen einer Klassen-Ideologie unterdrückte, für immer von ihren Verbrechen entschuldet.«[53]

Leider vergisst Kalniete zu erwähnen, dass es die Rote Armee war, welche in Europa vor allem an der Befreiung vom Faschismus beteiligt war. Auch blendet sie aus, wie viele Letten an den faschistischen Genoziden teilnahmen und die Befreiung vom Faschismus (in Einheiten von Wehrmacht, SS und durch Kollaboration) tatkräftig zu verhindern suchten, sodass sie durch die sowjetische Armee zwangsweise an einer Fortsetzung dieser Praxis gehindert und dafür bestraft werden mussten.[54] Derlei übergeht die Politikerin, wenn sie von, nicht näher beschriebenen, sowjetischen »Genoziden« nach 1945 spricht, ohne zu fragen, ob der Holocaust und die anderen Verbrechen der Nazis wirklich mit dem gleichen Begriff gefasst werden können wie deren Bestrafung durch Umsiedlung, Zwangsarbeit und Internierungslager, auch wenn es dabei zu unrechtmäßigen Repressionen gekommen ist.[55]

Anscheinend gehört es zum gegenwärtigen hegemonialen lettischen Geschichtsdiskurs, das Leid von Lett(inn)en in sowjetischer Gefangenschaft besonders zu betonen und die Kollaboration mit den Nazis zu marginalisieren oder sogar als antisowjetischen Kampf für Unabhängigkeit darzustellen, wobei die nationalsozialistischen Verbrechen offen relativiert, wenn nicht sogar glorifiziert werden. Vorherrschend ist jedenfalls das Selbstverständnis als kollektives Opfer des Totalitarismus – eine in Deutschland zutiefst bekannte und beliebte Lesart der Geschichte. »Entgegen der internationalen Präsentation als Opfer von Stalinismus und Nationalsozialismus, werden mit einem nationalen Feiertag am 16. März öffentlich, massenhaft und inklusive des gesamten liberalen und konservativen politischen Spektrums, ehemalige Angehörige (der von Deutschland mit Renten alimentierten) lettischen SS geehrt. Am 16. März 1943 war eine lettische 100.000 Mann starke SS-Division aufgestellt worden. Daneben stützten sich die Nazis auf 30.000 lettische Polizisten, von denen sich viele aktiv an der Vernichtungspraxis beteiligten.«[56]

Ähnlich wie in anderen osteuropäischen Staaten war der Transformationsprozess zur Unabhängigkeit nach 1990 auch in Lettland begleitet von Prozessen, in denen Kämpfer/innen gegen den Faschismus als Kriegsverbrecher/innen verfolgt und die Taten von lettischen Kollaborateur(inn)en bagatellisiert oder offen zu Heldentaten umgedeutet wurden.[57] »Erst die Intervention der USA führte zu einer Verurteilung von Konrad Kalejs, der als Offizier des ›Arajs-Kommandos‹ die Ermordung von 30.000 Juden mit anführte. Die Shoah wird massenhaft und unsanktioniert geleugnet und relativiert und antisemitische und antirussische Propaganda kann auf noch tiefere und ältere Wurzeln der kollektiven lettischen Identität vertrauen. Die Erinnerungspolitik der Straße manifestiert sich in einer zornigen

Praxis regelmäßiger Schändungen antifaschistischer Gedenkorte, solcher der jüdischen Opfer des Nationalsozialismus sowie jüdischer Friedhöfe. Die Marginalisierung oder Umdeutung der Taten der KollaborateurInnen, die Schändungen der Erinnerungsorte der von den Nazis ›rassisch‹ und politisch Verfolgten und die permanente Überbetonung sowjetischer Verbrechen missachtet in Lettland vor allem diejenigen, die am meisten gelitten haben: 2.000 Roma und Sinti, 20.000 KommunistInnen und WiderstandskämpferInnen und über 60.000 Jüdinnen und Juden.«[58]

In den Ländern, welche nach 1990 einen prowestlichen Kurs einschlugen und die Einführung des Kapitalismus betrieben, glorifizierten viele den vor-bolschewistischen Zustand als angebliche Freiheit. Wird unter Freiheit eine parlamentarische Demokratie verstanden, erstaunen die Selbstauskünfte, da in jenen Ländern früher kaum jemals so etwas vorhanden war – und selbst wenn doch, dann bereits zerschlagen war, bevor die Rote Armee kam. Letztere brachte demnach zunächst einmal die Befreiung von deutsch-faschistischer Okkupation oder von hausgemachten (proto-)faschistischen Diktaturen bzw. autoritären Regimen.[59]

Obwohl die Abfolge von stalinistischer und faschistischer Repression ein sehr beliebtes Geschichtsbild ist, bleibt es wahr, dass die »Eroberung der baltischen Republiken 1944/45 durch die Rote Armee, die dabei immense Verluste hatte, – (...) anders als 1940 – Befreiung im vollen Wortsinne« war, auch wenn ihr eine neue Phase der Repression und abermalige Deportationen folgten.[60] Obwohl heute häufig das genaue Gegenteil verkündet wird, wurde die Rote Armee nicht nur in Polen, sondern auch in anderen vom Hitlerfaschismus besetzten Ländern von der Mehrheit der Bevölkerung als Befreierin gefeiert: »Die Autorität der Sowjetunion, auch die eines dem Sozialismus verpflichteten Staates, war in Polen wie in der Tschechoslowakei oder in Bulgarien und in Jugoslawien recht groß. Die schmähliche Rolle der westeuropäischen Mächte vor dem zweiten Weltkrieg wie auch die kriecherische Untertänigkeit der eigenen Bourgeoisie waren nicht vergessen. Die Völker fühlten sich keineswegs durch eine neue Okkupation oder die Aufzwingung eines fremdbestimmten

Entwicklungsweges, wie das heute manche darzustellen versuchen, gedemütigt.«[61]

Auf eine völlig andere Situation trafen die sowjetischen Truppen, als sie schließlich auf deutsches Territorium vorstießen. Wie schon gegen deutsche Kriegsgefangene kam es nun auch zu Übergriffen gegen die Zivilbevölkerung, zu Vergewaltigungen und Plünderungen. Sie wurden aber von der sowjetischen Militärführung verboten und bestraft und nicht etwa – wie oft behauptet – zugelassen oder gar angeordnet.[62] »Jeder einzelne Fall von Plünderungen und Vergewaltigungen wie anderen Übergriffen an der Zivilbevölkerung ist zu verurteilen. Und es gab ihrer zweifellos zu viele, vor allem in den ersten Tagen und Wochen. Seitens des sowjetischen Oberkommandos wie der einzelnen Truppenkommandeure wurde oftmals hart durchgegriffen, trotzdem dauerte es eine bestimmte Zeit, bis solche Vorkommnisse zu seltenen Einzelerscheinungen wurden. In seiner Eigenschaft als Oberster Befehlshaber hatte Stalin in einem speziellen Befehl vom 20. April 1945 die strikte Anweisung gegeben, die Haltung zu den Deutschen, zu der Zivilbevölkerung wie zu den Kriegsgefangenen, zu ändern. Sie dürften keine Gründe für Angstgefühle haben. (...) Die tieferen Ursachen für die Übergriffe konnten mit einem Befehl – selbst wenn er von Stalin unterschrieben war – oder durch Anordnungen von Marschall Shukow und anderen Befehlshabern nicht weggeräumt werden. Die ganze Kriegführung, die verbrannte Erde von der Wolga bis zur Weichsel, die barbarische Gewaltherrschaft der faschistischen Okkupanten, ihre Massenmorde an Frauen und Kindern schlugen jetzt mit ganzer Wucht auf Deutschland zurück. Letztlich hatte auch die verbrecherische Fortsetzung des Krieges durch die Wehrmachtsführung, die 1945 weitere Hunderttausende, wenn nicht Millionen Opfer – auf sowjetischer wie auf deutscher Seite – forderte, den ›Vergeltungsdrang‹ erhitzt. Das ist eine notwendige zusätzliche Erklärung, keine Entschuldigung, die es nicht geben kann.«[63]

Oft wird in Medien, Geschichtswissenschaft und Politik von vornherein davon ausgegangen, dass die polnische Exilregierung während der deutschen Besatzungszeit in London eine demokratische

Institution darstellte. Dabei wird unterschlagen, dass diese Regierung das autokratische polnische Regime aus der Zeit bis 1939 repräsentierte, das u.a. selbst mit Hitler intrigiert hatte und nach dem Münchener Abkommen seinem Vorbild folgte und sich einen Teil der Tschechoslowakei einverleibte. Dieses Regime war es auch, welches bewusst am 1. August 1944 einen antisowjetischen Aufstand in Warschau plante, um – wider alle Empfehlungen auch der Westalliierten – noch bevor die Rote Armee Warschau erreichen konnte, dieses von den deutschen Besatzern zu befreien. Der Versuch misslang, jedoch nicht – wie bei den Feierlichkeiten im Sommer 2004 häufig unterstellt – deshalb, weil die Rote Armee ihm vom rechten Weichselufer aus tatenlos zugesehen hätte, sondern weil sie zu Beginn des Aufstands – gerade am Ende einer Großoffensive – noch nicht nahe genug an Warschau herangekommen war, was allerdings nicht bedeutet, dass nicht dennoch viele tausend Rotarmisten (auch polnischer Herkunft) bei dem Versuch starben, den Aufständischen gegen die deutschen Besatzer zur Hilfe zu kommen.[64] »Bei den Operationen im August und September 1944 zur Unterstützung Warschaus kamen 7.750 Mann der Roten Armee um, 24.100 Soldaten und Offiziere wurden verwundet. 5.600 Mann der 1. Polnischen Armee verloren ihr Leben. Das zur Kenntnis derer, die Soldaten verleumden, die im Kampf gegen den Nazismus bei Warschau ihr Leben gegeben haben, und schamlos behaupten, die sowjetischen Truppen und die Einheiten der 1. Polnischen Armee hätten am rechten Weichselufer tatenlos zugesehen, wie die Aufständischen verbluteten.«[65]

Ähnlich geschichtsverzerrend werden als Erklärung für das Auseinanderbrechen der Anti-Hitler-Koalition oftmals ein angeblicher sowjetischer Expansionismus (»bis zum Atlantik«) angeführt und auch das Beispiel sowjetischer Dominanz über Polen genannt. Dies lässt jedoch außer Acht, wie es dazu kam, dass sich die Formel durchsetzte, wonach der Befreier eines Gebietes auch über dessen zukünftiges politisches und ökonomisches System bestimmen solle. Dieses Prinzip »cuius regio, eius religio« wurde bis 1943 von den Alliierten abgelehnt zugunsten einer Regelung, welche vorsah, dass befreite Länder unter die Verwaltung aller drei Alliierten zu stellen seien.

Doch sobald die Westalliierten im Sommer 1943 in Italien gelandet waren, verabschiedeten sie sich von dieser Abmachung und bestimmten alleine über die zukünftige Gesellschaftsstruktur der von ihnen befreiten Länder.[66] Ähnlich wie in Italien gingen sie in Frankreich, Belgien und Griechenland vor, woraufhin ihnen dann die sowjetische Führung auch kein größeres Mitspracherecht mehr in ihrem Einflussbereich zugestehen wollte (Ausnahmen stellten Finnland, Österreich und natürlich Deutschland dar). »Die Ereignisse der Jahre 1943 und 1944 in Ländern wie Italien, Griechenland, Frankreich und Belgien hatten deutlich gezeigt, daß die Befreier bestimmten, wie die lokalen Faschisten und Kollaborateure ausgeschaltet wurden (...) oder ob sie verschont blieben, wie die Demokratie wiederhergestellt wurde, inwieweit die antifaschistischen Widerstandsbewegungen und die einheimische Bevölkerung im allgemeinen ein Mitspracherecht beim Wiederaufbau des eigenen Landes bekamen und ob auf politischer, sozialer und wirtschaftlicher Ebene Reformen erfolgten. Die wenig subtile Vorgehensweise der westlichen Alliierten gab auch Stalin implizit *carte blanche*, in den Ländern, die von der Roten Armee befreit worden waren, analog vorzugehen. Diese Symmetrie war jedoch alles andere als perfekt. Erstens kämpften die Sowjets noch bis zum Sommer 1944 beinahe ausschließlich im eigenen Land. Erst im Herbst dieses Jahres befreiten sie Nachbarländer wie Rumänien und Bulgarien, die in ihrer Bedeutung nicht mit Italien und Frankreich verglichen werden konnten. Zweitens sah die zwischen Stalin und Churchill vereinbarte Einflußsphären-Formel für die westlichen Alliierten einen kleinen, möglicherweise aber wichtigen Mitspracherecht-›Prozentsatz‹ vor, der den Sowjets in den befreiten Ländern Westeuropas überhaupt nicht zuteil geworden war.«[67]

Somit können also auch diese beliebten Beispiele kein triftiges Argument sein gegen die zentrale Rolle der Sowjetunion und ihrer Armeen bei der Befreiung Europas vom Faschismus. Die Menschheit ist daher nicht nur den Westalliierten für ihre Befreiung von dieser tödlichen Gefahr zu Dank verpflichtet, sondern auch und vor allem der sowjetischen Bevölkerung – mit und ohne Uniform. Denn es waren die Bürgerinnen und Bürger der UdSSR, welche den beispiellosen

Kampf zur Befreiung von der Herrschaft des Hakenkreuzes getragen und unterstützt haben. Es ist nicht auszudenken, was aus Europa und der Welt geworden wäre, wenn das sowjetische Volk und seine Armeen 1941 und danach versagt hätten.

Insofern ist dem englischen Militärhistoriker Richard Overy zuzustimmen, wenn er den Stellenwert der sowjetischen Leistungen zur Niederringung Hitler-Deutschlands im Rahmen der Anti-Hitler-Koalition besonders hervorhebt: »Inzwischen herrscht Konsens darüber, daß der entscheidende Kriegsschauplatz an der Ostfront lag. Es ist schwer vorstellbar, wie die demokratische Welt das Dritte Reich ohne den sowjetischen Widerstand anders hätte besiegen können als dadurch, fester zusammenzurücken und die Entwicklung atomarer Waffen abzuwarten. Das große Paradoxon des Zweiten Weltkriegs liegt darin, daß die Demokratie mit Hilfe des Kommunismus gerettet wurde.«[68] Es bleibt nur die Frage, ob es sich bei der Hilfe des »Kommunismus« für die Rettung der »Demokratie« tatsächlich um ein Paradoxon handelt, oder ob wir hier nicht auf einen Kausalzusammenhang stoßen, der als Paradoxon nur deshalb erscheint, weil er sich der Wahrnehmung des Totalitarismusansatzes entzieht.

Anmerkungen

1 Vgl. Ausstellungsrundgang im Internet: www.dhm.de/ausstellungen/mythen-der-nationen/rundgang.htm v. 6.10.2004. Dabei ist es ein Hohn, dass in der Ausstellung so getan wird, als hätte es solche Kämpfe zwischen Nationalisten und antifaschistischer Widerstandsbewegung gegeben, ohne auf die besondere Unterstützung der Rechten durch Großbritannien oder die USA in diesem Konflikt zu sprechen zu kommen (vgl. Jacques Pauwels, Der Mythos vom guten Krieg. Die USA und der 2. Weltkrieg, Köln 2003, S. 105).

2 Vgl. 5. Das Eingeständnis, in: Ausstellungsrundgang im Internet: www.dhm.de/ausstellungen/mythen-der-nationen/rundgang.htm v. 6.10.2004

3 Siehe Deutsches Historisches Museum (Hg.), Mythen der Nationen 1945. Arena der Erinnerungen. Begleitband zur Ausstellung in 2 Bde., Berlin 2004, S. 173/187

4 Vgl. Nada Kumrovec, Geschichte als deutsche Meistererzählung, in: Jung-

le World v. 6.10.2004. Zu den unappetitlichsten Kriegslügen von Verteidigungsminister Rudolf Scharping und Außenminister Joseph Fischer über mit Albanerföten Fußball spielende oder sie grillende Serben, über den erfundenen »Hufeisenplan« zur »Endlösung der Albanerfrage« und dem inszenierten Massaker in Racak vgl. Jürgen Elsässer, Kriegslügen. Vom Kosovo-Konflikt bis zum Milosevic-Prozess, Berlin 2004

5   Die unheilige Allianz. Stalins Briefwechsel mit Churchill 1941-1945, Reinbek bei Hamburg 1964

6   Die unheilige Allianz, a.a.O., S. 316

7   Vgl. Die Großen Drei, in: Ausstellungsrundgang, a.a.O.

8   »Wie Waterloo – nur im Weltformat«. Manfred Rommel über den D-Day, in: Spiegel Online v. 4.6.2004

9   Vgl. Vilnis Sipols, Die sowjetische Diplomatie im 2. Weltkrieg. Antihitlerkoalition, Jalta, Potsdam, Köln 1985, S. 91ff.; zum ersten, eher vorgetäuschten als wirklich intendierten Landungsversuch der Westalliierten in Nordfrankreich bei Dieppe am 19.8.1942 vgl. Jacques Pauwels, Der Mythos vom guten Krieg, a.a.O., S. 81f.

10 Vgl. dazu die Untersuchung eines geschichtspolitischen Think-Tanks der Totalitarismusdoktrin, welcher in diesen Kontroversen führender Akteur ist: Horst Schneider, Das Hannah Arendt-Institut im Widerstreit politischer Interessen, Berlin 2004

11 Vgl. Daniel Freudenreich, Gedenkstättenstreit. Eisiges Schweigen in Torgau, in: SPIEGEL ONLINE v. 25.9.2004; Revisionistische Stoßtrupps, in: junge Welt v. 13.5.2004 sowie Alles unschuldige Opfer? Verfolgte des Naziregimes und PDS protestieren gegen Gedenkstätte für in der DDR verurteilte Faschisten in Halle. Einige der Geehrten waren an der Ermordung von 1017 KZ-Häftlingen beteiligt, in: junge Welt v. 29.9.2004

12 Diesen Irrtum begeht auch die Leiterin der Berliner Ausstellung »Mythen der Nationen«, Monika Flacke, indem sie von der »Erinnerung an eine doppelte Diktatur« in Osteuropa nach 1989 spricht (Nazismus und Stalinismus), ohne die vielen Diktaturen in den osteuropäischen Staaten (außer der Tschechoslowakei) zu beachten, welche vor dem Einmarsch der deutschen Besatzer und dem der Roten Armee installiert waren (z.B. in Polen, Ungarn, den baltischen Staaten, Bulgarien, Rumänien etc.). Vgl. Mythen der Nationen, in: Paris-Berlin 2/2004, S. 48

13 Vgl. Sebastian Haffner/Stephan Hermlin/Kurt Tucholsky u.a., Zwecklegenden. Die SPD und das Scheitern der Arbeiterbewegung, Berlin 1996

14 Dazu gehört dann natürlich auch eine finanzielle und personelle Schwerpunktsetzung auf die Gedenkstätten zur Erinnerung an die »SED-Diktatur« und Zurückstufung der NS-Gedenkstätten.

15 Zitiert nach: Norbert Frei (Hg.), Hitlers Eliten nach 1945, München 2003, S. 216

16 Die Widerlegung dessen liefert: Fritz Fischer, Griff nach der Weltmacht. Die Kriegszielpolitik des kaiserlichen Deutschland 1914/18, Kronberg 1977

17 Kritisch dazu: Michael Klundt, Die Nation im Helden- und Opfertaumel. Geschichtspolitische Debatten nach 1989, in: ders. (Hg.), Heldenmythos und Opfertaumel. Der Zweite Weltkrieg und seine Folgen im deutschen Opferdiskurs, Köln 2004, S. 165ff.

18 Jörg Friedrich, »Der Krieg ist eigentlich gewonnen!«, in: WELT v. 4.8.2004

19 In extremer Form wird eine antikommunistische und proimperialistische (solange es nicht der deutsche Imperialismus ist) Faschismusinterpretation von Antideutschen vorgestellt durch: Karl Nele, Entsorgung des Antifaschismus. Eine Deutsch-französische Kollaboration zum D-Day 2004, in: Bahamas 44 (2004). Für ihn verkörpern die USA bis heute den »internationalen Antifaschismus«, während die UNO den »Ungeist der (faschistischen) Achsenmächte« Nazi-Deutschland, Italien und Japan darstelle. Wenig wird schließlich in diesen Tagen bekannt über den Reflex des beginnenden Kalten Krieges in Form von sog. Separatabkommen bzw. -kapitulationen zwischen Westalliierten mit der Wehrmacht an der Westfront vor dem 8. Mai 1945. Vgl. Jacques Pauwels, Der Mythos vom guten Krieg, a.a.O., S. 147ff.

20 So beispielhaft Daniel J. Goldhagen, Hitlers willige Vollstrecker. Ganz gewöhnliche Deutsche und der Holocaust, Berlin 1996, S. 533

21 Eric. J. Hobsbawm, Zeitalter der Extreme. Weltgeschichte des 20. Jahrhunderts, München/Wien 1995, S. 185

22 Vgl. Donald O'Sullivan, Stalins »Cordon sanitaire«. Die sowjetische Osteuropapolitik und die Reaktionen des Westens 1939-1949, Paderborn 2003 sowie die Rezension: Das rote Krokodil. Stalins imperialistisches Streben nach Weltgeltung, in: FAZ v. 16.9.2004

23 In deren Verlauf wurden nicht nur – wie auch in Italiens Aggression gegen Abessinien und NS-Deutschlands Angriffen auf die sowjetischen Verteidiger der Katakomben von Odessa und Kertsch – Giftgase eingesetzt, sondern – nach chinesischen Angaben zwischen 25 bis 30 Millionen Chinesen getötet, was jedoch in keiner Weltkriegsopferbilanz erscheint (vgl. Valentin Falin, Zweite Front. Die Interessenkonflikte in der Anti-Hitler-Koalition, München 1997, S. 42).

24 Vgl. Valentin Falin, Zweite Front, a.a.O., S. 31ff.

25 Vgl. das sog. Schwarzbuch des Kommunismus, worin praktisch alle Opfer von Konflikten des 20. Jahrhunderts als Opfer »des« Kommunismus gezählt werden, unabhängig von den wirklichen Tätern. Zur Widerlegung dieser und anderer Thesen über den »verbrecherischen Kommunismus von 1917 bis 1991 – aus einem Guß« und der »kriminogenen marxistischen Idee« vgl. Michael Klundt, Geschichtspolitik. Die Kontroversen um Goldhagen, die Wehrmachtsausstellung und das »Schwarzbuch des Kommunismus«, Köln 2000, S. 63ff.

26 Reinhard Kühnl, Krieg und Frieden. Von den Kolonialkriegen und den Weltkriegen bis zur »neuen Weltordnung« der USA, Heilbronn 2003, S. 28f.

27 Sowohl der US-Außenminister Cordell Hull als auch der US-Präsident Roosevelt proklamierten nach dem völkerrechtswidrigen Überfall des faschistischen Italiens auf Abessinien, welcher auch einen Bruch des Briand-Kellogg-Paktes bedeutete, ihre uneingeschränkte »Neutralität« gegenüber der Aggression (vgl. Valentin Falin, Zweite Front, a.a.O., S. 32f.).

28 Indirekt unterstützte die britische Regierung sogar Franco, während nicht nur Churchill mit dem italienischen Faschismus sympathisierte. Vgl. Eric. J. Hobsbawm, Zeitalter der Extreme, a.a.O., S. 201 sowie Valentin Falin, Zweite Front, a.a.O., S. 34

29 Vgl. Vilnis Sipols, Die Vorgeschichte des deutsch-sowjetischen Nichtangriffsvertrags, Köln 1981, S. 200ff.

30 Pierre Reynaud, La France a sauvé l'Europe, Paris 1947, Vol. 1, S. 375, zit. nach: Valentin Falin, Zweite Front, a.a.O., S. 62

31 Vgl. Valentin Falin, Zweite Front, a.a.O., S. 55f.

32 Vilnis Sipols, Die Vorgeschichte des deutsch-sowjetischen Nichtangriffsvertrags, a.a.O., S. 267ff.

33 Zitiert nach: Valentin Falin, Zweite Front, a.a.O., S. 44

34 Zitiert nach: Jacques Pauwels, Der Mythos vom guten Krieg, a.a.O., S. 45

35 Siehe Memorandum des Foreign Office vom 7.2.1935, in: Documents on British Foreign Policy 1919-1939, Ser. 2, Vol. XIII, London 1972, S. 501f.

36 Zit. nach: Vilnis Sipols, Die Vorgeschichte des deutsch-sowjetischen Nichtangriffsvertrages, a.a.O., S. 312

37 *The Secret Diary of Harold Ickes* (Das geheime Tagebuch von Harold Ickes), Bd. II, S. 705, zitiert in: Vilnis Sipols, Die Vorgeschichte des deutsch-sowjetischen Nichtangriffsvertrags, a.a.O., S. 288

38 Reinhard Kühnl, Krieg und Frieden, a.a.O., S. 31f.

39 Vgl. Eric. J. Hobsbawm, Zeitalter der Extreme, a.a.O., S. 200

40 Vgl.: Deutschland im Zweiten Weltkrieg, von einem Autorenkollektiv unter Leitung von Wolfgang Schumann u. Gerhard Hass, Bd. 1, Köln 1974, S. 254

41 Reinhard Kühnl, Krieg und Frieden, a.a.O., S. 32

42 Reinhard Kühnl, Krieg und Frieden, a.a.O., S. 32f.

43 Winston Churchill, La Deuxième Guerre mondiale, Cercle du bibliophile 1965, Bd. 2, S. 51-52

44 Vgl. François-Georges Dreyfus, Histoire de la Résistance, Paris 1996, S. 166ff.

45 Michael Parenti, The Anti-Communist Impulse, New York 1969, S. 126, zit. nach: Jacques Pauwels, Der Mythos vom guten Krieg, a.a.O., S. 63

46 Eric J. Hobsbawm, Zeitalter der Extreme, a.a.O., S. 210

47 Eric J. Hobsbawm, Zeitalter der Extreme, a.a.O., S. 226

48 Vgl. Jacques Pauwels, Der Mythos vom guten Krieg, a.a.O., S. 69ff.

49 Manfred Müller, Teheran, Jalta, Potsdam, in: Hans Modrow (Hg.), Der 8. Mai 1945. Ende und Anfang, Berlin 1995, S. 145

50 Robert E. Sherwood, Roosevelt and Hopkins. An intimate Story, New York 1948, S. 306; zit. nach: Stefan Doernberg, Niederlage des Faschismus – Rettung der menschlichen Zivilisation. Alte Legenden und neue Mythen über den Mai 1945, in: Marx-Engels-Stiftung (Hg.), 50. Jahrestag der Befreiung vom Faschismus. Wider den Geschichtsrevisionismus, Bonn 1996, S. 23

51 Dieser Mythos vorsowjetischer Demokratie ist den Machern der Ausstellung »Mythen der Nationen 1945« nicht der Rede wert.

52 Vgl. Fussnoten, in: Die Welt v. 6.7.2004

53 »Es darf keinen Unterschied geben.« Dokumentation, in: MDR.DE v. 29.3.2004

54 Lea Rosh/Eberhard Jäckel, Der Tod ist ein Meister aus Deutschland, Hamburg 1990, S. 30-58

55 Einzig der Vorsitzende der Jüdischen Gemeinde von Frankfurt am Main, Salomon Korn, verließ während der den Holocaust verharmlosenden Rede der lettischen Politikerin den Veranstaltungssaal. Dafür wurde er in der bürgerlichen Presse stark kritisiert und verhöhnt. So bezeichnete man etwa seine Reaktion als »Empfindlichkeit auf jüdischer Seite« und »jüdische Nervosität«, welche noch nicht die »Normalisierung« Deutschlands und Europas verstanden hätte (vgl. u.a. Eckard Fuhr, Gezeitenwechsel, in: Die Welt v. 4.6.2004).

56 Die totale Erinnerung, in: Phase 2 Berlin 12 (2004)

57 Vgl. die ähnliche Entwicklung in den ehemals jugoslawischen Republiken Serbien und Kroatien: Der Geschichtsrevisionismus hat sich durchgesetzt. Interview mit dem Belgrader Soziologen Todor Kuljic, in: analyse + kritik v. 15.8.2003

58 Die totale Erinnerung, a.a.O.

59 Vgl. Georg Fülberth/Gert Meyer, Die zweite Grande Armée, in: Konkret 7/1990, S. 22f.

60 Siehe ebd.

61 Stefan Doernberg, Niederlage des Faschismus – Rettung der menschlichen Zivilisation, a.a.O., S. 11

62 Nicht umsonst lautete bereits Stalins Tagesbefehl vom 23. Februar 1942: »Die Hitler kommen und gehen, aber das deutsche Volk, der deutsche Staat bleibt.« Dagegen stellt die fortwährende Unterstellung rechter Kreise, die Sowjetunion hätte den Krieg zur Vernichtung Deutschlands und des deutschen Volkes geführt, eine pure Projektion eigener Wünsche dar. Denn es war ja die Nazi-Führung selbst, welche dem deutschen Volk das Existenzrecht absprach, wenn es sich gegen den Bolschewismus als unterlegen erweise (vgl. ausnahmsweise »Der Untergang« von Joachim C. Fest sowie den gleichnamigen Film).

63 Stefan Doernberg, Niederlage des Faschismus, a.a.O., S. 12f.; vgl. ders., Befreiung 1945. Ein Augenzeugenbericht, Berlin 1975, S. 8ff. sowie Silke Schneider, BeFreier vs. Befreite? NS-Vergangenheit und Weltkrieg in Geschlechterperspektive, in: Michael Klundt (Hg.), Heldenmythos und Opfertaumel. Der Zweite Weltkrieg und seine Folgen im deutschen Opferdiskurs, Köln 2004, S. 134ff.

64 Vgl. Valentin Falin, Zweite Front, a.a.O., S. 440ff.

65 Ebenda, S. 448

66 Vgl. Jacques Pauwels, Der Mythos vom guten Krieg, a.a.O., S. 96ff.

67 Jacques Pauwels, Der Mythos vom guten Krieg, a.a.O., S. 112

68 Richard Overy, Die Wurzeln des Sieges. Warum die Alliierten den Zweiten Weltkrieg gewannen, Reinbek bei Hamburg 2002, S. 13

* * *

GERHARD STUBY

Vom »Feindstaat« zur »verschämten« Großmacht
Der 8. Mai und das Völkerrecht

Die am 8. Mai 1945 (am 7. Mai in Reims und am 9. Mai in Karlshorst) vollzogene bedingungslose Kapitulation (unconditional surrender) entsprach einer wichtigen Zielsetzung der Antihitlerkoalition gegenüber den Achsenmächten. Gefordert wurde sie zum erstenmal nach der Casablanca-Konferenz am 24. Januar 1943 von US-Präsident Roosevelt. Später wurde sie nach einigem Zögern auch von England und der UdSSR akzeptiert. Sie war anfangs auf Kritik gestoßen. Es bestände die Gefahr, die Deutschen noch fester an Hitler zu binden. Zudem könne die NS-Propaganda hiermit den totalen Krieg legitimieren. Auch würde die Lage des innerdeutschen Widerstandes verschlechtert. Als sich aber immer deutlicher abzeichnete, dass er kaum Bedeutung mehr hatte, es also keinen akzeptablen Repräsentanten für Waffenstillstands- und Friedensverhandlungen geben würde, einigten sich die Alliierten auf die Formel der bedingungslosen

Kapitulation, die im einzelnen im Kontext der Pläne der Behandlung Deutschlands nach dem Kriege präzisiert wurde. Den anderen Achsenmächten gegenüber wurde sie abgewandelt angewandt. So wurde mit Italien ein Waffenstillstand vereinbart, Japan wurde die Erhaltung der Monarchie zugestanden.

Die deutsche Propaganda malte den Karthago-Frieden an die Wand, so wie die faschistische Besatzung ihn im Westen (weniger) im Osten (mehr) gebracht hatte und ihn weltweit bringen wollte.[1] Mit diesem Odium ist die Formel bis heute belastet. Solches meinten die alliierten Regierungen selbstverständlich nicht. Sie hätten es sich nach ihren propagierten Zielsetzungen, auf die gleich noch näher einzugehen ist, vor ihren Völkern trotz aller dort vorhandenen und verständlichen Rachegelüsten gar nicht leisten können. Allerdings visierten sie eine Behandlung der Besiegten an, die den völkerrechtlichen Rahmen der Zwischenkriegszeit (insbes. des Haager Rechts) eindeutig überschritt und ebenso das neue, in der UN-Charta als global geltende Modell vorerst zurückstellte.

Im Folgenden wird zunächst das Zustandekommen der UN-Charta und ihrer Kernpunkte skizziert (1.), dann das Sonderprogramm der Behandlung Deutschlands vorgestellt (2.). Die durch den Kalten Krieg bedingten Abänderungen und ihre Rezeption auf rechtlicher Ebene in der (alten) Bundesrepublik bis zur Einverleibung der DDR bilden das Thema des folgenden Abschnitts (3.), Bemerkungen zu neuesten Tendenzen der deutschen Außenpolitik bilden den Abschluss (4.).

1. Die Kernpunkte der UN-Charta

Am 26. Juni 1945 wurde die Satzung der Vereinten Nationen (UN-Charta) in San Francisco von 50 Staaten unterzeichnet. Dieser feierliche Akt war zugleich der Höhepunkt des Kriegsbündnisses der Gegner der Achsenmächte, gemeinhin und verkürzt als Antihitlerkoalition bezeichnet.[2] Es waren mühevolle Stationen, die Zustandekommen und Wirksamwerden dieses Bündnisses kennzeichnen: Atlantikcharta vom 14. August 1941, noch allein von USA und England verkündet, über die Erklärungen der Vereinten Nationen vom 1. Januar 1942, jetzt schon von 26 Staaten, darunter der UdSSR unterzeichnet, der sich weitere 21 bis zum Ende der Kriegshandlungen anschlossen, die Teherankonferenz von 1943, die Dumbarton-Oaks-Zusammenkunft von 1944 bis zur erwähnten Konferenz von San Francisco. Ihr Ziel sollte sein, eine dauernde allgemeine internationale Organisation zur globalen Friedenssicherung nach dem Krieg zu schaffen. Sie begann am 25. April 1945 unter Beteiligung von 45 Staaten. Polen war eingeladen, aber nicht vertreten, im Verlauf der Konferenz traten vier Staaten hinzu. Abgesehen von zwei letztlich marginalen Änderungen – 1963 wurde die Anzahl der bis dahin 6 nichtständigen Mitglieder des Sicherheitsrates auf 10 (Art. 23) und 1973 die Anzahl der Mitglieder des Wirtschafts- und Sozialrates (ECOSOC) von bis dato 27 auf 54 (Art. 61) erhöht – ist die Charta bis heute auf dem Stand von 1945 geblieben.

Es ist erstaunlich, dass schon im Juni 1945 ein solch gewichtiges Dokument wie die UN-Charta zustande kommen konnte, nicht nur was die Perspektive der geistigen und materiellen Entwicklung des ganzen Globus anlangte, sondern auch die konkreten Umsetzungsinstrumente, sprich die Form der zu errichtenden internationalen Organisation.

Der Krieg, in dem das Bündnis ihrer Architekten entstand, war noch nicht zu Ende. In Europa schwiegen zwar die Waffen seit dem 8. Mai 1945, also seit einem Monat. Aber im Fernen Osten tobten noch verlustreiche Kämpfe. Bei der dreimonatigen Schlacht um die Insel Okiwana, die Ende Mai abgeschlossen werden konnte, hatte die amerikanische Armee allein 75.000 Mann verloren. Man richtete sich in Washington auf längere verlustreiche Kämpfe ein, wenn es um das japanische Kernland ging. Es verlief dann alles schneller und weniger verlustreich als erwartet, was die eigenen Toten, nicht die des Gegners anlangte, zum einen, weil die UdSSR entsprechend ihren in Jalta übernommenen und in Potsdam bestätigten Verpflichtungen im August die Japaner in der Mandschurei angriff, zudem die USA die Atombomben auf Hiroshima und Nagasaki warfen.[3]

Dass man sich in Washington dennoch schon zu diesem Zeitpunkt intensiv Gedanken machte über eine neue Weltorganisation, war zumindest beachtenswert. Allerdings war dort der Krieg im Alltagsleben nur indirekt zu spüren. Das galt auch für die Planungszentren der Bürokratie und vor allem für die Diskussion in der politischen Elite. In Europa und in der UdSSR hingegen waren zwar die Kämpfe seit kurzem beendet. Aber die immensen Verluste an Menschenleben (allein 25 Millionen in der UdSSR, in Polen 6 Millionen, in Deutschland 4 Millionen), die Zerstörungen und wirtschaftlichen Entwurzelungen, die Vertreibungen sollten erst noch einsetzen und noch mehr Opfer bringen, erreichten eine nie da gewesene Größenordnung. Konzeptionen für die Zukunft hatten hier keine günstige Konjunktur.

Insofern lag es auf der Hand, dass die Initiative zu konkreten Planungen über die allgemeinen politischen Leitlinien der großen interalliierten Konferenzen hinaus, in deren Mittelpunkt zudem in erster Linie militärische Fragen standen (Bildung einer 2. Front[4] etc.), von den USA ausgingen.

Der Schock, die Dynamik des »Bösen«, die ab 1933 in Deutschland mit dem Hitlerregime offenbar wurde, falsch eingeschätzt zu haben und gerade noch der Katastrophe entkommen zu sein – denn so ausgeschlossen schien der Griff zur Weltmacht der Achsenmächte 1941/1942 nicht –,[5] saß tief. Schon vor Pearl Harbor, aber intensiv dann nach dem Eintritt der USA in den Krieg begannen die Überlegungen, wie eine derartige Konstellation in Zukunft vermieden werden könnte.

Einfach war es nicht, die Denkschemata, die sich in der Zwischenkriegszeit gebildet hatten, aufzubrechen. Das Völkerbundsystem hatte spätestens 1939 seinen Geist aufgegeben. 1944 zeichnete sich ab, dass sowohl Deutschland als auch Japan zumindest auf Jahrzehnte keine entscheidenden Faktoren in den internationalen Beziehungen spielen würden. In Europa fiel die frühere Großmacht Frankreich zunächst völlig aus. England hatte seine Kräfte verbraucht und war auf die USA angewiesen. Die Antipoden USA/UdSSR schälten sich als länger währende Konstellation heraus. Die Sowjetunion hatte ein nicht erwartetes internationales Gewicht erreicht. Bei der Abwehr der deutschen Aggression hatte sie erstaunliche Stärke gezeigt, obwohl ihre Reserven fast aufgebraucht waren. Die USA gaben ihr zwar, wenn auch zunächst zögernd, dann aber genügend Unterstützung, verhielten sich in der Folge aber zunehmend als Konkurrent, der den künftigen Gegner nicht noch stärken wollte.[6] Anfang 1945 waren jedoch beide noch aufeinander angewiesen und die politische Elite in den USA war so nüchtern einzusehen, dass weder in Europa noch in Fernost ohne die Mitwirkung der UdSSR relevante Probleme gelöst werden könnten, und das galt in erster Linie für eine zu errichtende globale Organisation zur Friedenssicherung.

Für einen Völkerbund, auch in verwandelter Form, konnte man sich weder in den USA noch in der UdSSR erwärmen. Obwohl letztlich eine amerikanische Schöpfung waren die USA nie sein Mitglied geworden, die UdSSR nur kurze Zeit und dann noch als einziges Mitglied wegen ihres Angriffs auf Finnland 1939 ausgeschlossen worden. München auf der einen, Hitler-Stalin-Pakt auf der anderen Seite hatten einen schalen Geschmack hinterlassen, der aber zur gemeinsamen Einsicht geführt hatte, dass man die gefährliche Dynamik Deutschlands schon nach dem 1. Weltkrieg falsch eingeschätzt hatte, wie überhaupt 1945 erster und zweiter Weltkrieg viel stärker als Einheit gesehen wurde. Erst im Kalten Krieg versickerte dieser Zugang.[7] Die unangenehmen Reminiszenzen berührten in erster Linie England und die UdSSR. Aber auch die USA mussten sich nicht nur ihre Distanz zur europäischen Politik der Vorkriegszeit vorwerfen lassen, sondern zudem, dass sie Deutschland bei der Wiederherstellung seiner wirtschaftlichen Kapazität zur Rüstung kräftig (Dawes, Young etc.) geholfen hatten. Die Halbheiten von Versailles sollten sich also nicht wiederholen.

Eine Folge dieser Erwägungen war, dass UN-Charta und Friedensregelung mit den Achsenmächten, insbesondere mit Deutschland, streng getrennt wurden, während bekanntlich 1919 das Statut des Völkerbundes ein integraler Bestandteil des Versailler bzw. der anderen Friedensverträge war. In der sog. Feindstaatenklausel (Art. 52 Abs. 2 und 107 der UN-Charta) wurden die zu ergreifenden Sonderregelungen gegenüber den Achsenmächten ausdrücklich ausgenommen.

III. UND DANACH

Obwohl also eine simple Fortsetzung des Völkerbundes mit Austausch der wichtigsten Mitglieder ausschied – dass es gerade aus Europa, aus schweizerischen, skandinavischen, aber auch aus englischen Kreisen Befürworter dieser Linie gab, lag nahe –, war die Zäsur nicht so scharf, wie es zunächst aussah. Das war weiter nicht verwunderlich, wenn man bedenkt, dass der ursprüngliche Verfechter der Völkerbundidee, der amerikanische Präsident Wilson war, der dann letztlich an der Isolationspolitik des amerikanischen Kongresses gescheitert war. Auch die zahlreichen privaten, halböffentlichen und exekutiv-bürokratischen Institutionen, die sich während und vor allem gegen Ende des Krieges in den USA mit dieser Frage beschäftigten, kamen aus der Denktradition – positiv und negativ eingestellt – des Völkerbundes.[8] Die hauptsächlichsten Vorbehalte dürften von sowjetischer Seite gekommen sein. Sie plädierte für einen völligen Neuanfang, ohne aber selbst, abgesehen vom Stimmrecht für den Sicherheitsrat, konkrete Vorschläge machen zu können. Es kam dann zu einem Kompromiss. Der Völkerbund wurde offiziell im April 1946 auf seiner letzten Generalversammlung aufgelöst. Die 1. Generalversammlung der neu begründeten UNO nahm eine Resolution an, nach der die UN praktisch der Rechtsnachfolger des Völkerbundes wurde.[9]

Nach Art. 2 Ziff. 1 der UN-Charta beruht die UNO als Organisation auf dem Grundsatz der souveränen Gleichheit aller ihrer Mitglieder. Zur Verwirklichung dieses Grundsatzes verzichten »alle Mitglieder auf Gewalt und Androhung von Gewalt in den internationalen Beziehungen« (Art. 2 Ziff. 4). Die einzige Ausnahme individueller Gewaltanwendung sollte die Selbstverteidigung gegenüber einem bewaffneten Angriff sein (Art. 51). Neu war das nicht. Hier wurde der völkerrechtliche Zustand festgeschrieben, der mit dem Briand-Kellog-Pakt von 1928 eingetreten war.[10]

Neue Elemente wurden beim Sicherheitsrat eingefügt, sowohl was dessen Kompetenzen als auch dessen Procedere anging. Zwar sollte die UNO im Unterschied zum Völkerbund sich auch mit Menschenrechten und Wirtschaftsfragen beschäftigen. Ein umfassender Sicherheitsbegriff machte sich hier bemerkbar. Mit dem Wirtschafts- und Sozialrat (ECOSOC) wurde ein weiteres für diesen Problemkomplex zuständiges Hauptorgan neben Generalversammlung, Treuhandrat, Internationaler Gerichtshof (IGH) und Sekretariat geschaffen. Der Sicherheitsrat sollte aber gegenüber den anderen Organen, was die engeren Sicherheitskompetenzen anlangte, das eigentliche Entscheidungszentrum sein und in ihm wiederum die 5 ständigen Mitglieder, die mit dem Vetorecht, auf das sich die großen Drei (USA, England und UdSSR, dem sich später China und Frankreich anschlossen) in der sog. Jalta-Formel einigten, das Sagen haben. Zwar bestand auch beim Völkerbundsrat Konsenszwang, aber es war nicht auf die ständigen Mitglieder, die Großmächte, beschränkt, zudem konnten in gewissen Situationen betroffene Mitglieder (auch Großmächte als Parteien, deren Stimmen nicht gezählt wurden) überstimmt werden. Es gab zwar heftige Diskussionen und Widerstände gegen die Vetoformel in San Francisco von Seiten der übrigen Staaten, letztlich setzte sie sich aber durch. Das Risiko, der amerikanische Senat könnte wie einst beim Völkerbund eine Teilnahme der USA an der UN ablehnen, wollte man nicht eingehen.

Aber nicht nur die Entscheidungsmechanismen wurden auf die fünf ständigen Mitglieder konzentriert. Beschlüsse des Sicherheitsrates waren zudem für alle Mitglieder der Vereinten Nationen (VN) bindend, eine starke Einschränkung der Souveränität der einfachen Mitglieder. Dem Sicherheitsrat wurde eine Art Kompetenz-Kompetenz in Art. 39 eingeräumt. Er allein stellt fest, ob eine Bedrohung oder ein Bruch des Friedens oder eine Angriffshandlung vorliegt. Er kann eine ganze Skala von Sanktionsmaßnahmen beschließen, einschließlich Maßnahmen unter Anwendung von Waffengewalt (Art. 42). Dem Sicherheitsrat sollte sogar eine UNO-Streitmacht zur Verfügung stehen, zu der alle Mitglieder mit Kontingenten beitragen sollten (Art. 43ff.). Bekanntlich ist es hierzu bis heute nicht gekommen.

2. Das alliierte Reformprogramm für Deutschland

Zum Zeitpunkt, als man sich in den alliierten Stäben über eine neue Weltorganisation nach dem Kriege Gedanken zu machen begann,

III. UND DANACH

nämlich mit der Atlantikcharta Ende 1941, kalkulierte man noch damit, nach dem militärischen Sieg über Deutschland mit einer Regierung zu tun zu haben, der es gelungen sei, das Hitler-Regime zu beseitigen. Ein Friedensvertrag mit ihr erschien möglich. Je mehr jedoch der Krieg sich seinem Ende näherte, umso mehr wurde deutlich, wie wenig mit effektivem Widerstand in Deutschland zu rechnen war.[11]

Es waren nicht zuletzt die Verbrechen des Hitler-Regimes, insbesondere der Massenmord an den Juden, der ein Umdenken bewirkte. Zwar waren in den oberen Etagen der westlichen Administrationen die Mordaktionen seit längerem bekannt, und es erschienen auch zahlreiche Presseberichte in den westlichen Ländern.[12] Dennoch war man über den Umfang und die neue Qualität der staatlich organisierten Verbrechen entsetzt, die zunehmend mit dem Rückzug der deutschen Truppen bekannt wurden. Militärische Fragen zudem, die bislang im Vordergrund standen, traten zurück, als die deutsche Niederlage nur noch eine Frage der Zeit war. Demgegenüber erhielten die Probleme der Behandlung Deutschlands nach dem Krieg und die Gestaltung einer neuen Weltordnung Vorrang. Versailler Vertrag und Völkerbundordnung dienten sozusagen als negative Folie. Die in der Zwischenkriegszeit offenbar gewordenen Mängel sollten jetzt berichtigt werden.

Der Versailler Vertrag war zwar in Deutschland als Diktat empfunden worden – und er war es auch in vielen Punkten. Dennoch war er damals nach den traditionellen völkerrechtlichen Regeln abgeschlossen worden. Nachdem die Entente-Mächte den militärischen Sieg errungen hatten, vereinbarten sie entsprechend den damaligen kriegsrechtlichen Regeln (insbesondere Haager Landkriegsordnung/ HLKO) einen Waffenstillstand mit dem Besiegten. Im folgenden Friedensvertrag musste das Deutsche Reich u.a. große Gebietsverluste und beachtliche Reparationsleistungen hinnehmen. Die November-Revolution hatte zwar die Monarchie beseitigt, nicht aber, auch nach Ansicht der Alliierten, die Identität des Deutschen Reiches als völkerrechtliches Subjekt. U.a. kam dies dadurch zum Ausdruck, dass Deutschland nicht besetzt oder gar interalliiert verwaltet wurde.[13]

Jetzt, nach dem Ende des Hitler-Regimes sollte gegen Deutschland anders verfahren werden. Deutschland sollte vollständig besetzt werden. Die vorgesehenen Maßnahmen sollten sich nicht in den Beschränkungen des traditionellen Kriegesvölkerrechtes, insbesondere den Regeln der HLKO, bewegen. Die als notwendig betrachteten Änderungen und Eingriffe in die Staats- und Gesellschaftsstruktur überschritten von vornherein diesen Rahmen. Daher suchte man in den Stäben der Alliierten einen völkerrechtlichen Weg, der einerseits von den besagten Beschränkungen freistellte, aber andererseits sich nicht allzu weit von den Zielsetzungen für eine neue Weltordnung in der UN-Charta entfernte. Bedingungslose Kapitulation und völlige Beseitigung des faschistischen Herrschaftsapparates auf der einen Seite und »reformatorische« interalliierte Verwaltung auf der anderen sollten die Spannung zwischen diesen beiden Zielkonflikten erträglich machen.[14]

Die Regeln der Haager Landkriegsordnung gehen von der »normalen« kriegerischen Auseinandersetzung zwischen zwei souveränen Staaten aus, wie sie im 19. Jahrhundert zumindest als idealtypisch angenommen wurde. Krieg war lediglich die Unterbrechung eines anderen völkerrechtlichen Zustandes, des Friedens, zwischen zwei völkerrechtlichen Subjekten, nämlich zwei Staaten. In dem Wechsel zwischen den beiden völkerrechtlichen Zuständen wurde ihre Souveränität unter Umständen zwar eingeschränkt, aber nicht im Kern berührt. Sollte die völkerrechtliche Subjektivität eines Staates enden, so geschah dies normalerweise durch Annexion, bisweilen auch durch vorausgehenden Einverleibungsvertrag.[15] Sollten nach Beendigung des Kriegszustandes Einschränkungen und Auflagen wie z. B. Gebietsverluste oder Reparationen fortbestehen, mussten sie in einem Vertrag zwischen den beiden betroffenen Völkerrechtssubjekten festgeschrieben werden.

Um diesen völkerrechtlichen Schwierigkeiten aus dem Weg zu gehen, schlug u.a. Hans Kelsen schon 1944 vor, neben der üblichen Debellatio, die lediglich zur völligen Zerstörung der militärischen Gewalt des Feindes, jedoch nicht zu seiner völkerrechtlichen »Vernichtung« führt, einen anderen Weg zu beschreiten. Nach der Debellatio sollte ein sog. Condominium der Besatzungsmächte auf dem Territorium Deutschlands errichtet werden.[16] »After the period of condominium has been terminated and the sovereignty of Germany restored, Germany would legally be a new state. No continuity between the destroyed Nazi state and the new democratic Germany would exist. (...) Only as a new community which is connected by no legal bonds with Nazi Germany, should democratic Germany enter the international organization after this war.«[17]

Die völkerrechtliche Subjektivität des Deutschen Reiches sollte ausgelöscht werden und ein neues staatliches Gebilde an seine Stelle treten. Dies erschien als adäquate Antwort darauf, dass Hitler-Deutschland mit seiner vernichtenden Kriegsführung die Grenze eines »zivilisatorischen Minimums« überschritten hatte.[18] Die nationalsozialistische Völkerrechtskonzeption, soweit man hier von Völkerrecht sprechen kann, hatte diesen »Sprung« in eine andere Qualität stets selbst formuliert.[19]

Deutlich werden diese Zielsetzungen in der Erklärung der Alliierten vom 5. Juni 1945 »in Anbetracht der Niederlage Deutschlands und der Übernahme der obersten Regierungsgewalt hinsichtlich Deutschlands« ausgesprochen.

»Die Alliierten haben in Deutschland eingegriffen, nicht nur um hier nach der vollständigen militärischen Niederlage den Eintritt eines Chaos zu verhindern, sondern auch um hier demokratische Einrichtungen zu schaffen und sie in ihren Anfangsstadien zu schützen, um die militärische Bedrohung durch dieses Land von Grund auf zu beseitigen und die Wiedergutmachung der Schäden sicherzustellen, die den Vereinten Nationen durch den von Deutschland verschuldeten Krieg verursacht worden sind. Zur Erreichung dieser Ziele, die in den Abkommen von Jalta und Potsdam festgelegt sind, sind die Alliierten genötigt, auf allen Gebieten der Politik, Wirtschaft und Gesetzgebung in Deutschland einzugreifen, um grundlegende Reformen durchzuführen. (...) Durch die Reformen wollen die Alliierten demokratische Einrichtungen in Deutschland wieder herstellen und das Wiedererwachen einer demokratischen Auffassung von der politischen Gewalt im Bewußtsein des deutschen Volkes fördern. Die alliierten Behörden machen es sich also zur Aufgabe, deutsche repräsentative Verwaltungen wieder herzustellen, Wahlen auf dem ganzen Gebiet Deutschlands wieder einzuführen, den aus den Wahlen hervorgegangenen repräsentativen Verwaltungskörpern immer größere Machtbefugnisse anzuvertrauen und ihre direkte Tätigkeit gegenüber dem deutschen Volk durch eine bloße Kontrolle der Tätigkeit der deutschen Behörden zu ersetzen.«[20]

Der politische Wille der Alliierten zur »reformatorischen Verwaltung« kommt auch im Nürnberger Konzept einer »strafrechtlichen Aufarbeitung« der Aktivitäten des nationalsozialistischen »Verbrecherischen Staates« zum Ausdruck. Er wird als eine Bündelung von verbrecherischen Organisationen oder gar als eine eigene verbrecherische Organisation in Sinne des Londoner Abkommens gesehen.[21] Nach den schlechten Erfahrungen mit der strafrechtlichen Verfolgung deutscher Kriegsverbrechen entsprechend dem Versailler Vertrag, die man den Deutschen überlassen hatte und die wie das Hornberger Schießen geendet hatte,[22] wollten die Alliierten diesmal die strafrechtliche Verfolgung nicht aus der Hand geben.

Was die Verwirklichung der internationalen, reformatorischen Verwaltung Deutschlands anlangte, waren allein die mit Deutschland kriegführenden Mächte, insbesondere also die vier Alliierten Besatzungsmächte zuständig. Dies wurde, wie schon erwähnt, ausdrücklich in Art. 53 und 107, der sog. Feindstaatenklausel, der UN-Charta, festgelegt. Die Bestimmungen der Charta hatten zunächst also für Deutschland keine Geltung. Zu einem späteren Zeitpunkt nach Beendigung des Regimes der internationalen Verwaltung war vorgesehen, Deutschland im Sinne des Art. 4 der UN-Charta als »friedliebender Staat«[23] in die UNO aufzunehmen.[24] Der Kalte Krieg und die Systemauseinandersetzung haben zu einer anderen Entwicklung geführt.

3. Dual in die UNO

Die gemeinsame Verwaltung Deutschlands lief zwar mit einigen Schwierigkeiten zunächst im Alliierten Kontrollrat an, zerfiel dann aber zunehmend im beginnenden Kalten Krieg. Eines der wichtigsten Projekte, die Nürnberger Prozesse, konnten jedoch noch weitgehend durchgeführt werden. Anstatt wie geplant eine einheitliche Regierung auf der Basis freier Wahlen zu ermöglichen, wurde die Differenz zwischen der Bi- später Trizone der westlichen Besatzungsmächte auf der einen und der sowjetische Zone auf der anderen Seite immer größer und wuchs sich zur Spaltung aus.

3.1 Die doppelte Staatengründung
1949 gründeten die Westalliierten die Bundesrepublik und kurze Zeit später die UdSSR als Gegengründung die DDR.[25] Obwohl die Westmächte einerseits gegenüber der BRD, die Sowjetunion andererseits gegenüber der DDR die Besatzungsherrschaft für beendet erklärten, waren beide Staaten hinsichtlich ihrer Außenpolitik lange Jahre nicht souverän, sondern jeweils Anhängsel ihres jeweiligen Protektors. Diese behielten sich zudem ihre Rechte und Verantwortlichkeiten aus den Vier-Mächte-Abkommen vor, soweit sie Berlin und Deutschland als Ganzes betrafen. Art. 2 des Deutschlandvertrages von 1953 und die Souveränitätserklärung der DDR vom 25. März 1954 verwiesen ausdrücklich auf sie.

Wie erwähnt, eine eigene Außenpolitik gab es für beide staatlichen Gebilde zunächst nicht. Die großen internationalen Konflikte, soweit sie nicht unmittelbare Auswirkungen hatten wie der Koreakonflikt für die deutsche Wiederbewaffnung, sich in diplomatischen Aktivitäten offenbarten, die sich auf Deutschland unmittelbar bezogen wie die alliierten Außenministerkonferenzen (Moskau Frühjahr 1947, London Ende 1947 etc.), sich in Deutschland (Berlinblockade 1948/49, Mauerbau 1961) oder in Nachbarländern (Prag 1948) abspielten, wurden in der öffentlichen Auseinandersetzung nur am Rande wahrgenommen, so z. B. im Nahen Osten der Konflikt um Palästina mit der Gründung des Staates Israel, die irakische Revolution, die Suezkrise, das Kongodebakel in Afrika u.a.m.

Die Kubakrise von 1962 machte den beiden Supermächten die bestehende nukleare militärstrategische Parität und gleichzeitig die hiermit verbundenen Gefahren überdeutlich. Die Politik der Entspannung setzte ein, die in den Siebziger Jahren die Basis der Ostpolitik der sozialliberalen Politik wurde.[26] Gipfelpunkt war 1973 die Aufnahme beider deutschen Staaten in die UNO. Zwar war schon zuvor formell das jeweilige Besatzungsverhältnis aufgehoben worden. Jetzt wurde es aber bis auf die Vier-Mächte-Rechte und -Verantwortlichkeiten, so in der Erklärung der Vier Mächte vom 9. November 1972 anlässlich der Aufnahme der beiden deutschen Staaten, auch materiell reduziert.[27] Die Bundesrepublik zumindest rückte zum wichtigen Juniorpartner der USA auf, ob umgekehrt ebenso die DDR für die UdSSR bleibe dahingestellt. Dementsprechend wuchs auch das öffentliche Interesse an den internationalen Problemen und vor allem dem deutschen Engagement in der UNO. Zwar war die Tätigkeit der beiden deutschen Staaten stets von der Konkurrenz zueinander geprägt, die letztlich zu größerem Engagement anspornte als es sonst der Fall gewesen wäre. Gegen Ende der 80er Jahre hatte sich sowohl das Verhalten der deutschen Vertreter in den UN-Gremien zueinander als auch das Verhalten des jeweiligen deutschen Staates zur UN selbst normalisiert. Bisweilen waren die Aktivitäten sogar kooperativ aufeinander abgestimmt, und zwar ohne Blick auf das sog. gemeinsame deutsche Interesse.[28]

3.2 Die These vom Fortbestand des Deutschen Reiches und ihre instrumentelle Verwendung

Dennoch war deutsche Außenpolitik nach wie vor von der sog. deutschen Frage beherrscht. Eine besondere Rolle spielte in dieser Auseinandersetzung die Theorie des Fortbestandes des Deutschen Reiches, in dieser Phase der wohl einzige genuin deutsche Beitrag zum Völkerrecht. Noch unmittelbar vor Gründung der Bundesrepublik hatte eine knappe Mehrheit von deutschen Völkerrechtlern die schon erwähnte These des in die USA emigrierten Österreichers Kelsen vertreten, nach der mit der bedingungslosen Kapitulation das deutsche Reich untergegangen sei.[29] Es waren vor allem Juristen, die aus dem Widerstand gegen die Nationalsozialisten kamen, die sich dieser Ansicht angeschlossen und sie weiterentwickelt hatten. Ihr wurde die These vom Fortbestand des Deutschen Reiches entgegengestellt. Dieses sei zwar nach der bedingungslosen Kapitulation handlungsunfähig geworden. Rechtsfähig sei es aber geblieben. Diese These war schon in der Endphase des Naziregimes vom Staatssekretär im Innenministerium Wilhelm Stuckart während der kurzen Phase der Dönitzregierung entwickelt worden.[30] In verschiedenen Varianten fortgeführt, sollte sie bald herrschend werden und die Gegenthese vom Untergang des Deutschen Reiches in eine Außenseiterposition drängen. Diese wurde, vor allem als sie später zur offiziellen Ansicht der DDR avancierte, nur noch mit Naserümpfen wiedergegeben.[31] Zuvor hatte die offizielle Doktrin in der DDR ebenfalls mit der Fortbestandsthese an der deutschen Einheit festgehalten.

Ursprünglich erfüllte in Nachkriegsdeutschland die Fortbestandsthese die Funktion, die Eingriffsmöglichkeiten der Alliierten zu begrenzen, nach 1949 sollte zusätzlich der Einverleibungsanspruch gegenüber der DDR und umgekehrt in der DDR, bis die These des Fortbestandes dort Mitte der 50er Jahre aufgegeben wurde, der DDR gegenüber der Bundesrepublik legitimiert werden. In dieser Zeit war die These des Fortbestandes des Deutschen Reiches mit dem Alleinvertretungsanspruch verknüpft, für das Deutsche Reich zu handeln. Eine völkerrechtliche Anerkennung der DDR durch einen anderen Staat wurde als Eingriff in die inneren Angelegenheiten der Bundesrepublik und damit als unfreundlichen Akt gewertet. Sie sollte mit Sanktionen geahndet werden, die bis zum Abbruch der diplomatischen Beziehungen reichen konnten (sog. Hallsteindoktrin). Es verwundert nicht, dass die intellektuellen Verfechter dieser Theorie noch aus der Nazi-Ära stammten, wie der Kommentator der Nürnberger Gesetze und spätere Staatsekretär Globke oder dass sie zumindest als junge Wissenschaftler eng mit der Nazi-Diplomatie verbunden waren, wie z. B. der spätere Staatssekretär und Völkerrechtler Wilhelm G. Grewe.[32] Normalisierung und Entspannung senkten sukzessive die Konjunkturlinie der Fortbestandsthese. Das Bundesverfassungsgericht sicherte ihr allerdings in seiner bekannten Entscheidung vom 31. Juli 1973 das Überleben.[33] Dennoch war die zunehmende Distanz in der herrschenden Staatsrechtslehre zur Fortbestandsthese nicht zu verkennen.[34] Dass die verbündeten Westmächte nie das stringente Identitätskonzept akzeptiert haben, hat sicherlich dazu beigetragen, die Fortbestandsthese zunehmend zu relativieren.[35] Erst der zunächst schleichende, sich dann aber überstürzt vollziehende Erosionsprozess der SED-Macht in der DDR 1989/90, die Öffnung der Mauer und die folgenden Ereignisse brachten fast über Nacht ihre Renaissance.

Auf der Sondertagung der Deutschen Staatsrechtslehrer im April 1990 wurde die Wiederbelebung präzise zusammengefasst.[36] Das Deutsche Reich sei nicht untergegangen. Obwohl es handlungsunfähig geworden sei, sei es rechtsfähig geblieben, so dass es als Völkerrechtssubjekt fortbestanden habe. Die DDR habe zwar versucht, sich vom fortbestehenden Deutschen Reich abzutrennen. Dieser Sezessionsvorgang (Dismembration) sei aber nicht abgeschlossen worden, weil die Bevölkerung der DDR dem nie zugestimmt, sondern sich weiterhin als Teil der Deutschen Nation betrachtet habe. Zudem habe stets die Viermächteverantwortung fortbestanden, die eine Vollendung der Sezession unmöglich gemacht habe. Die Bundesrepublik sei identisch bzw. teilidentisch mit dem fortbestehenden Deutschen Reich geblieben. Als Folge der friedlichen Revolution der Bevölkerung der DDR sei der Sezessionsvorgang gestoppt und durch den Beitritt nach Art. 23 GG rückgängig gemacht worden. Jetzt sei das Deutsche Reich durch die neue Bundesrepublik, die mit ihm identisch sei, wieder handlungsfähig.

Die Fortbestandsthese erscheint in diesen Ausführungen als von der Geschichte selbst bestätigt. Gegenüber denjenigen, die schon dabei waren, die Deutsche Frage im Sinne der Zweistaatlichkeit zu den Akten zu legen oder gar die Untergangsthese zu vertreten, wird zumindest implizit zum Ausdruck gebracht, dass sie sich grundlegend geirrt hätten. Die Versuche, die Vereinigung über den Weg des Art. 146 GG zu erreichen, also zunächst eine Verfassung von bundesrepublikanischen und DDR-Gremien zu erarbeiten und durch ein Referendum bestätigen zu lassen, gingen von einer vorläufigen Akzeptanz der völkerrechtlichen Existenz der DDR aus. Sie verfielen daher ebenfalls dem Verdikt der Vertreter der Fortbestandsthese.

4. Berlin ist weder Bonn noch Weimar

Es ist inzwischen stiller geworden um die jahrelang so umkämpfte Frage des Fortbestandes des Deutschen Reiches.[37] Seitdem die gewohnten Feindbilder mit dem »Feind« weggefallen sind, ist die hinter ihnen verborgene Komplexität der internationalen Beziehungen wieder deutlicher geworden. Die Zeloten der ersten Wendestunden konnten die »unterwanderte Republik«[38] mit antifaschistischem Gestus zwar nicht nachholend entnazifizieren. Daher wollten sie sie zumindest vorbildlich »entstasifizieren«. Auch auf diesem Gebiet kehrt inzwischen größere Nüchternheit ein.[39] Zudem hat die alte Garde der Bonner Republik, geprägt von NS-Erbe und Kaltem Krieg, den pragmatischen Managern der Globalisierung der Berliner Republik Platz gemacht.

In bestimmten Phasen der Bonner Republik setzte sich derjenige des Kommunismusverdachtes aus, der das international korrekte Kürzel BRD verwendete. Er war jedenfalls sofort als »bekennender Zweistaatler« zu erkennen.[40] Wer hingegen damals die Metapher Deutschland gebrauchte, wollte sich als Vertreter der polemischen Fortbestandsthese vorstellen. Wenn Bundeskanzler Schröder am D-Day im Juni 2004 nun von einem »Sieg nicht über, sondern für Deutschland« spricht, impliziert er einen wichtigen Bedeutungswandel.[41] Dass der 8. Mai 1945 nunmehr als ein Tag der Befreiung und nicht mehr oder zumindest nicht in erster Linie als der eines Zusammenbruches empfunden würde, entspricht sicherlich nicht nur dem Generationswechsel, sondern auch dem hiermit einhergehenden Mentalitätswandel. Hierüber kann man nur erfreut sein. Auch die mögliche Implikation, die heutige Generation habe mit dem besiegten Deutschland nichts zu tun, sondern setzte die Tradition des anderen, des besseren Deutschlands, nämlich die des (wenn auch schwachen) Widerstandes fort, wird man noch mit Befriedigung zur Kenntnis nehmen können. Damit wäre aber die alte Fortbestandsthese unmerklich auf den Kopf gestellt. »Deutschland von heute ist nicht nur befreit, sondern gehört selbst zu den Befreiern«, könnte die neue These formuliert werden. Sie nimmt aber nicht nur historische Kontinuität mit unter der Hand neu definiertem Inhalt in Anspruch. Sie weist zugleich mit forderndem Gestus in die Zukunft. Wie sieht in dieser Hinsicht die Differenz zur Bonner Republik aus?

In zwei Feldern außenpolitischen Verhaltens jüngerer Zeit macht sich möglicherweise ein neues Verständnis über die Rolle der Berliner Republik in den internationalen Beziehungen bemerkbar. Als Exempel sollen sie zum Schluss etwas näher betrachtet werden: Zum einen geht es um das deutsche Auftreten in der UNO, zum anderen um die Reaktion gegenüber Entschädigungsforderungen noch lebender ausländischer Opfer von Naziverbrechen .

4.1 UNO und Sicherheitsrat

Das Engagement der Bundesrepublik in der UNO hatte Ende der achtziger Jahre bedeutend zugenommen. Es war nach wie vor einerseits von den Erfordernissen der Juniorenpartnerschaft zu den USA, andererseits von der Konkurrenz zur DDR geprägt. Die Veränderungen in der Rollenwahrnehmung nach den »tektonischen Verschiebungen« in Osteuropa und der Einverleibung der DDR machten sich zunehmend zum einen in der Debatte um die Beteiligung an UN-Friedenstruppeneinsätzen zum anderen an den Bestrebungen bemerkbar, eine größere Rolle im Sicherheitsrat zu spielen, wobei das wachsende globale militärische Engagement als Begründung für die größere Rolle im Sicherheitsrat herhalten musste. Zwar war die Bundesrepublik auch schon in der Vergangenheit in nicht unerheblichem Maße an solchen Einsätzen beteiligt.[42] Hier ging es allerdings lediglich um solche, die kein Mandat zur Anwendung von Waffengewalt im Sinne des VII. Kap. der UN-Charta hatten. Als sich 1991 beim 2. Golfkrieg zum ersten Mal die Frage auch einer bundesrepublikanischen Beteiligung an einem solchen Einsatz mit UN-Mandat stellte, lehnte die Bundesregierung ab und wich einem derartigen Engagement durch die sog. Scheckbuchdiplomatie aus. Out of Area-Einsätze, also außerhalb des NATO-Bereiches sah sie damals noch als verfassungsrechtlich bedenklich an. Ein Urteil des Bundesverfassungsgerichtes vom 12. Juli 1994 schuf in der folgenden relativ heftig geführten öffentlichen Debatte Klarheit. Bewaffnete deutsche

Streitkräfte könnten an sog. out of area Einsätzen teilnehmen, wenn diese im Rahmen eines Systems der gegenseitigen kollektiven Sicherheit im Sinne des Art. 24 GG stattfinden. Diese Voraussetzungen lägen vor, wenn die Bundeswehr an einer Friedensmission der Vereinten Nationen oder der NATO unter einem UNO-Mandat teilnimmt. Jedoch ist für jeden Einsatz der Streitkräfte, »die grundsätzlich vorherige – konstitutive Zustimmung des Deutschen Bundestages einzuholen«, wobei es Sache des Gesetzgebers ist, »Form und Ausmaß der parlamentarischen Mitwirkung näher auszugestalten«.[43]

Für die Beteiligung der Bundeswehr am NATO-Einsatz 1998/1999 hat demgegenüber die rot-grüne Bundesregierung ein UNO-Mandat nicht für erforderlich gehalten, weil es sich um einen besonderen Ausnahmefall einer Intervention aus humanitären Gründen gehandelt habe.[44] Das Bundesverfassungsgericht hat sich zwar in seiner Entscheidung vom 22. November 2001 zu dieser Frage nicht explizit geäußert. Dadurch aber, dass es eine Mitwirkung der Bundesregierung am neuen strategischen Konzept 1999 der NATO für unbedenklich erklärt, das derartige Einsätze wie im Kosovo abdeckt, hat es implizit Bundeswehreinsätze ohne UN-Mandat, wenn auch in Ausnahmefällen legitimiert.[45] Für die Nichtbeteiligung an der amerikanischen Invasion in den Irak, die diesmal aus hier nicht näher darzustellenden Gründen politisch inopportun war, konnte das Argument des fehlenden Mandates des Sicherheitsrates daher nicht verwendet werden, zumal ja reichlich logistische Unterstützung gewährt wurde.[46]

Das skizzierte verstärkte militärische Engagement über den alten NATO-Bereich hinaus ist neben dem hohen finanziellen Beitrag für die UNO das Argument für eine größere Rolle Deutschlands im Sicherheitsrat, insbesondere für eine ständige Mitgliedschaft in diesem Gremium. Deutsche Ambitionen auf einen ständigen Sitz wurden schon während der Kohlregierung seit etwa 1992 laut. Sie wurden von Willy Brandt unterstützt. Entsprechend der finanziellen Leistung sollten der Bundesrepublik auch reale Mitspracherechte eingeräumt werden.[47] Offen blieb jedoch bei diesen Diskussionen, ob mit dem ständigen Sitz auch ein Vetorecht verbunden sein sollte.

Die rot-grüne Koalition relativierte 1998 zunächst diese Bestrebungen. Entsprechend ihrer europaintegrationistischen Schwerpunktsetzung sprach sie sich im Kontext der Diskussion einer allgemeinen Reform des Sicherheitsrates, in deren Mittelpunkt eine massive Erhöhung der Mitgliederzahl und zwar nach geographischen und bevölkerungspolitischen Gesichtspunkten stand, für einen ständigen EU-Sitz im Sicherheitsrat aus.[48] Seit jüngerer Zeit hat sie aber einen Schwenk vollzogen und strebt relativ offensiv einen eigenen ständigen Sitz im Rahmen einer allgemeiner Erweiterung dieses Kreises an, wobei ein Vetorecht nicht mehr ausgeschlossen wird. Als Hauptargumente werden zum einen die gewachsene weltpolitische Verantwortung der Bundesrepublik vorgetragen, die sich im verstärkten militärischen Engagement und dem hohen Beitrag an den finanziellen Kosten der UN manifestiere, zum anderen die gegenwärtige Aussichtslosigkeit für einen EU-Sitz.

Über das Für und Wider eines Einzuges der Bundesrepublik als ständiges Mitglied in den Sicherheitsrat, womöglich mit Vetorecht, soll hier nicht reflektiert werden, desgleichen nicht über Widersprüchlichkeit des Vetorechts als solchem mit Blick auf das Grundprinzip der souveränen Gleichheit aller Staaten und die Berechtigung der Exklusivität der gegenwärtigen fünf Vetomächte in diesem Gremium. Zu bezweifeln ist jedoch, ob derartige Forderungen in der aktuellen Situation von diplomatischen Geschick und Augenmaß zeugen. Sie weisen vielmehr auf die traditionelle deutsche Sichtverengung hin, die ja schon ein Kennzeichen der Fortbestandsthese war. Sie bleibt es auch in ihrer gewandelten, »entsorgten« Form der Berliner Republik. Die Kontinuitätslinie des verpassten Maßes kann weit zurückverfolgt werden. Sie erinnert an das Auftreten des Deutschen Reiches in der Stresemannära 1926 nach dem erfolgreichen Abschluss der Locarnoverträge. Deutschland pochte auf einen ständigen Ratssitz als Ausweis seiner nach den Blessuren des Versailler Vertrages wieder erlangten Großmachtstellung. Beinahe wäre es schief gegangen und es bedurfte viel Geschick hinter den Kulissen die unterschätzten Animositäten gegenüber Deutschland und gegenläufigen Interessen der Alliierten zu beschwichtigen und auszugleichen. Dass die deutsche Aktivität im Völkerbund und die Mitgliedschaft im Rat lediglich taktisch betrachtet wurden, sollte sich 1933 herausstellen. Der erste außenpolitische Eklat der Hitlerregierung war der Austritt aus dem Völkerbund. Deutschland sah seine Großmachtstellung als so gefestigt an, dass jede integrative Bindung trotz des Entgegenkommens des Völkerbundes – 1932 hatte das Deutsche Reich die Gleichberechtigung auf dem Rüstungssektor erhalten – für weitergehende Großmachtambitionen als hinderlich betrachtet wurde. Ein rein taktisches Verhältnis zur UN wird man den außenpolitischen Akteuren von heute trotz aller lediglich von aktueller Opportunität begründeten Entscheidungen nicht unterstellen können. Die Konstellationen sind zu verschieden von denen der Vorkriegszeit. Statt eines auf Prestige bedachten, letztlich leerlaufenden Aktivismus hätte man jedoch praktikablere Alternativen erwartet, die eher dem Epitheton »friedliebend« in Art. 4 der Charta entsprechen und die vor allem nicht den Verdacht eines, wenn auch verschämten Großmachtstrebens erwecken.[49]

4.2 Unser Soll ist erfüllt!
Dubios ist das Verhalten auf einem weiteren Feld der Außenpolitik. Das Sonderprogramm der Antihitlerkoalition für Deutschland ging von einer umfassenden Verpflichtung des neuen Staatsgebildes zur Wiedergutmachung der durch den Krieg angerichteten Schäden aus. Schon früh hatte man sich daher bei den Alliierten Gedanken über zukünftige Reparationen gemacht.[50] Die Schwierigkeiten mit den deutschen Geldleistungen nach dem Ersten Weltkrieg waren noch allen präsent. Deutschland wurden ungeheure Geldleistungen auferlegt. Bis heute hat sich die Vorstellung gehalten, die Reparationen seien letztlich der Grund für das wirtschaftliche Desaster Deutschlands in der Zwischenkriegszeit gewesen, das schnurstracks zu Hitler geführt habe. Dass das Prinzip der Geldleistungen Deutschland die Gelegenheit gegeben hat, die Reparationskosten letztlich auf andere Staaten zu verlagern, ist inzwischen zwar durch neuere Forschungen belegt.[51], hat aber das traditionelle Bild in den deutschen Geschichtswissenschaften bislang kaum erschüttert. Den Verantwortlichen der Antihitlerkoalition war dieser Zusammenhang hingegen wohl bewusst. Deshalb einigten sie sich auf das Prinzip Sachleistun-

gen, die aus den Demontagen, auch aus der laufenden Produktion und durch den Einsatz deutscher Arbeitskräfte in den Ländern der Sieger erbracht werden sollten. Über den Gesamtrahmen, nämlich 20 Mrd. Dollar stimmten sie noch überein, nicht jedoch über deren Verteilung. Einzelheiten sollten von einer Interalliierten Reparationskommission erarbeitet werden. Aber weder hier noch in Potsdam, der letzten Konferenz der Alliierten, kam man in diesem Punkt sehr viel weiter. Nicht zuletzt wegen des Disputs über diesen Fragekomplex zerbrach die Koalition. Jeder der zerstrittenen Partner versuchte sich in seiner Besatzungszone zu arrangieren. Vor allem der SBZ, später der DDR sollte dieser Dissens eine schwere Hypothek bringen. Denn die auf Reparationen angewiesene UdSSR konzentrierte sich nun ganz auf ihre Zone.[52] Im Londoner Abkommen von 1953 wurde »eine Prüfung der aus dem Zweiten Weltkrieg herrührenden Forderungen bis zur endgültigen Regelung der Reparationsfrage zurückgestellt«.[53] Das schrieb den Zustand einiger zuvor schon abgeschlossner Sonderregelungen fest, die zum Ende der Demontagen und zu einem Moratorium für die noch endgültig bei der Wiedervereinigung zu bestimmenden Reparationen der Bundesrepublik geführt hatten. Das Londoner Schuldenabkommen war für die Bundesrepublik jahrelang und im Grunde bis heute die juristische Basis, nicht nur Reparationsforderungen zurückzuweisen, z. T. noch zusätzlich gestützt auf behauptete Reparationsverzichte (Sowjetunion, Polen u.a.), sondern grundsätzlich auch individuelle Entschädigungsforderungen wie z. B. die für ausländische Zwangsarbeiter, Opfer von Massakern und Deportation. Gewisse Ausnahmen wurden allerdings durch globale Wiedergutmachungsabkommen (sog. lump-sum-agreements) in einer Gesamthöhe von 876 Mio. DM mit elf westeuropäischen Staaten gemacht. Die Leistungen an Israel in Höhe von 5 Mrd. DM wird man ebenfalls zu diesen Ausnahmen rechnen können.

Der 2 plus 4-Vertrag von 1990 enthielt keine Regelungen über Reparationen, woraus die Bundesregierung schloss, es brauchten keine mehr erbracht werden. Um von ehemaligen Zwangsarbeiterinnen und Zwangsarbeitern gegen deutsche Unternehmen vor amerikanischen

Gerichten erhobene Schadensersatzklagen abzuwenden, hat die Bundesregierung mit Vermittlung der US-Regierung die Gründung einer Stiftung »Erinnerung, Verantwortung und Zukunft« initiiert. Sie bildet einen Fonds von 10 Mrd. DM, der aus Leistungen von privaten Unternehmen, die in der NS-Zeit Zwangsarbeiter beschäftigten, gespeist wird, zugleich auch aus öffentlichen Mitteln. Gleichzeitig hat aber sowohl die Regierung Kohl als auch diejenige der rotgrünen Koalition verlautbaren lassen, dass sie von ihrer grundsätzlichen Position nicht abgerückt ist, weder Reparationen noch individuelle Entschädigung leisten zu müssen.[54] So hat sie es in Prozessen, in die die Bundesrepublik von ausländischen NS-Opfern verwickelt wurde, wie z. B. in dem Verfahren gegen sie in Griechenland wegen des Massakers von Distomo, bis zu Vollstreckungshandlungen in deutsches Vermögen (Goetheinstitut) kommen lassen, die bislang nur an der notwendigen Zustimmung des griechischen Justizministers scheiterten.[55] Erwartet hätte man gerade auf diesem Feld angesichts der Inanspruchnahme der Kontinuität mit dem anderen Deutschland eine sichtbare Zäsur zur Periode Kohl. Stattdessen wird wie ehedem ein Schlussstrich angemahnt, nur entschiedener und mit reinem Gewissen.[56] Im Ergebnis widerfährt der wirklichen Wiedergutmachung dasselbe Schicksal wie den Reparationen nach dem 1. Weltkrieg.

Auf den ersten Blick scheint in den beiden skizzierten Feldern das Verhalten der außenpolitischen Repräsentanten der Berliner Republik an dasjenige des Deutschen Reiches in der Zwischenkriegszeit zu erinnern. Die militärische Komponente rückt immer stärker in den Vordergrund (»Verteidigung« findet am Hindukusch statt!), ein ständiger Sicherheitsratssitz wird mit dem Argument der größeren weltpolitischen Verantwortung, sprich der Stellung einer Großmacht, gefordert. Wie einst wird mit allen juristischen Tricks versucht, sich der Pflicht zur Wiedergutmachung (Reparation) zu entziehen. Die »selektive Asymmetrie«, in der die Völkerrechtsverbrechen der Alliierten (Bombenkrieg gegen die Zivilbevölkerung etc.) vorgetragen werden, und das »Getöse« der Vertriebenenverbände über das Unrecht der Vertreibung und die ausgebliebene Entschädigung verstärken diesen Eindruck. Auch wenn man den neonazistischen Sumpf mit offenen Forderungen nach Grenzrevision als untypische und irrelevante Randerscheinung abtut, es bleibt ein schaler Geschmack.

Aber das sollte nicht dazu verleiten, die signifikanten Unterschiede zu übersehen. Das deutsche Militär ist kein eigener Faktor, weder für die Innenpolitik noch für eine eigene nationale Außenpolitik. Es bleibt vor allem in den NATO- EU-Kontext integriert, hier natürlich bislang trotz aller zentrifugalen Tendenzen ein Appendix der US-Globalstrategie. Wenn eine schüchterne Eigenständigkeit gegenüber diesem Hegemon eingefordert wird, dann nur im EU-Kontext. Das ist nach wie vor die Grundlinie auch der Berliner Repräsentanten. Insofern erscheint der Vorstoß im UN-Kontext nach einem ständigen Sitz im Sicherheitsrat, gar mit Vetorecht, eher ein »unprofessioneller« Ausrutscher. Er konterkariert die offiziell vertretene Linie eines ständigen Sitzes der EU im Sicherheitsrat. Vor allem aber lässt er diplomatisches Augenmaß vermissen. Denn Akteure des Auswärtigen Amtes (AA) und des Bundeskanzleramtes, im unhistorischen Schulterschluss diesmal, meinen die Divergenzen zwischen den maßgeblichen Staaten, vor allem zwischen den gegenwärtigen Vetomächten ausspielen oder gar austricksen zu können.[57] Sie verkennen dabei den tieferliegenden antifaschistischen Konsens zwischen den ehemaligen Alliierten der Antihitlerkoalition, ein gewichtiger Faktor auch ihrer Innenpolitik nach wie vor. Dieser Konsens kam selbst in den Tiefen des Kalten Krieges bisweilen zum Vorschein (z. B. bei der Atompolitik der Adenauer/Straußära) und macht sich bis heute bemerkbar. Auch das ist ein signifikanter Unterschied zu Weimar. Dort zermürbte das gegen Versailles gerichtete Getöse die ehemaligen Alliierten, so dass sie sich zur Beschwichtigungspolitik gedrängt sahen. Vom 8. Mai 1945 ist zwar heutzutage kaum die Rede. Gegen Jalta, gegen Potsdam wird offiziell nicht (mehr) gewettert. Die »Feindstaatenklausel« der UN-Charta mag materiell obsolet sein. Ein Konsens jedoch, sie zu beseitigen, wie ihn Art. 109 erfordert, wird nicht zu erreichen sein. Das macht deutlich, dass zumindest ein Rest von Wachsamkeit im kollektiven Bewusstsein der ehemals von der NS- Aggression betroffenen Länder geblieben ist. Als mahnender Schatten gegenüber einem sublimen historischen Entsorgungsmechanismus, wie er sich in den skizzierten Problemfeldern bemerkbar macht, ist solche Wachsamkeit zu begrüßen.

Anmerkungen

1   Vgl. zu den Weltherrschaftsbestrebungen auf rassistischer Grundlage Gerhard Stuby, Das »Großgermanische Reich«, ein eliminatorisches Gegenmodell zum Völkerbund: Hegemoniale Globalisierung in Großräumen, in: Stephan Albrecht/Werner Goldschmidt/Gerhard Stuby (Hrsg.), Die Welt zwischen Recht und Gewalt. Internationale Sozialordnung, Völkerrecht und Demokratie, Hamburg 2003, S. 224ff.

2   Verkürzt unter zwei Aspekten: Zum einen, dass sie allein auf die Beseitigung des Hitlerregimes ausgerichtet gewesen sei. Sie hatte jedoch weitergehende Ziele. Zum anderen, dass sie sich auf die Regierungsebene der beteiligten Länder beschränkt habe. Sie hatte jedoch eine breite gesellschaftliche Basis in allen betroffenen Ländern. Eine andere Frage ist, ob man von einem »Volksfrontbündnis« sprechen konnte, gar mit einer sozialistischen Perspektive, wie es innerhalb der Linken der 70er Jahre anzutreffen war. Vgl. hierzu Gerhard Stuby, Die Anti-Hitler-Koalition und ihr Weg zum Potsdamer Abkommen, in: Udo Mayer/Gerhard Stuby (Hrsg.), Die Entstehung des Grundgesetzes. Beiträge und Dokumente, Köln 1972, S. 12ff. m. w. Nachw.

3   Neuere differenzierte Einschätzungen bei Gerhard L. Weinberg, Eine Welt in Waffen. Die globale Geschichte des Zweiten Weltkrieges, Hamburg 2002, S. 916ff.

4   Aus neuerer sowjetischer Sicht bzw. russischer vgl. Valentin Falin, Zweite Front. Die Interessenkonflikte in der Anti-Hitler-Koalition, München 1995

5   Vgl. Gerhard Stuby, Friedrich W. Gaus, das Auswärtige Amt und die Konzeption eines »Groß-Germanischen Reiches« im Spiegel des Wilhelmstraßenprozesses, in: Eva Schöck-Quinteros/Hans Kloft/Franklin Kopitzsch/Hans-Josef Steinberg (Hrsg.), Bürgerliche Gesellschaft – Idee und Wirklichkeit. Festschrift für Manfred Hahn, Berlin 2004, S. 451ff.

6   Vgl. Andreas Hillgruber, Sowjetische Außenpolitik im Zweiten Weltkrieg, Düsseldorf 1979, S. 68ff. und Valentin Falin, Zweite Front, a.a.O., S. 261ff.

7   U.a. Eric J. Hobsbawm, Das Zeitalter der Extreme. Weltgeschichte des 20. Jahrhunderts, München 1994 u. Hans-Ulrich Wehler, Deutsche Gesellschaftsgeschichte 1914-1949, München 2003, S. 985ff. haben diesen Aspekt wieder bewusst gemacht.

8   Guter Überblick bei Wilhelm G. Grewe, Entstehung und Wandlungen der Vereinten Nationen, in: Bruno Simma (Hrsg.), Charta der Vereinten Nationen. Kommentar, München 1991, S. XXIIIff.

9   Lasa Oppenheim ed. by Lauterpacht, International Law, Vol. Peace, 8. Aufl. London 1958, S. 401 (Anm. 1)

10   Näheres bei Norman Paech/Gerhard Stuby, Völkerrecht und Machtpolitik in den internationalen Beziehungen, Hamburg 2001, S. 174ff./539ff.

11   Vgl. hierzu William L. Shirer, Berliner Tagebuch. Das Ende 1944-45, Leipzig 1994; Neuere Einblicke in die Probleme des deutschen Widerstandes bieten: Karl Heinz Roth/Angelika Ebbinghaus (Hrsg.), Rote Kapellen – Kreisauer Kreise – Schwarze Kapellen. Neue Sichtweisen auf den Widerstand gegen die NS-Diktatur 1938-1945, Hamburg 2004; vgl. schon Gilbert Badia, Ces Allemands qui ont affronté Hitler, Paris 2000.

12   Eine detaillierte Aufstellung von Presseveröffentlichungen im Westen seit 1942 über die Judenvernichtung gibt Robert Kempner, der stellv. amerikanische Hauptankläger in Nürnberg, in einer Leserzuschrift in der FAZ v. 19. 7. 1963

13   Einige Städte und vor allem das Ruhrgebiet wurden erst später und dann nur vorübergehend und zwar als eine im Versailler Vertrag vorgesehene Sanktion wegen ausgebliebener Reparationszahlungen besetzt.

14   Die Kennzeichnung »reformatorisch« stammt von Michel Virally, Die internationale Verwaltung Deutschlands vom 8. Mai 1945 bis 24. April 1947, Baden-Baden 1948, insbes. S. 45ff.

15   Z.B. die Aufnahme Texas' durch die Joint Resolution of Congress vom 1.3.1845 am 22.12.1845. Weitere Einzelheiten bei Norman Paech/Gerhard Stuby, Völkerrecht und Machtpolitik in den internationalen Beziehungen, a.a.O., S. 361ff.

16   Vgl. Hans Kelsen, The international legal status of Germany to by established immediately upon termination of the war, AJIL, 38, 1944, S. 689. Seine Theorie ist von anderen aufgenommen und verfeinert worden, z. B. von Wolfgang Abendroth, Die Haftung des Reiches, Preußens, der Mark Brandenburg und der Gebietskörperschaften des öffentlichen Rechtes für Verbindlichkeiten, die vor der Kapitulation vom 8.5.1945 entstanden sind, in: Neue Justiz 1947, S. 73ff.; Michel Virally, Die internationale Verwaltung Deutschlands, a.a.O., S. 19ff.

17   Hans Kelsen, The international legal status of Germany, a.a.O., S. 693

18   Hermann Weber, Die Vielzahl von Verbrechen und das »zivilsatorische Minimum«, in: Gerd Hankel/Gerhard Stuby (Hrsg.), Strafgerichte gegen Menschheitsverbrechen. Zum Völkerstrafrecht 50 Jahre nach den Nürnberger Prozessen, Hamburg 1995, S. 355f.

19   Immer wieder war die Rede davon, mit aller »liberalen, jüdischen und bolschewistischen Tradition« gebrochen zu haben. Vgl. zur NS-Völkerrechtslehre Norman Paech/Gerhard Stuby, Völkerrecht und Machtpolitik in den internationalen Beziehungen, a.a.O., S. 176ff.

20   Michael Virally, Die internationale Verwaltung Deutschlands, a.a.O., S. 45f.

21   Vgl. hierzu die klassische Analyse von Otto Kirchheimer, Politische Justiz, Neuwied u.a. 1965, S. 467ff.

22   Hierzu Gerd Hankel, Die Leipziger Prozesse. Deutsche Kriegsverbrechen

und ihre strafrechtliche Verfolgung nach dem Ersten Weltkrieg, Hamburg 2003

23 Der Ausdruck »friedliebend« (peace loving) wurde auf Betreiben der Sowjetunion in die Erklärung zu den Vereinten Nationen vom 30. Oktober 1943 von USA, England, UdSSR und China zum erstenmal eingefügt. Vgl. Wilhelm G. Grewe, Entstehung und Wandlungen der Vereinten Nationen, a.a.O., S. XXX (Rn. 31)

24 Im Potsdamer Abkommen vom 2. August 1945 ist dies allerdings nur sehr allgemein formuliert. »...zu gegebener Zeit seinen Platz unter den freien und friedlichen Völkern der Welt einzunehmen.« oder u. IV der Politischen Grundsätze: »Die endgültige Umgestaltung des deutschen politischen Lebens auf demokratischer Grundlage und eine eventuelle friedliche Mitarbeit Deutschlands am internationalen Leben sind vorzubereiten.«

25 Christian Kleßmann, Die doppelte Staatsgründung. Deutsche Geschichte 1945-1955, 3. Aufl. Bonn 1984

26 Vgl. hierzu meine Darstellung von 1987, die m.E. im Kern immer noch zutrifft: Gerhard Stuby, Die »gefesselte« Souveränität der Bundesrepublik. Zur Entwicklung der BRD im Rahmen der US-Globalstrategie, Heilbronn 1987, insbes. S. 93ff.

27 Strittig blieb es, wie weit mit dem Beitritt die Feindstaatenklausel hinfällig geworden ist. Vgl. Georg Ress, in: Bruno Simma (Hrsg.), Charta der Vereinten Nationen, a.a.O., S. 687ff. (Art. 53, Rn. 28)

28 Einen guten Überblick über die Tätigkeit beider deutschen Staaten und ihre »Zusammenarbeit« bis 1987 gibt Günther Unser, Die UNO. Aufgaben und Strukturen der VN, 4. Aufl. 1988, S. 198ff.

29 Hans Kelsen, The international legal status of Germany, a.a.O.; später dann in Deutschland z.B. übernommen von Hans Nawiasky, Ist Deutschland noch ein Staat? in: Die Neue Zeitung Nr. 33 v. 25.4.1948 und von Wolfgang Abendroth, Die Haftung des Reiches, a.a.O.

30 Vgl. hierzu Gerhard Stuby, Die dubiose Geburt der These von der Fortexistenz des Deutschen Reiches, in: Demokratie und Recht 2/1990, S. 236ff.

31 Noch 1955 standen sich die kontinuitätsfreundliche Ansicht von Alfons Steiniger (Das Besatzungsstatut, in: Neue Justiz 1947, S. 146ff.) und die entgegengesetzte These von Karl Polak (Die Souveränität der DDR, in: Neue Justiz 1954, S. 317ff.) unentschieden gegenüber, worauf Wolfgang Abendroth verweist (Die gegenwärtige völkerrechtliche Stellung Deutschlands (1955), in: ders. Antagonistische Gesellschaft und politische Demokratie, 2. Aufl. Neuwied 1972, S. 318ff./327). Erst später setzte sich dann Polak mit der Untergangsthese durch.

32 Vgl. hierzu seine eigene, natürlich sehr subjektive Darstellung: Wilhelm G. Grewe, Riskante Karrieren. Wie deutsche Völkerrechtler in die Politik verstrickt wurden, in: FAZ v. 10.7.1993

33 BVerfGE 36, 1ff.; 77, 137ff. und dann später (18.9.1990) bestätigt 82, 318 (320)

34 Seit etwa 1969 war ein Abbröckeln zu verzeichnen. Der Untergang des Völkerrechtssubjektes »Deutsches Reich« spätestens mit den Ostverträgen wurde festgestellt, vgl. z.B. Hans-Jörg Bücking, Der Rechtsstatus des Deutschen Reiches, Berlin 1979; Dieter Murswiek, Deutschlands aktuelle Verfassungslage – Bericht über die Sondertagung der Deutschen Staatsrechtslehrer 1990, in: JZ 1990, S. 682ff.

35 Vgl. für die Zeit bis 1955: Ulrich Scheuner, Voraussetzungen und Verfahren der Wiedervereinigung Deutschlands, in: Europa-Archiv 1955, S. 8071ff. (8075); dann U. Meister, Stimmen des Auslandes zur Rechtslage Deutschlands, ZfaöVR, Bd. XIII., S. 173ff. Wesentlich hatte sich die Lage später auch nicht verändert.

36 Vgl. Dieter Rauschning, Deutschlands aktuelle Verfassungslage, in: DVBl 8/1990, S. 393ff.

37 Sie kursiert allerdings in neonazistischen Kreisen und zwar in puristischer Form, um den Zwei plus Vier-Vertrag von 1990 und damit die endgültigen Ostgrenzen zu diskreditieren.

38 So Hubertus Knabe, Die unterwanderte Republik. Stasi im Westen, Berlin 1999

39 Auch die ganz auf Diktaturaufarbeitung fixierte DDR-Forschung beginnt »international« zu erwachen, insbesondere seit die Forschungsgelder der diversen Institutionen (DFG, VW-Stiftung etc.) auslaufen. Hierzu »erhellend«: Ulrich Mählert/Manfred Wilke, Die DDR-Forschung ist kein Auslaufmodell. Aber sie muss nun einen Brückenschlag zur zeitgeschichtlichen Deutschlandforschung finden, in Frankfurter Rundschau v. 9.11.2004

40 In einem Schulerlass des Landes Schleswig-Holstein vom 4. Oktober 1976 z. B. wurde zum Ausdruck gebracht, dass die Verwendung des Begriffes *BRD* auch von offizieller Seite ausdrücklich nicht erwünscht sei, vgl. hierzu den Artikel »BRD«, in: www.wikipedia.de

41 Der Text der Rede ist zu finden unter www.bundeskanzler.de und abgedruckt in: Bild am Sonntag v. 6.6.2004

42 Vgl. den knappen Überblick bei: Helmut Volger, Geschichte der Vereinten Nationen, München/Wien 1995, S. 213f.

43 BVerfGE 90, 286ff.

44 Vgl. Einzelheiten bei: Norman Paech/Gerhard Stuby, Völkerrecht und Machtpolitik in den internationalen Beziehungen, a.a.O., S. 557f.

45 BVerfGE 104, 151, hierzu: Norman Paech, Die neue NATO-Strategie vor dem Bundesverfassungsgericht, in: Blätter für deutsche und internationale Politik 1/2002, S. 34ff.

46 Die hiergegen in der Öffentlichkeit erhobenen verfassungs- und völkerrechtlichen Bedenken wurden weggewischt. Dass ein Mandat des Sicherheitsrates auch bei weiteren Einsätzen der Bundeswehr wie z. B. bei der Beteiligung an den US-amerikanischen Aktionen »Enduring freedom« in Afghanistan und an der Marineüberwachung im Golf fehlt, wird demgegenüber in der öffentlichen Diskussion oft übergangen.

III. UND DANACH

47 Brandt für ein Mitspracherecht Bonns im UN-Sicherheitsrat, in: Der Tagesspiegel v. 2.9.1992; zu den deutschen Bestrebungen damals vgl.a. Michael Berndt/Werner Ruf, (K)Ein Platz im Sicherheitsrat, in: Wissenschaft und Frieden 2/1996, S. 5ff.

48 »Deutschland wird die Möglichkeit nutzen, ständiges Mitglied des Sicherheitsrates der VN zu werden, wenn die Reform des SR unter dem Gesichtspunkt größerer regionaler Ausgewogenheit abgeschlossen ist und bis dahin der grundsätzlich bevorzugte Sitz im SR nicht erreicht werden kann.« So in Ziff. 7 der Koalitionsvereinbarung zwischen SPD und Bündnis 90/Die Grünen vom 20. Oktober 1998, in: Blätter für deutsche und internationale Politik 12/1998, S. 1521ff. (1549)

49 Hierzu Helmut Volger, Machtpoker um den Weltsicherheitsrat, in: Blätter für deutsche und internationale Politik 11/2004, S. 1375ff.; vgl. a. Michael Berndt/Werner Ruf, (K)Ein Platz im Sicherheitsrat, a.a.O.

50 Umfassende Information bei Jörg Fisch, Reparation nach dem Zweiten Weltkrieg, München 1992

51 Hinweise bei Gerhard L. Weinberg, Eine Welt in Waffen, a.a.O., S. 33

52 Statistisches Material über den Umfang der Entnahmen findet sich bei Jörg Fisch, Reparation nach dem Zweiten Weltkrieg, a.a.O., S. 178ff.

53 Siehe Art. 5 Abs. 2. Bundesgesetzblatt 1953/2, S. 340

54 Weitere Einzelheiten bieten: Norman Paech/Gerhard Stuby, Völkerrecht und Machtpolitik in den internationalen Beziehungen, a.a.O., S. 400ff.

55 Vgl. Norman Paech, Wehrmachtsverbrechen in Griechenland, in: Krische Justiz 3/1999, S. 380ff.; zu den griechischen Urteilen vgl. Aeropag Prefecture of Voiotia vs. Federal Republic of Germany, Case No. 11/2000. Unveröff. Übersetzung aus dem Griechischen durch das Auswärtige Amt.

56 Nicht zu Unrecht wird kritisiert, die ehemalige DDR habe einen antifaschistischen Widerstandsmythos verbreitet, nach dem sie an der Seite der Sowjetunion zum Sieger der Geschichte und zum Vertreter des besseren, neuen Deutschlands avancierte und nach dem sie die sie ebenso betreffende unangenehme Nazi-Vergangenheit einfach ausblendete. Vgl. den m. E. allerdings besonders überzogenen Standpunkt bei Hans-Ulrich Wehler, Deutsche Gesellschaftsgeschichte 1914-1949, a.a.O., S. 983f. Man kann sich jedoch nicht des Eindrucks erwehren, dass diesen Gestus nun die Berliner Republik aus der Nachlasskiste der DDR für sich übernommen hat.

57 Besonders der Schulterschluss mit Japan und somit zweier ehemaliger Achsenmächte (vgl. Bericht in FAZ v. 23.9.2004) dürfte nicht gerade milde Erinnerungen in den Ländern der ehemaligen Antihitlerkoalition wecken.

* * *

JÖRG WOLLENBERG

Der Mythos von der Stunde Null

> »Wenn das deutsche Volk diese und die millionenfach anderen gleichen Verbrechen jemals vergessen könnte, dann erst wäre in Wahrheit eine Kollektivschuld der Deutschen gegeben«
> *(Gustav Radbruch in der Vorbemerkung zur dritten Auflage seiner »Kulturlehre des Sozialismus«, die er 1949 drei Kieler Freunden widmete, die von den Nationalsozialisten verfolgt und ermordet wurden: Wilhelm Spiegel, Otto Eggerstedt und Ernst Kantorowicz.)*

Die Hoffnung vieler Deutscher in der sog. Stunde Null war erfüllt von dem weit verbreiteten Bekenntnis der Häftlinge aus Buchenwald: »Nie wieder Faschismus, nie wieder Krieg!« Der Krieg hatte nicht nur für Albert Gaynes, Leutnant des 134. Bataillons der US-Army, die am 27. April 1945 das Dachauer KZ-Außenlager Landsberg-Kaufering befreite, »einen neuen Sinn bekommen – die Ausrottung des Nazismus muss erreicht und die Wiederkehr eines solchen Regimes verhindert werden.«[1] Selbstbesinnung und Aufklärung prägten in der Vierzonenzeit die Köpfe und Herzen vieler Menschen aus allen Teilen Deutschlands. Wie ist es zu erklären, dass bald darauf, und noch vor der Konstitution von zwei Staaten auf deutschem Boden, vornehmlich in den Westzonen die Anhänger zunehmend Zulauf erhielten, welche die Verwicklung in das NS-Terrorsystem verleugneten und die eigene Vergangenheit entsorgten? Ein scheinbar unaufhaltsamer Weg führte so von der ersten Schuld der Deutschen unter Hitler über die die politische Kultur der Bundesrepublik mitprägende zweite Schuld – »die Verdrängung und Verleugnung der ersten nach 1945«[2] – zur dritten Schuld: der »Verwicklung der Bürger der DDR mit dem SED-Regime und die Schuld der Linken durch ihre Verleugnung stalinistischer Verbrechen« (Frankfurter Rundschau v. 9.11.1990).

Die »Schwierigkeiten mit der Wahrheit« (Walter Janka, 1989) »nutzten nicht wenige Deutsche hüben wie drüben ... mit Eifer (dazu), die Gnade der späten Geburt in der Gnade des deutschen Neuanfangs aufgehen zu lassen und die viel beschworene deutsche Verantwortungsgemeinschaft in eine deutsch-deutsche Reinwaschungs-GmbH umzuwandeln.«[3] Begleitet wurde dieser Weg von zahlreichen Erinnerungsschlachten, vor allem im Umgang mit den Jahrestagen des 20. Juli 1944, der NS-Machteroberung und besonders des Kriegsendes. Niederlage, Kapitulation und Befreiung prägten die Deutungen im Land des amtierenden Weltmeisters der »Vergangenheitsbewältigung«. Einen Höhepunkt der problematischen Gedenkmaschine erlebten die Westdeutschen aus Anlass des 40. Jahrestages der Befreiung Deutschlands vom Faschismus. Die Entsorgung der deutschen Vergangenheit, die mit Bitburg begann und später in dem »Historikerstreit« eine Sublimierung erfuhr, veranlasste den damaligen Bundespräsidenten Richard von Weizsäcker zu der viel zitierten Bundestagsrede, die in dem Kernsatz mündete: »Wir dürfen den 8. Mai 1945 nicht vom 30. Januar 1933 trennen«. Diese Schuld eingestehende Selbsterkenntnis gab den Anstoß, über die Erblast der neuen mitteleuropäischen Großmacht und ökonomischen Supermacht Deutschland nachzudenken und eine Wiederentstehung oder Fortschreibung der unheilvollen Geschichte des deutschen Nationalstaates zu verhindern. Die »Zeitung für Deutschland«, die Frankfurter Allgemeine Zeitung, Vertreter der Bonner Kabinette und konservativ geprägte deutsche Historiker fordern dagegen seit Jahren dazu auf, die Deutschen müssten endlich aus dem Schatten Hitlers heraustreten, die »Dauerbüßerrolle« aufgeben. Wie wirkungsvoll führende Vertreter von Politik und Geistesleben das Ende der Nachkriegsordnung zur Entsorgung der deutschen Vergangenheit nutzen, ist u. a. daran abzulesen, dass in der Präambel des »Einigungsvertrages« jeder konkrete Hinweis auf die gesamtdeutsche Verantwortung für die Opfer des Nationalsozialismus fehlt.

Stattdessen relativierte oder verdrängte die Debatte über den Umgang mit der stalinistischen Vergangenheit in der ehemaligen DDR die nationalsozialistischen Verbrechen. Und Teile der Linken sahen in der »Entstasifizierung« die Möglichkeit, das zu verhindern, was nach 1945 in der alten BRD über die gescheiterte Entnazifizierung zur Weißwäscherei führte und aus Westdeutschland eine »Mitläuferfabrik« (Lutz Niethammer) machte. Fragen wir deshalb noch einmal, warum in der so genannten Stunde Null, die keine wurde, der Ansatz der Entnazifizierung nach 1945 als ein Mittel gesellschaftlicher Umgestaltung scheiterte und die Weiterbeschäftigung der NS-Eliten in Westdeutschland nur kurzfristig behinderte.

Die Deutschen als »Hitlers Opfer«

Neben Bekenntnissen von Erik Reger und Karl Jaspers formulierte die Evangelische Kirche in Deutschland in dem von Martin Niemöller und Gustav Heinemann geprägten Stuttgarter Schuldbekenntnis vom 18. Oktober 1945 ein Eingeständnis – »wir klagen uns an, daß wir nicht mutiger bekannt haben« – und gab damit Gegnern wie Freunden den Anlass, die eigene Verantwortung mit der »Schuld der anderen« aufzurechnen. Die Diffamierung der »Schuldbesessenen« begann. Sie kulminierte das erste Mal im Januar 1946 in Erlangen, als Studenten es ablehnten, von Niemöller das Schuldbekenntnis anzuhören. Sie vertrieben ihn aus der Universitätsstadt, der einstigen braunen Hochburg nicht nur der Theologen. Zum gleichen Zeitpunkt gaben Hakenkreuzschmierereien an Gymnasien in Hannover und Detmold den Anlass zu einer kritischen Intervention des einstigen preußischen Kultusministers und Widerstandskämpfers Adolf Grimme. Der damalige niedersächsischen Kultusminister und Mitglied der lange als vaterlandslose Gesellen diffamierten »Roten Kapelle« erklärte: »Wäre die Besatzungsarmee nicht im Lande – ich möchte schon heute die Zahl der Rathenau-Morde nicht sehen.« (Januar 1946).

Ein Jahr danach zerstörte am 9. Januar 1947 eine Bombe das Büro der Spruchkammer in Nürnberg. Sie war gegen den Vorsitzenden des Nürnberger Entnazifizierungsgerichtes, Camille Sachs, gerichtet, der noch einmal davonkam.[4] Ansonsten erwies sich gerade diese Entnazifizierung, die die Alliierten 1946 in deutsche Hände legten, als

»Geburtsfehler der deutschen Demokratie« (Eugen Kogon). Nicht als Teil einer gesellschaftlichen Umgestaltung, sondern als Prozess personeller Säuberung mit dem Charakter eines Inquisitionsverfahrens und der Gesinnungsschnüffelei endete der intendierte Selbstreinigungsprozess der Deutschen in den Westzonen. Der verurteilte Mitverschwörer am Rathenau-Mord, Ernst von Salomon, konnte mit einer Farce der Entnazifizierung seine Nachkriegskarriere als Erfolgsschriftsteller krönen (Fragebogen, 1951). Viele Deutsche empfanden sich schon damals als Opfer. Die ungeheuer einprägsame Formel, die Deutschen seien »Hitlers Opfer« gewesen, gewann in den Zeiten der Entnazifizierung einen unschätzbaren Gebrauchswert für ehemalige Täter, Gefolgsleute und Mitläufer des »Dritten Reiches«. Aber nicht nur diese konnten sich und ihr Verhalten so von jeglicher Schuld entlasten. Auch Nicht-Belastete nutzten diese Entlastungsstrategien der »Entsorger«. Der Dachau-Häftling und erste Nachkriegsvorsitzende der SPD, Kurt Schumacher, behauptete z.B. auf dem Hannoveraner SPD-Parteitag von 1946, der bewaffnete Widerstand sei in Deutschland so schwach gewesen, weil hier der Druck des Naziterrors »unvergleichlich stärker war als anderswo«. Stärker als z.B. in Polen oder der UdSSR? Der aus dem USA-Exil zurückgekehrte Antifaschist Alfred Kantorowicz, der von 1947 bis 1949 in Berlin die zwischen den Zonen vermittelnde Zeitschrift »Ost und West« herausgab, bezeichnete das NS-System als »braune Besatzungsarmee auf deutschem Boden«. Und Erich Kästner notierte am 8. Mai 1945 in sein Tagebuch: Deutschland ist das »von Hitler zuerst und am längsten besetzte und gequälte Land gewesen«.[5]

Nein, die »Rückkehr Deutschlands zur Menschlichkeit« (Thomas Mann, 1945), die Wiederaufnahme in die Gesellschaft anderer Nationen, war für viele Deutsche keine Frage der Moral und des Eingeständnisses der Schuld. Dazu waren nur wenige bereit, die »aus der unglaublichen Gunst einer totalen Niederlage heraus die Kraft zur totalen Wandlung« (Alfred Andersch) fanden. Es setzten sich dagegen jene Vertreter durch, die nach der militärischen Niederlage von 1945 Hitler als Übermächtigen verteufelten, um so die eigene Verantwortlichkeit zu reduzieren. Während nach der Niederlage im Ersten Weltkrieg die

Vergangenheit verklärt wurde, gelang es den Relativierern nach dem
»Zusammenbruch« von 1945, die Vergangenheit zu dämonisieren und
Hitler zum Betriebsunfall zu erklären.

Deutschland am Vorabend des 60. Jahrestages des 8. Mai 1945 : Von der »Rückkehr Deutschlands zur Menschlichkeit« zu »So viel Hitler war nie«

War es »trotz allem eine große Stunde, die Rückkehr Deutschlands
zur Menschlichkeit«, die Thomas Mann zwei Tage nach der Befreiung
Deutschlands vom faschistischen Terror den Deutschen aus seinem
US-amerikanischen Exil über den britischen Rundfunk (BBC)
verkündete?[6] Diese beeindruckende Rede wurde von deutschen
Schriftstellern und einstigen Nazi-Sympathisanten wie Walter von
Molo oder Frank Thieß beanstandet. Diese Repräsentanten der NS-
Reichsschrifttumskammer, die sich nach 1945 zu den selbsternannten
Vertretern der »inneren Emigration« zählten, warfen Thomas
Mann vor, die deutschen Schriftsteller hätten die Ehrenpflicht gehabt,
in Deutschland zu bleiben. Die Emigranten hätten dagegen aus
»Logen und Parterreplätzen des Auslands« der deutschen Tragödie
zugeschaut. Mit dieser Spaltung in innere und äußere Emigration erleichterten
sie das Weißwaschen der Mitläufer und provozierten die
zunächst noch rückkehrwilligen Exil-Schriftsteller. Der Höhepunkt
dieser Emigrantenschelte vollzog sich 1949: Thomas Mann kehrte
das erste Mal wieder nach Deutschland zurück und hielt zum 200.
Jahrestag von Goethes Geburtstag nicht nur in Frankfurt am Main,
sondern auch in Weimar einen Vortrag. »Ich kenne keine Zonen«,
sagte Thomas Mann von sich und erhielt dafür in Frankfurt den
Goethe-Preis und in Weimar den Goethe-Nationalpreis. Josef Müller-
Marein von der liberalen Wochenzeitschrift »Die Zeit« kanzelte
Thomas Mann damals wegen seines »respektlosen« Verhältnisses zu
Goethe ab und hielt den Kriegsverherrlicher Ernst Jünger für den
würdigeren Goethe-Preisträger. Ein FDP-Lautsprecherwagen fuhr
durch Düsseldorfs Straßen und verkündete (in der Geburtsstadt

Heinrich Heines, in der der ehemalige Schwiegersohn von Thomas Mann und Nazisympathisant Gustav Gründgens als Nachfolger des Nazigegners Wolfgang Langhoff die Generalintendanz des Theaters übernommen hatte): »Wir haben mit Thomas Mann nichts gemein als die deutsche Sprache. Wir sprechen jedem, der zwischen 1933 und 1945 nicht in Deutschland war, das Recht ab, über die politische Entwicklung in Deutschland zu urteilen.« Thomas Mann antwortete seinen Kritikern in einem offenen Brief vom 27. August 1949: »Nach Weimar bin ich gegangen, weil ich die tiefe Kluft, die, wie Sie sagen, durch Deutschland läuft, beklage und der Meinung bin, daß man sie nicht vertiefen, sondern womöglich, sei es auch nur festlich, augenblicklicher Weise, überbrücken soll.«[7]

Diese für das politische Klima im gespaltenen Deutschland so bezeichnende Kontroverse um den Repräsentanten des deutschen Exils, der sich weder mit dem besiegten Deutschland noch mit den alliierten Siegern identifizieren wollte, aber eine harte Behandlung der Verantwortlichen des Nazi-Regimes forderte, macht deutlich, wie sehr der von den Alliierten zunächst nach 1945 gemeinsam verordnete Antifaschismus im Gefolge des Kalten Krieges verkümmerte. Das Erbe der Häftlinge von Buchenwald – mit Weimar als neues Washington eines demokratischen und sozialistischen Deutschlands – wurde im Ost-West-Konflikt bald zur Instrumentalisierung des Antifaschismus durch die Gleichsetzung von Faschismus, Antisowjetismus und Imperialismus benutzt. Aus der intendierten Utopie aller Deutschen entwickelte sich ein unterschiedlich gehandhabter Kampfbegriff, der es ebenso erlaubte, die westdeutschen Gewerkschaften – nach der von ihnen gebilligten Verabschiedung des Marshall-Planes von 1948 – als »verlängerten Arm des US-Imperialismus« zu denunzieren – vgl. dazu z.B. die These 37 der KPD[8] –, wie es umgekehrt in den Westzonen möglich war, mit der neuen Ersatzreligion des Antikommunismus das antifaschistische Erbe zu verdrängen und damit auch die »Stunde Null« zu verschenken. Weil die Deutschen sich nicht selbst befreiten, sondern die »Besatzungsmächte uns befreit haben vom nationalsozialistischen Joch«, schrieb Karl Jaspers in der Vorrede zum ersten Heft der Zeitschrift »Die Wandlung« im November 1945, bleibt »unsere Initiative beschränkt auf den Spielraum, den sie uns gewähren.«

Diese Entwicklung erleichterte es den Deutschen in den Westzonen, ein klares Urteil über die NS-Vergangenheit und die Verstrickung der deutschen Eliten in den Nationalsozialismus zu vermeiden – trotz der heute eher vergessenen 12 Kriegsverbrecherprozesse gegen die Eliten des NS-Regimes, die die Vereinigten Staaten in Nürnberg zwischen 1946 und 1949 veranstalteten. So wurde das westdeutsche Geschichtsbild schnell von Kräften bestimmt, die glaubten, Hitler zum Betriebsunfall der deutschen Geschichte erklären zu können und lediglich einige verbrecherische Auswüchse des NS-Systems anerkennen zu müssen. Ansonsten könne man alles beim Alten lassen. Hier setzte jene fehlende Bereitschaft ein, dem 8. Mai 1945 als Datum der deutschen Niederlage einen positiven Charakter zuzubilligen, ihn als Tag der Befreiung von der NS-Diktatur zu betrachten. Hier liegt auch der Ausgangspunkt für jene Kontroversen, die seitdem um die politische Bewertung des 8. Mai 1945 immer wieder aufflammten. Dabei erschien noch rechtzeitig zur 50. Wiederkehr des 8. Mai ein Standardwerk, das Klaus-Dietmar Henke vom Münchener Institut für Zeitgeschichte vorlegte: »Die amerikanische Besetzung Deutschlands« macht auf über 1000 Seiten deutlich: Es sei den Deutschen am Ende des Krieges sehr bewusst gewesen, »dass es der Feind war, der sie vom Joch der eigenen Landsleute befreit hatte«. Die Epochenwende der deutschen Geschichte beginnt so am 8. Mai 1945 als Paradoxie – als Tag der Fremdbefreiung. Ob freilich diese »Fremdbefreiung« von den Deutschen als Ausgangspunkt eines langwierigen Prozesses der nachholenden »Selbstbefreiung« genutzt wurde, bleibt bis heute umstritten.

Die öffentliche Auseinandersetzung um die Frage, wie die Deutschen sich an den 8. Mai 1945 erinnern sollen, dokumentiert so seit langem eine tiefe Verunsicherung und die Unfähigkeit, aus der Geschichte zu lernen. Auch 60 Jahre danach besteht nicht einmal eine begriffliche Klarheit über das Ende des Nationalsozialismus. »Zusammenbruch« oder »die Stunde Null«? »Befreiung vom Faschismus« oder »bedingungslose Kapitulation«? Kamen die alliierten Truppen als

Sieger oder als Befreier? Fühlten sich die Deutschen tatsächlich 1945 von der Hitler-Diktatur befreit? Sahen sie in der militärischen Niederlage nicht eher den Beginn der Vertreibung und den Verlust von Territorien im Osten oder den Anfang der Unterdrückung in der SBZ/DDR? »Dreigeteilt niemals« wurde bald zu einer wirksamen Parole, die Städte und Landschaften in den Westzonen und in der BRD optisch beherrschte. Und keinesfalls ist ausgemacht, dass nach der Aufhebung der Zweiteilung Besitzansprüche auf den dritten Teil von den Vertriebenenverbänden gänzlich aufgegeben werden. Erleben wir doch im Vorfeld des 60. Jahrestages der Befreiung von der NS-Diktatur eine erneute Umcodierung des Vergangenheitsdiskurses: die Deutschen als Opfer des Bombenkrieges, der Flucht und der Vertreibung. Norbert Freis Essay in der »Zeit« vom 21. Oktober 2004 thematisiert dieses neu-alte Verständnis für die Erfahrungen und Zwangslagen der Menschen, die seit einiger Zeit von einst linken Historikern wie Jörg Friedrich bedient werden und die Schriftsteller wie Martin Walser und Günter Grass mit einer Selbstentpflichtung aus dem »Erinnerungsdienst« verknüpfen. Und welche Folgen solche »Krebsgänge« und »Moralkeulen« zeitigen, dokumentiert die mediale Gegenwart des »Führers«, die alle Hitler-Wellen der Vergangenheit übertrifft. »So viel Hitler war nie«, konstatiert Norbert Frei zu Recht. Wieder einmal läuft die Gedenkmaschine des »Untergangs« des »Dritten Reiches« auf Hochtouren. Und diese Verklärung des Abgrunds öffnet erneut dem historischen Revisionismus alle Tore. Der Direktor des Münchener Instituts für Zeitgeschichte, Horst Möller, hatte z.B. schon am 3. Mai 1994 im Plenarsaal des Berliner Reichstagsgebäudes die Gleichartigkeit von faschistischem »Rassenmord« und kommunistischem »Klassenmord« hervorgehoben. Er bekannte sich vor der Enquete-Kommission über die »zwei deutschen Diktaturen« uneingeschränkt zur Totalitarismustheorie.[9]

Begleitet werden solche Wenden von öffentlichen historischen Kontroversen. Als zum Beispiel Ludwig Stiegler, stellvertretender Fraktionsvorsitzender der SPD im Bundestag, im Februar 2002 verlauten ließ, dass die Vorläuferparteien der CDU und FDP am 23. März 1933 dem Ermächtigungsgesetz zugestimmt hätten, »nachdem sie Hitler zuvor verharmlost und mit an die Macht gebracht haben«, begann ein Aufschrei, der deutlich machte, dass in der BRD nach wie vor kein Konsens über grundlegende historische Fragen besteht.[10] Stiegler hatte ein Tabu gebrochen, das von allen Parteien hochgehalten wird, den Mythos der Stunde Null: 1945 hätte ein demokratischer Neuanfang begonnen, bei dem alle institutionellen, politischen und persönlichen Brücken zum NS-System abgebrochen worden seien. Stieglers Tabubruch geschah zu einer Zeit, als die Bundesregierung Abschied von der Nachkriegsordnung nahm, einen ständigen Sitz im UN-Sicherheitsrat anstrebte und mit der Entsendung von Soldaten in Konfliktfelder und auf Kriegsschauplätzen der Welt eine Großmachtrolle anstrebte. Eine Rolle, die völkerrechtlich nicht im Einklang zum Grundgesetz und zum Einigungsvertrag zu bringen ist. Stieglers umstrittener historischer Vergleich klammert freilich das Versagen der eigenen Partei aus, z.B. die Zustimmung zur außenpolitischen Regierungserklärung Hitlers am 17. Mai 1933. Das geschah wenige Tage nach der Bücherverbrennung zu einem Zeitpunkt, als zahlreiche SPD- und KPD-Reichstagsabgeortnete in den ersten Konzentrationslagern in Schutzhaft genommen worden waren. Als einzige der Anwesenden verweigerte die Reichstagsabgeordnete Antonie Pfülf die Zustimmung. Sie verließ den Reichstag und beging Selbstmord, während der Rest der SPD-Fraktion nach der Abstimmung gemeinsam mit allen Parteien im Reichstag stehend das Deutschlandlied sang. Am 19. Juni 1933 setzten die nationalen Sozialisten um Paul Löbe den NS-Anpassungskurs dadurch fort, dass sie die jüdischen Mitglieder aus dem SPD-Vorstand zurückzogen und abwählten. Und dennoch wurde diese Politik nicht honoriert. Das Verbot der Partei erfolgte am 22. Juni 1933.

Welche Lehren waren nach 1945 aus dem Versagen von 1933 zu ziehen und welche Hoffnungen verbanden die Deutschen mit der Stunde Null? Welche Vorstellungen von einer Neuordnung hatten die deutschen Antifaschisten, die aus dem Exil zurückkehrten und wie ließen sich diese mit der Politik der Anti-Hitler-Koalition verbinden? Welche Traditionen dieser Vorgeschichte und Gründungsphase bestimmen noch heute die Grundlinien der Politik? Wir wollen diesen Fragen an einigen Nachkriegsplanungen und Erinnerungen nachgehen und zitieren Repräsentanten des deutschen Exils, die nach 1945 Einfluss und Bedeutung erlangten, auch wenn sie mit ihren damaligen Vorstellungen in Deutschland nicht ankamen – getreu dem Motto von Alfred Döblin, der 1945 aus dem Exil zurückkehrte und 1953 erneut emigrieren sollte: »Als ich wiederkam, da kam ich nicht wieder«.

»They will do it again« (Morgenthau)

13 Jahre nach seiner Flucht aus Deutschland hielt sich von Juni bis August 1947 der damals 30jährige Schriftsteller Peter Weiss als Reporter der schwedischen Zeitung »Stockholms Tidningen« in Berlin auf. Er kommentierte seine Einschätzung der politischen Situation von 1947 in der Retroperspektive folgendermaßen: »Nachdem der Krieg zu Ende war, hatten wir gehofft: Jetzt kommt eine neue Welt. Dieser Tag im Mai 1945 war ein Freudentaumel sondergleichen… Wir gingen wieder mit neuen Hoffnungen an die Arbeit. Erst 1947 in Berlin, als gerade der Kalte Krieg begann, der Kapitalismus nicht abgeschafft war, wurde mir auch politisch zum ersten Mal ganz bewußt, in welche Welt wir da wieder hineingeraten sind«. Die Enttäuschung darüber, daß kein wirklicher Neubeginn nach 1945 zustande kam, daß die Hoffnung auf die Einheit der Arbeiterbewegung im geeinten Deutschland, geboren im Exil und im Widerstand, sich so schnell zerschlagen sollte und die Siegermächte Deutschland nach ihren Vorstellungen aufteilten, verarbeitete Peter Weiss später in seinem Jahrhundertwerk »Die Ästhetik des Widerstands«. Unmittelbar vor der Gründung der beiden Staaten auf deutschem Boden bereiste eine andere renommierte Vertreterin des deutschen Exils, aus den USA zurückkehrend, Deutschland: Hannah Arendt. Sie war entsetzt über die Stimmung in der sich konstituierenden Bundesrepublik. »Wir haben von nichts gewusst« und »Was haben wir gelitten«, lauteten schon damals die Lebenslügen der Entsorger. »Der Durchschnittsdeutsche«, heißt es in dem Reisebericht der Schülerin von Karl Jaspers und – des trotz seiner spektakulären Parteinahme für die Nazis

inzwischen wieder hochgeschätzten – Martin Heidegger, »sieht die Ursachen des letzten Krieges nicht in den Taten des Naziregimes, sondern in den Ereignissen, die zur Vertreibung von Adam und Eva aus dem Paradies geführt haben.« Und »betrachtet man die Deutschen, wie sie geschäftig durch die Ruinen ihrer tausendjährigen Geschichte stolpern ..., dann begreift man, daß die Geschäftigkeit ihre Hauptwaffe bei der Abwehr der Wirklichkeit geworden ist.«

Kein »Furor antiteutonicus« sondern ein wieder aktuell gewordener prophetischer Bericht über die »Unfähigkeit zu trauern«, über die Verweigerung, die Schuld einzugestehen. »Das Jahr Null hat es nie gegeben«, schrieb der Amerikaner Brewster S. Chamberlain schon in seinen Berliner Berichten von Juli bis Dezember 1945. Und der langjährige Finanzminister von Franklin D. Roosevelt argwöhnte schon 1944 in seinen mit Unterstützung prominenter deutscher Exilvertreter aus den Kreisen der Gewerkschaften und der Frankfurter Schule um Franz L. Neumann, Ernst Fraenkel, Otto Kirchheimer und Herbert Marcuse entwickelten Plänen zur Nachkriegsordnung Deutschlands: »They will do it again.« Dieser Henry Morgenthau, der noch vor der Potsdamer Konferenz im Juli 1945 als Minister zurücktrat, vertraute nicht auf eine Umerziehung der Deutschen. Es sei eher wahrscheinlich, dass die Besiegten erlittene Verwüstungen und künftigen Mangel den Besatzern und ihrer demokratischen Philosophie ankreiden würden. Deshalb schlug er vor, Deutschland zu reorganisieren und in einen nord- und einen süddeutschen Staat aufzuteilen. Das erweiterte Ruhrgebiet sollte dagegen internationalisiert werden. Dieser nie ausgeführte Plan mit der Demontage des Ruhrgebiets als Kern – »Hitler hätte eine Witzfigur bleiben müssen, wenn Krupp und Flick und Hugenberg nicht gewesen wären. Allein die Schwerindustrie erlaubte einem Mann, der für die Slapstickkomödie geboren schien, in Wagnerische Tragödien einzuziehen«, konstatierte der Sohn badischer Einwanderer 1944 –, dieser Morgenthau-Plan wird seitdem stets mit Abscheu zitiert. Denn vor diesem Versuch eines »industrial disarmament« – der industriellen Entwaffnung Deutschlands – erschrak selbst der britische Premierminister Winston Churchill am 15. September 1944 in Quebec/Kanada aus Anlass der Unterzeichnung dieses

Vorschlags zur Lösung der deutschen Frage: »Der Plan des Finanzministers würde England an einen Leichnam ketten.« Und Goebbels' geschickte Interpretation des Morgenthau-Planes als eine Umwandlung Deutschlands in einen Kartoffelacker bestimmt bis heute noch äußerst wirkungsvoll das Bewusstsein der Deutschen. »Seit dieser Zeit wird der ›Morgenthau-Plan‹ einem ›jüdischen Racheengel‹ zugeschrieben, der Deutschland habe ›agrarisieren‹ und in die ›Steinzeit‹ zurückführen wollen«, meint Bernd Greiner zu dieser zählebigen Legende einer intendierten Stunde Null, die keine wurde.[11]

So wurde aus dem Versuch, ein besseres, neues Deutschland durch die Entmilitarisierung und kompromisslose Neugestaltung des wirtschaftlichen Lebens zu schaffen, die Verkörperung des Deutschenhasses. Dabei hatte der Finanzminister sich lediglich darum bemüht, wie Franklin D. Roosevelt im Vorwort zu Morgenthaus Buch »Germany is our Problem« festhielt, die deutsche Industrie mittelfristig zu kappen und zu zähmen. Andernfalls würde sie alsbald wieder ganz Europa beherrschen und zum nächsten Waffengang rüsten. Helm auf zum nächsten Gefecht, sollte es denn auch bald wieder heißen. Das »Programm to prevent Germany from starting a World War III« verschwand dagegen schnell in den Schubladen der Westalliierten.[12]

Von den Risiken des deutschen Weges – aus der Sicht von Willy Brandt

Schon auf der Potsdamer Konferenz wurde der »Morgenthau-Plan« ersetzt durch die rigorose Internationalisierung des Besiegten: »Die endgültige Umgestaltung des deutschen politischen Lebens auf demokratischer Grundlage und eine eventuelle friedliche Mitarbeit Deutschlands am internationalen Leben sind vorzubereiten«, erklärten die drei Besatzungsmächte im August/September 1945. Willy Brandt hatte diese Problematik einer international kontrollierten Umgestaltung Deutschlands schon in seinem norwegischen Exil thematisiert und mit den Mitstreitern im schwedischen Exil Konzepte zur Nachkriegsordnung vorgelegt. Unmittelbar vor Eröffnung der

Konferenz von Jalta hielt Brandt am 9. Februar 1945 vor der SPD-Ortsgruppe in Stockholm – mit den die deutsche Nachkriegspolitik prägenden Mitgliedern wie Irmgard und August Enderle, Fritz Bauer, Fritz Fricke, Fritz Tarnow, Fritz Rück, Arno Behrisch, Ernst Paul und kooptierten Gästen wie Bruno Kreisky, Alva und Gunnar Myrdal – eine programmatische Rede, die Peter Weiss in Auszügen in dem ersten Band zu den »Notizbüchern von 1971-1980« über die »Ästhetik des Widerstands« erstmals veröffentlichte und die zugleich den späteren Streit um den 8. Mai – Befreiung oder Niederlage – vorwegnahm und beantwortete. Anzumerken ist allerdings, dass Herausgeber und Bearbeiter der Berliner Ausgabe der Arbeiten von Willy Brandt wichtige Passagen aus dieser Rede nicht aufgenommen haben.[13] Hat Willy Brandt sie selbst für seine Nachlassverwalter um die Teile gekürzt, die er später politisch nicht mehr zu vertreten glaubte? Folgen wir kurz dem Redekonzept des späteren Bundeskanzlers in der von Peter Weiss zitierten Version: »Fraglich, ob Deutschland überhaupt als einigermaßen geschlossene nationale Einheit aus dem Krieg raus kommt. Der Krieg hat die Nazis nicht aus dem Sattel gehoben. Hoffnung auf innere Erhebung gegen Naziregime ist nicht in Erfüllung gegangen. Wenige Beweise hat die Welt dafür erhalten, daß es ein anderes Deutschland als aktuelle politische Realität gibt. Unter welchem Druck und Terror auch immer – das deutsche Volk hält durch bis zuletzt, mit erschreckender Geschlossenheit. Man rechnet nicht mit einer von inneren Kräften getragenen Regierung des andern Deutschland nach dem Sturz der Hitlerherrschaft. Der deutsche Name auf lange Zeit mit Fluch und Schande beladen. Zwei Wege: zu bagatellisieren oder zu entschuldigen, was im Namen Deutschlands an andern Völkern verbrochen wurde. Oder: radikaler Bruch mit der Vergangenheit. Kein Weg zurück zu den Vor-Hitler-Verhältnissen. Bereits wird gesprochen von bevorstehendem Konflikt im alliierten Lager. Die Nazis haben auf solchen Konflikt spekuliert.«[14]

Folgt man der Einschätzung des sowjetischen Deutschlandexperten, Valentin Falin, dann hatten die Westalliierten schon 1944 auf ein Bündnis mit Nazideutschland (ohne Hitler) gesetzt, das einer Koalition mit der Sowjetunion vorzuziehen war. Nicht erst mit dem Abwurf der Atombombe in Hiroshima begann der Kalte Krieg, sondern, so Falin in seinem 1995 vorgelegten Buch über die »Zweite Front«, »in Stalingrad«. Zum Beweis zitiert Falin den Chef des amerikanischen Geheimdienstes, William J. Donovan, der über den in der Schweiz agierenden OSS-Residenten Allen Welsh Dulles Kontakte zu hochgestellten Militärs in Deutschland pflegte (Hans Bernd Gisevius, Eduard Wätjen und Georg Hansen) und über die »Schwarze Kapelle« unter dem Nazi-Abwehrchef Canaris Einfluss auf den Zeitpunkt des Attentatsversuches vom 20. Juli 1944 genommen haben soll. Nach Falin besteht deshalb ein enger Zusammenhang zwischen der anglo-amerikanischen Landung in der Normandie im Juni 1944, dem deutschen 20. Juli 1944 und dem Warschauer Aufstand vom August 1944. Zu diesem nach wie vor umstrittenen und erst nach der Freigabe der Dokumente aller Geheimdienste zu beantwortenden Komplex notierte Willy Brandt am 9. Februar 1945: »Gegen den offenen Bruch, durch den die Fronten für den 3. Weltkrieg gezogen werden, spricht das gemeinsame Interesse der Beteiligten. Nach diesem Krieg keine neuen Vorbereitungen zu einem Vernichtungskampf. Die Sowjetunion hat am meisten unter dem Ansturm der Naziarmeen gelitten. Beruft sich darauf, daß sie den stärksten Einsatz bei der Niederwerfung des Nazismus geleistet. Der sowjetische Einfluß auf Deutschland wird stark sein. Wichtig: Loyale Haltung, aufrichtige Zusammenarbeit mit der SU. Die deutschen Antifaschisten haben keine Ursache, angesichts des Einflusses der SU von Panik befallen zu werden. Die SU will Sicherheit und Wiederaufbau. Zu befürchten allerdings: daß die sowjetische Einstellung gegenüber der nichtkommunistischen Arbeiterbewegung durch irrationale und geschichtlich überholte Faktoren belastet wird. Daran nicht unschuldig: die verständnislose Haltung, die jahrelang von maßgeblichen Leitern der internationalen Sozialdemokratie gegen die SU eingenommen wurde«. Und anschließend warnt Brandt: »Der Feind steht wieder einmal im eigenen Volk. Der Todfeind des deutschen Volks ist der Nazismus (auch in der Zukunft). Der Feind ist nicht endgültig geschlagen, wenn nicht die Macht der Nazis und ihre Kriegsmaschine gebrochen wird. Er wird maskiert und unter neuen Parolen auftreten. Dieser Feind heißt Nationalismus.« Fritz Bauer, der damalige Mitstreiter im schwedischen Exil und spätere Initiator des Remer- und Auschwitz-Prozesses als Braunschweiger und Frankfurter Generalstaatsanwalt, meinte am 27. Mai 1945 in Stockholm, dass die nationalistischen Tendenzen auch unter den Vertretern der Emigranten herrschten: »Die nationalen bzw. nationalistischen Tendenzen in allen Kreisen der Emigration stärker als befürchtet. Schärfste Wortführer des Nationalismus die Sozialdemokraten Schwarz und Friedländer. Auch auf Seiten der kommunistischen Mitarbeiter wird indessen (mit Rücksicht auf gegenwärtig geltende Parteilinie) kein Einspruch gegen nationalistische Entgleisungen erhoben. Im Gegenteil – das nationale Ressentiment ist von kommunistischer Seite dazu benutzt worden, die Mehrheit der Sozialdemokratie, im Konflikt um die Militärflüchtlinge, auf ihre Seite zu bekommen.«[15]

Bei Willy Brandt finden wir in dem Memorandum vom 9. Februar 1945 die folgenden Vorschläge zur Lösung der deutschen Frage: »Gift des Nationalismus. Nationale Überheblichkeit. Militärischer Drill. Revanchegedanken. Rassenwahn. Das wird weiterleben. Nationalistische Banden müssen niedergeschlagen werden. Nationalistische Hetzer und Phrasendrescher entlarvt, ausgehoben, unschädlich gemacht werden. Bestrafung der Kriegsverbrecher. Abrüstung. Es ist kein Nationalismus, wenn sich die deutschen Demokraten für die Erhaltung der staatlichen Einheit einsetzen: Zur Überwindung der deutschen Tragödie: den Feinden im Innern Herr zu werden, das unglückselige Sektierertum, den Dogmatismus, das Schwanken zw. Zersplitterung und Unterstellung zu beenden. Enteignung des Großgrundbesitzes, der Banken und Konzerne. Einheit von: den im Innern überlebenden Gewerkschaften und übrigen Vertrauensleuten der antinazistischen Arbeiterschaft, der Kirchenopposition, der nicht durch den Nazismus prostituierten deutschen Intellektuellen, der im Moskauer Nationalkomitee vertretenen Gruppierungen aus dem kommunistischen Sektor, der aufbauwilligen Kräfte aus dem sozialistischen und bürgerlich-demokratischen Lager der Emigration.«[16]

Diese unter den Exilvertretern und den aus den Konzentrationslagern befreiten Antifaschisten zunächst weit verbreiteten Einsichten über die Zukunft eines neuen unabhängigen und sozialistischen

Deutschland verschwanden wie viele andere Denkschriften mit der Eskalation des Kalten Krieges nach 1947/48 in den Schubladen. Noch 1946 waren Parolen wie »Freiheit und Frieden durch Sozialismus« nicht zu übersehen, wie Fenner Brockway in seinem »German Diary« vom Mai 1946 notierte (London 1946, S. 124). »Sozialismus, die Gegenwartsaufgabe« verkündete Kurt Schumacher immer wieder nach der Befreiung, während die KPD am 11. Juni 1945 angesichts von »Ruinen, Schutt und Asche« vorsichtiger dafür plädierte, erst einmal die bürgerliche Revolution von 1848 zu vollenden und eine Wiederholung der Fehler von 1918 zu vermeiden. Ansonsten dominierten in Deutschland ganz andere Töne nach dem 8. Mai 1945. Zitieren wir einige von ihnen, die damals von der Minderheit der Lernfähigen und »Schuldbekenner« formuliert wurden.

»Abschied von der bisherigen Geschichte« und Gründung von »Goethe-Gemeinden«?

Kurz vor seinem Umzug von Leipzig nach Bonn vollendete der Philosoph und Pädagoge Theodor Litt seine Arbeit über »Wege und Irrwege geschichtlichen Denkens«, die 1948 bei Piper in München erschien. Um dem »dunkelsten Kapitel unseres nationalen Schicksals auf den Grund zu gehen«, glaubte Litt als ein »durch Erfahrung Belehrter« die Frage nach der »so genannten deutschen Schuld« mit dem »Geschichtsdeuter Goethe« beantworten zu können. »Wir, die Auserwählten« müssen freilich dabei »die Frage nach der Wahrheit der Geschichte unabhängig von der Schuldfrage« stellen. »Ein Volk, dem ohnehin von der Welt seine ›Schuld‹ unaufhörlich vor Augen gerückt werde«, habe sich zu verweigern, »unseren Richtern selbst belastendes Material zur Verfügung zu stellen«. Es dürfe auch nicht in »knechtische Selbstkasteiung« verfallen. Die »Mitspieler dieser Zeitenwende« könnten sich verantwortungsvoll nur durch den »Willen zur Wahrheit« entlasten. Nur so ließe sich die »schwere Daseinskrise« aufarbeiten und wir könnten dann mit Goethe sagen: »Von hier und heute geht eine neue Epoche der Weltgeschichte aus und ihr könnt sagen, ihr seid dabei gewesen.«[17] Neben Eduard Spranger und Hermann Nohl zählte Litt zu den pädagogischen Protagonisten, die sich zunächst zu Hitler bekannten, bald nach 1933 sich aber in die »innere Emigration« gedrängt sahen und deshalb 1945 – »auferstanden aus den Ruinen« – zu den Leitfiguren der Restaurationsphase in der Adenauerzeit werden konnten.[18]

Kritischer und distanzierter verhielten sich dagegen die »Heidelberger«, die 1933 – wie Gustav Radbruch, Karl Jaspers oder Alfred Weber – aus dem Amt gejagt worden waren oder sich frühzeitig emeritieren ließen. Der renommierte Kultursoziologe und Nationalökonom Alfred Weber fragte 1946 als allseits geschätzter Vertreter der inneren Emigration: »Hat überhaupt die Masse auch der geistig jüngeren Generation und Jugend, wenn wir von den glorreichen Ausnahmen und Opfern absehen, die wir kennen, ... dies Terrorregiment als dasjenige empfunden, was es war, ... als eine Schmach, die die eigene Würde zerstörte? Ich weiß es nicht.«[19] Angesichts dieser Zweifel empfahl er den Deutschen, zu Lessing, Kant und Goethe zurückzukehren, zu »den anderen hohen Gestalten – in allem, was bei uns Adel hatte im Gehorsam gegen die ewigen sittlichen Forderungen –, in unserer deutschen Sprache, in unseren Wäldern, Bergen, Strömen und unserem Meer«, wie sein ebenfalls unbelasteter Heidelberger Kollege, der Philosoph Karl Jaspers, 1945 in der »Erneuerung der Universität« formulierte. »Weil der wissenschaftliche Geist tatsächlich noch nicht zerstört werden konnte, vermag heute die Universität sogleich wieder beginnen«, konstatierte Karl Jaspers im August 1945 aus Anlass der Eröffnung der Heidelberger Universität.

Aber sofort erhob sich Widerstand gegen eine zu intensive Analyse des »nationalsozialistischen Ungeistes«, weil diese die Gefahr beinhalte, sich in Selbstvorwürfen zu verlieren. Ausgerechnet Carl Schmitt, der Kronjurist der Nationalsozialisten und »große Jasager von 1933«, denunzierte 1945/46 dieses Denken der »Bußprediger wie Jaspers« und fragte zynisch: »War es denn eigentlich unanständiger, 1933 für Hitler einzutreten oder 1945 auf ihn zu spucken?« Und gegen die deutschen und alliierten »Kriminalisierer von Nürnberg«, gegen die »Konstrukteure von Menschlichkeitsverbrechen und Genoziden«

höhnte dieser »Avanceriese« (Kesting) und amtsverdrängte Kollaborateur des »Dritten Reiches«, der 1947 dem Entnazifizierungsverfahren dadurch entging, dass er sich in die »Sicherheit des Schweigens« begab: »Die Verbrechen gegen die Menschlichkeit wurden von Deutschen begangen. Die Verbrechen für die Menschlichkeit an Deutschen. Das ist der ganze Unterschied«.[20]

Diese Schmähreden, die sich u.a. gegen die von Alfred Weber, Alexander Mitscherlich, Gustav Radbruch und Karl Jaspers gegründete Heidelberger »Aktionsgruppe zur Demokratie und zum freien Sozialismus« richtete, verfehlten ihre Wirkung nicht. Auch nicht auf die unter der Schriftleitung von Dolf Sternberger herausgegebene »Wandlung« oder die von Hermann Nohl in Göttingen edierte »Sammlung«. Neben dem Münchener »Ruf« von Hans Werner Richter, Alfred Andersch und Erich Kästner und Benno Reifenbergs »Gegenwart« oder den »Frankfurter Heften« von Walter Dirks und Eugen Kogon, die für den »christlichen Sozialismus« eintraten, für die »große Nähe zwischen Jesus und Marx«, gehörten diese Publikationsorgane zu den ersten Zeitschriften, die mit Unterstützung der Anglo-Amerikaner die Bekenntnis- und Besinnungsliteratur verbreiteten. Zu dieser Literatur zählte »Die deutsche Katastrophe« von Friedrich Meinecke. Zur Rettung des »deutschen Geistes« empfahl der Berliner Nestor der Historiker in der mehrfach aufgelegten Schrift von 1946, vom »Sumpf der Hitlerzeit« in die »Höhen der Goethezeit« zu steigen, um so den »Betriebsunfall Hitler« aufzuarbeiten: »In jeder deutschen Stadt und größeren Ortschaft wünschen wir uns also künftig eine Gemeinschaft gleichgerichteter Kulturfreunde, der ich am liebsten den Namen ›Goethegemeinde‹ geben möchte. (Ihnen) würde die Aufgabe zufallen, die lebendigsten Zeugnisse des großen deutschen Geistes durch den Klang der Stimme den Hörern ins Herz zu tragen (...).«[21] Welche Aufwertung der Volksbildung! Helm ab für ein Goethe-Gedicht. Für den damals 83jährigen Kathederfürsten war die Welt nach 1945 deshalb auch schnell wieder in Ordnung: »Wir bedürfen keiner radikalen Umschulung, um wieder als Glied der abendländischen Kulturgemeinschaft wirksam zu werden. Radikal verschwinden muss nur der nazistische Größenwahn mit seiner Un- und Afterkultur.«[22] Geistige und politisch-moralische Erneuerung der Deutschen durch eine Restauration der in der NS-Zeit konfliktlos instrumentalisierten deutschen Größen der abendländischen Kultur? Auf jeden Fall: »Goethe wurde der Mann für die stillen Stunden, unter der mit dem Schirm bedeckten Lampe ... und daher so oft die Zuflucht für die moralischen Drückeberger«, urteilte der Theresienstadt überlebende Rabbiner Leo Baeck in einem Brief an den Bundespräsidenten Theodor Heuß aus dem Jahre 1951. Und er fuhr fort: »Es ist bezeichnend, daß ein jämmerliches Buch eines bedeutenden Mannes, die Deutsche Katastrophe von Meinecke, mit dem Aufruf zum ›Goethe-Kränzchen‹ schließt.«[23] Selbst Widerstandskämpfer wie Ernst Niekisch griffen auf das Buch von Meinecke zurück. Als hauptamtlicher Leiter der Volkshochschule Berlin-Wilmersdorf knüpfte er unmittelbar nach der »Fremdbefreiung« vom Faschismus an die »Bildungsbrüderschaft« und die »Sozialisierung der Bildung zum Aufbau des neuen Deutschland« an, für die er schon nach der Niederlage von 1918 zusammen mit den Repräsentanten der bündischen Jugendbewegung und der »Neuen Richtung der Volksbildung« geworben hatte, die 1933 in der von Nohl und Flitner herausgegebenen »Erziehung« die »Polyphonie der Volksgemeinschaft« (Fritz Laack/Eduard Weitsch) verkündeten und nach 1945 für kurze Zeit erneut auf einen »romantischen Antikapitalismus« setzten, der sie in Ost- und Westdeutschland wieder einssatzfähig machte. Mit Goethe-Vorträgen eröffneten sie ihre Bildungsinstitutionen. Sie wollten so nach innen wieder gewinnen, was nach außen verloren war. Der Gefragteste unter ihnen war damals Ernst Niekisch. In allen Teilen Deutschlands kam er mit seiner »deutschen Daseinsverfehlung« in der »Mitte Europas« zu Wort, die aus der Sicht des Nationalrevolutionärs über den »Novemberzusammenbruch« von 1918 in die »Katastrophe« von 1945 führte. Der Mauthausen-Häftling übernahm als SED-Mitglied die Präsidentschaft des »Kulturbundes zur demokratischen Erneuerung Deutschlands«. Als Berater der auf die Einheit der Arbeiterbewegung setzenden Sozialdemokraten um Gustav Dahrendorf und Otto Grotewohl forderte er dazu auf, nach dem »Ende des deutschen Volkes« Volkshochschulen als »Goethe-Gemeinden« zu gründen und angesichts der geographischen Mittellage Deutschlands noch einmal auf »Ostorientierung« zu setzen.²⁴

Zum »fintenreichen Dschungelkampf« nach 1945 an den westdeutschen Hochschulen

Als es nach der Kapitulation von 1945 darum ging, die Deutschen das zweite Mal zu Demokraten zu erziehen, stellten sich nicht nur die liberalen »Vernunftrepublikaner« der Weimarer Republik zum Wiederaufbau zur Verfügung. Auch die Mehrheit der konservativen Wissenschaftler war nun bereit, wenigstens die Zweite Republik mit aufzubauen. In ihrem Verständnis waren sie als »ehrenhafte Kollaborateure« von 1933 bis 1945 nur dabei gewesen, um das »Schlimmste zu verhüten«. Sie hatten sich nur darum bemüht, ihre Anstellung auszunutzen, um den von den Nationalsozialisten angerichteten Schaden möglichst zu begrenzen. Deshalb glaubten sie, bei aller ihrer Abneigung gegen die Nazis, sich dem Regime zur Verfügung stellen zu müssen.²⁵

Diese Wissenschaftler nutzten die »Gnade der Stunde Null«, die unter dem Signum emphatischen Neubeginns in Wahrheit die Kontinuität konservativ-reaktionär geprägter kultureller Hegemonie bewahrte. Mit Zustimmung auch der Gründungsväter der Bundesrepublik erwies sich deshalb die westdeutsche Hochschule spätestens nach 1948 wieder als ein Instrument ideologischer Stabilisierung, die vorgab, den Weg einer »neuen geistigen Gemeinschaft« (Rosenstock-Huessy) vorzubereiten. Weder war die Vergangenheit aufgearbeitet und zu Ende, noch schien die Zukunft derart verheißungsvoll, dass man zu dem zunächst von den Alliierten verordneten Neuanfang hätte aufbrechen können oder wollen. Aber wer stand denn überhaupt für einen solchen Neuanfang zur Verfügung? Sollte man mit einem Philosophen wie Martin Heidegger die Universität in Freiburg wieder eröffnen, der als Rektor dieser Universität sich 1933 in seiner berühmten Rektoratsrede zu Hitler bekannt hatte: »Nicht Lehrsätze und Ideen seien die Regeln eures Seins! Der Führer selbst und allein ist die heutige und künftige deutsche Wirklichkeit und ihr Gesetz zum Handeln!« Die Mehrheit der Hochschullehrer stand schon vor 1933 rechts. Nur eine Minderheit um Friedrich Meinecke und Ernst Troeltsch bezeichnete sich als »Vernunftrepublikaner«. Als diese 1926 zu einem Kongress »verfassungstreuer Hochschullehrer« einluden, kamen kaum 70 Teilnehmer. Dagegen warben über 300 Professoren bei den Reichstagswahlen im März 1933 für die NSDAP mit dem Wahlaufruf: »Die deutsche Geisteswelt für die Liste 1«. Schon 1932 veröffentlichten über 250 Hochschullehrer ein antidemokratisches Manifest. Und prominente, später als assimilierte Juden aus Deutschland vertriebene Wissenschaftler wie Hans Rothfels und Gerhard Leibholz unterstützten den »Putsch von Preußen« von 1932, um so die »Vorherrschaft des Parlaments« zu beenden. Im Oktober 1933 legten fast 700 Professoren und Dozenten ein öffentliches Bekenntnis zu »Hitler und dem national-sozialistischen Staat« ab. Darunter die Schüler der Kathederfürsten Spranger, Flitner und Nohl: Otto Friedrich Bollnow, Fritz Blättner und Hans Wenke, aber auch der von Kerschensteiner zum »Oberlehrer der Pädagogen« stilisierte Theodor Litt und der damals noch junge Theodor Wilhelm. 700 von etwa 2000 Professoren, die sich erneut im November 1933 in Leipzig auf einer »Kundgebung der deutschen Wissenschaft« mit Gelehrten wie Ferdinand Sauerbruch, Wilhelm Pinder oder Martin Heidegger zusammenfanden in einem »Ruf an die Gebildeten der Welt«, um so um Verständnis für Hitler und »die nationale Revolution« auch im Ausland zu werben.[26] Viele hatten sich schon vor 1933 aus Überzeugung dem Nationalsozialismus angeschlossen. Dazu gehörten neben Martin Heidegger der Kronjurist der Nationalsozialisten Carl Schmitt, weiter Ernst Forsthoff, Ernst Rudolf Huber, Erich Rothacker, Arnold Gehlen, Arnold Köttgen, Hermann Aubin, Emanuel Hirsch, Ernst Krieck, Alfred Baeumler. Sie setzten mit Hans Freyer auf die »Revolution von Rechts« und sahen mit Heidegger in der Universität die Verkörperung des »Wesenswillen« in den Bindungen des studentischen Daseins an Arbeitsdienst, Wehrdienst, Wissensdienst und nationalsozialistischer Bewegung. Heideggers Rektoratsrede von 1933 erschien übrigens unter dem Titel »Die humanistische Bildung im neuen

Deutschland« in der Zeitschrift des deutschen Gymnasiallehrer-Vereins »Das humanistische Gymnasium«. Am Schluss des Heftes findet sich eine lateinische Übersetzung des Horst Wessel-Liedes – als Gipfel der Anbiederung der humanistischen Bildungselite an den Nationalsozialismus.[27]

Die Pädagogen, die nach 1918 die Schaffung der Volksgemeinschaft als Ziel der Volksbildung propagiert hatten, sahen 1933 im neuen deutschen Volksbildungswerk DAF/Kraft durch Freude die Vollendung des »Mythos vom August 1914«. Selbst die zum Widerstand zu zählenden jugendbewegten »Leuchtenburger« um Fritz Borinski, die sich zur SPD bekannten, glaubten noch nach dem 5. März 1933 an eine »echt revolutionäre Weiterentwicklung der NSDAP« und boten über den Freundeskreis der »Neuen Blätter für den Sozialismus« Seminare an, in denen der Hitler-Gegner Hermann Heller und der Kronjurist der Nationalsozialisten Carl Schmitt gemeinsam mit Otto Strasser und den rechtsintellektuellen ADGB-Gewerkschaftern Lothar Erdmann, Franz Josef Furtwängler und Walter Pahl die »Grundlagen für eine Zukunftsperspektive des deutschen Volkes legen sollten«. »Sozialismus und Nation« bzw. »nationaler Sozialismus« war und blieb das Thema dieser Querfrontanhänger, die nach 1945 erneut Einfluss auf die politische Neugestaltung in Deutschland gewannen.

Freilich blieben viele der Bekenner von 1945, die 1933 mit zur Selbstpreisgabe ihrer Organisationen beigetragen hatten, in bürgerlicher oder gar nationalistischer Ideologie befangen. Der belastete NS-Miltärpädagoge Erich Weniger rechtfertigte z.B. als Nachfolger von Hermann Nohl diese Haltung in dem Vortrag über »Geschichte ohne Mythos« vom 18. Dezember 1946 im Göttinger Institut für Erziehung und Unterricht, indem er den »Mythos vom August 1914« als »ein echtes Symbol für eine deutsche Möglichkeit zur Vollendung« neu interpretierte: als »eine Möglichkeit, endlich einmal die Einheit des Volkes einschließlich der Arbeiterschaft in Gefühl und Handeln zu gewinnen.«[28] Angesichts der Dominanz eines solchen Denkens unter den Eliten, die man für den Aufbau eines geeinten demokratischen Deutschlands zu gewinnen hoffte, entschloss sich die erste KPD-

Leitung nach 1945, auf den »Sozialismus als Tagesaufgabe« erst einmal zu verzichten. Die späteren Gründer der DDR erklärten in dem Berliner KPD-Aufruf vom 11. Juni 1945 programmatisch, »die bürgerlich-demokratische Umbildung, die 1848 begonnen wurde, zu Ende zu führen«. Dieses Bekenntnis zur parlamentarischen Demokratie schloss ausdrücklich die Ablehnung des Sowjetsystems als Modell ein. Sie verbanden dieses Ziel mit einer deutlichen Selbstkritik: »Wir deutschen Kommunisten erklären, dass auch wir uns schuldig fühlen«. Deshalb darf es keine Wiederholung der Fehler von 1918 geben.[29] Das war zweifelsohne auch ein Angebot an die anglo-amerikanischen Besatzungsmächte und die mit ihnen kooperierenden Mandatsträger, die – wie der niedersächsische Kultusminister Adolf Grimme am 4. September 1946 versicherte – »nicht den Schienenstrang der Weimarer Zeit zurückfahren« wollten.[30]

Für die US-Regierung hatten einige der ins Exil vertriebenen Vertreter der Frankfurter Schule eine »Weiße Liste« zusammengestellt. Sie enthält 120 Wissenschaftler, die aus der Sicht der Angloamerikaner für einen Neuaufbau des Hochschulwesens nach 1945 in Frage kamen. Viele von ihnen befanden sich im Exil und wurden meist an der Rückkehr gehindert. Was dieser Exodus für die Forschung in Deutschland bedeutete und warum so viele von ihnen nicht nach Deutschland zurückkehrten bzw. nicht zurückberufen wurden, bleibt ein Desiderat der Forschung bis heute.[31] Die wenigen Antifaschisten, die die NS-Zeit in Deutschland überlebten, hatten es deshalb schwer, die Universitäten neu zu gliedern. »Unter all den grandiosen und schauerlichen, den bewegenden und Angst erregenden Dokumenten des Tübinger Universitätsarchivs«, berichtet z.B. Walter Jens, »sind die Protokolle aus der Ära nach 1945 die gespenstischsten: Als ob nichts geschehen sei! Kein Stalingrad und kein Auschwitz, keine eugenische Sterilisation und keine wissenschaftliche Nobilitierung des Antisemitismus!«[32]

Gustav Strübel fasst die Folgen dieser Verdrängung und Unterdrückung treffend so zusammen: »Ein Dschungelkampf wurde da sichtbar, fintenreich, im Halbdunkel geführt, untereinander, gegeneinander, gegen die Behörden, um Bagatellen, Prestige, Positionen«. Selbst die Denunziation bei den Besatzungsmächten wird als Waffe benutzt. Für zahlreiche ältere Antifaschisten und Republikaner war das der Anlass, endgültig zu resignieren. Die Schichtung des Lehrkörpers an den Hochschulen, schreibt Alfred Andersch 1947, »ist heute fast überall die gleiche: ein oder zwei große alte Männer, die unter dem Nationalsozialismus ihre Identität bewahrt haben und nun den Ruf der Universität nach außen hin begründen; das Gros der Professoren, das um mit Karl Barth zu sprechen, ›damit beschäftigt ist, die Dinge direkt oder indirekt nach rückwärts zu revidieren‹; und die wenigen jüngeren Dozenten, die still, aber mit einem ans fanatisch grenzenden Nachdruck um die Fragen der zukünftigen politischen Gestaltung ringen ..., im Bewußtsein dessen, daß sie sich nicht in den Elfenbeinturm der Wissenschaft zurückziehen können«.[33] So muss es nicht verwundern, dass Heidegger in den 50er Jahren erneut über Karl Jaspers siegte und Jaspers ins Schweizer Exil ging, während nun Heidegger der meistgefragte Philosoph der 50er Jahre wurde, der Vordenker einer neuen Wende, der erneut mit Ernst Jünger und Carl Schmitt die Bonner Gegenaufklärung einer »Revolution von Rechts« (Hans Freyer) beeinflusste.[34] Für die Alliierten, insbesondere für die Entnazifizierungsbeauftragten der USA-Militärregierung, hatte sich diese Entwicklung schon 1946 abgezeichnet. So schrieb der von den Nazis vertriebene und für die USA-Militärregierung tätige ehemalige Schüler von Meinecke, Walter L. Dorn: »Der Militärregierung bleibe keine andere Wahl, als Deutschlands ›geschlossene Faschistenklicke‹ die Professoren zu sprengen«. Seinem Ratschlag folgend, befahl deshalb General Clay im Herbst 1946 eine zweite Entnazifizierungsaktion in allen Universitäten der US-Zone. Hunderte von Professoren wurden entlassen und dennoch blieben noch immer zahlreiche Belastete.[35]

Vor allem die Rückkehr jüdischer, sozialistischer oder kommunistischer Emigranten wurde erschwert, verzögert, ihre Einbürgerung hintertrieben. Man musste ja die Lehrstühle für die »deutschen« Wissenschaftler freihalten, die Opfer der Vertreibung geworden waren und an den NS-Musteruniversitäten in Dorpat, Königsberg, Lemberg, Breslau oder Straßburg und Aarhus gelehrt hatten. Vor diesem

Hintergrund wird verständlich, warum Emigranten so schnell Wanderer zwischen Ost und West wurden – wie z.B. Alfred Kantorowicz, Werner Krauss, Hans Mayer oder Ernst Bloch. Andere, wie der engagierte Sozialdemokrat und ehemalige Syndikus des Deutschen Bauarbeiter-Verbandes Franz L. Neumann, der im US-amerikanischen Exil eine wichtige Faschismus-Analyse vorgelegt hatte, zogen es vor, nach den negativen Erfahrungen mit den Entnazifizierungsmaßnahmen und dem Scheitern einer demokratisch-sozialistischen Neuordnung in den Westzonen in die USA zurückzukehren, um dort weiterzulehren. Später gab es kaum noch Versuche, diese demokratischen Vertreter der Weimarer Republik zurückzurufen. An sozialistisch oder linksliberal geprägten Emigranten wie Walter A. Berendsohn, Ernst Fraenkel, Theodor W. Adorno, Max Horkheimer, Paul Tillich, Franz L. Neumann, Ossip K. Flechtheim, Leo Löwenthal, Herbert Marcuse, Karl Korsch, Arthur und Hans Rosenberg, Gustav Mayer, Felix Gilbert, Hajo Holborn, Wolfgang Hallgarten oder Alfred Vagts bestand lange Zeit keinerlei Interesse – auch nicht von Seiten der Gewerkschaften oder der SPD. Renommierte Juristen wie Fraenkel, Neumann oder Abendroth wurden z.B. bei der Benennung des Präsidenten des Bundesarbeitsgerichtshofes übergangen. Der DGB-Vorsitzende Dr. h.c. Hans Böckler unterstützte dagegen die Wahl des Kölner Ordinarius Hans Carl Nipperdey, der das Gesetz zur Ordnung der nationalen Arbeit von 1934 zusammen mit Alfred Hueck kommentiert hatte. Nach 1945 trug er dazu bei, dass Böckler die Ehrendoktorwürde der Universität Köln erhielt und den Unternehmern die grenzenlose Aussperrungspraxis zugebilligt wurde – im Gefolge des befristeten Proteststreiks in den Zeitungsbetrieben von Ende Mai 1952 gegen das Betriebverfassungsgesetz. Der Gegengutachter der IG Druck und Papier, der Antifaschist und Sozialist Wolfgang Abendroth, unterlag vor dem Bundesarbeitsgericht und konnte als Rektor der von Adolf Grimme nach 1945 gegründeten Reformhochschule für Arbeit, Politik und Wirtschaft in Wilhelmshaven-Rüstersiel den Ruf an prominente Nazi-Wissenschaftler wie Walter Bogs und Ernst Rudolf Huber nicht verhindern.[36]

Auch die Hochschullehrer waren in Westdeutschland aus eigener

Kraft und Einsicht nicht in der Lage, wie der bayerische Ministerpräsident Wilhelm Hoegner am 16. Dezember 1946 in seinem Rechenschaftsbericht vor dem Bayerischen Landtag formulierte, »uns aus dem nationalsozialistischen Sumpf herauszuarbeiten... Statt sich mit den wirklichen Übeltätern und Helfershelfern aus dem Bereich von Wissenschaft und Kunst, von Industrie und Handel zu befassen, erstickten die Spruchkammern an der Überfülle dieser kleinen Fälle«.[37] Die »Gnade der Stunde Null«, wenn es sie denn überhaupt gab, wurde nicht genutzt. Die »Gnade der späten Geburt« verschärfte die Verdrängung auch der »zweiten Schuld« (Ralph Giordano), die die »Überreste des Holocaust« fortbestehen ließ und die als Provisorium geplante Zweite Republik mit der permanenten Unfähigkeit, Licht in die Schatten der Vergangenheit zu bringen, belastete. Eine öffentliche Verarbeitung des »Sündenfalls« von 1933 fand nur in Ansätzen statt. Damit waren keine praktisch politischen Schlussfolgerungen für den Weg in die zweite Republik von den Hochschulen als Institutionen der Lehre, Forschung und Fortbildung zu erwarten. Auch die ersten Ansätze zur kritischen Analyse sollten in jenem »hilflosen Antifaschismus« stecken bleiben, der den geistigen Horizont am Vorabend der »Achtundsechziger« prägte und der das erste Mal nach der Fischer-Kontroverse und vor dem Historiker-Streit dokumentierte, wie allgegenwärtig die bislang unzulänglich eingelöste Notwendigkeit einer Aufarbeitung der NS-Vergangenheit bleibt. Als dominant erwiesen sich dagegen für die politische Kultur die Schlussstrich-Bemühungen eines »Nie Wieder«, das sich noch im Schatten Hitlers wähnt und deshalb die NS-Vergangenheit aus dem Bewusstsein löschen möchte. Nach der Niederlage im Historiker-Streit der achtziger Jahre gewinnt die konservative Variante im Gefolge eines verunglückten deutsch-deutschen Vereinigungsprozesses starken Einfluss auf die politische Kultur von heute, die von der Mehrheit der Historikerzunft nach wie vor geistige Nahrung für die »Entsorgung der deutschen Vergangenheit« (Hans-Ulrich Wehler) erhält. Noltes verspätete Sieg-Niederlage im Historiker-Streit von 1986/87 trägt als Umbeugungsübung nach 1989/90 wirksam neue Früchte.[38] In seiner späteren Umbiegung in der FAZ vom 6. Juni 1986 über die »Vergangenheit, die nicht vergehen will« verkündete Nolte, Auschwitz sei nur die Kopie eines russischen Originals, des stalinistischen Archipel Gulag. Aus Angst vor dem asiatischen Vernichtungswillen der Bolschewiki hätte Hitler selbst eine »asiatische Tat« begangen. Der Nazi-Holocaust war demnach nur relativ singulär, der Überfall auf Polen und die Sowjetunion relativ defensiv, die einmalige geographische Mittellage Deutschlands dagegen fast an allem Schuld. Solche Verzerrungen der Geschichte haben in den aktuellen Deutungskämpfen um Faschismus und Stalinismus nicht nur nach der Historikerdebatte an Relevanz gewonnen. Vor allem nach dem Ende der europäischen Nachkriegsordnung, ausgelöst durch den Zusammenbruch der Länder des so genannten realen Sozialismus, hat die Aufarbeitung der Verfehlungen und Entartungsformen des Stalinismus eine solche Dominanz gewonnen, dass die singulären Verbrechen des NS-Staates hinter dem SED- und Stasi-Staat verschwinden und die BRD mit ihrer Vorgeschichte in einem umso besseren, ungetrübten Licht erscheinen kann.

Anmerkungen

1   Jörg Wollenberg (Hg.), A Letter to Debbie, Bremen 2002, S. 37
2   Ralph Giordano, Die zweite Schuld oder: Von der Last Deutscher zu sein, Hamburg 1990, S. 11
3   Michael Schneider, Die abgetriebene Revolution. Von der Staatsfirma in die DM-Kolonie, Berlin 1990, S. 220
4   Vgl. Christoph Kleßmann, Doppelte Staatsgründung, Göttingen 1982, S. 96/97; Jörg Wollenberg, 8. Mai 1945. Neugeordneter Wiederaufbau oder verhinderte Neuordnung, Bremen 1985, S. 27ff./196ff.; Norbert Frei, Hitlers Eliten nach 1945, München 2003
5   Siehe Erich Kästner, Notabene 45, Frankfurt am Main 1965, S.115
6   Vgl. Thomas Mann, Gesammelte Werke Bd. XI, Frankfurt am Main 1974, S. 1123
7   Zur Kontoverse im Goethe-Jahr (200. Geburtstag) vgl. u.a. Hermann Glaser, Kulturgeschichte der Bundesrepublik Deutschland, München 1985, Bd. I, S. 320 ff; Bernhard Zeller (Hg.), Als der Krieg zu Ende war. Literarisch-politische Publizistik 1945-1950, Stuttgart 1973, S. 492ff.; Klaus Wagenbach (Hg.), Vaterland, Muttersprache. Deutsche Schriftsteller und ihr Staat seit 1945, Berlin 1979, S. 42-51

III. UND DANACH

8 Diese auf dem Münchener Parteitag der KPD verabschiedete These 37 veranlasste wiederum Vorstand und Beirat der IG Metall 1951/52 in Frankfurt am Main, »alle als Mitglieder der KPD bekannten Funktionäre der Organisation auf den gewerkschaftsfeindlichen Charakter der Beschlüsse hinzuweisen und sie zu ersuchen, eine Loyalitätserklärung gegenüber der IG Metall zu unterzeichnen« (Entschließung vom 8.8.1951, die der Gewerkschaftstag in Stuttgart im September 1952 als »Revers« bestätigte). Eine Unterzeichnung des »Revers« bedeutete den Ausschluss aus der KPD; eine Nichtunterzeichnung hieß »Funktionsentzug« innerhalb der Industriegewerkschaft Metall (und anderer Gewerkschaften) für die Bundesrepublik Deutschland. So verlor die KPD viele ihrer damals noch einflussreichen Funktionsträger in den Gewerkschaften (z.B. Willi Bleicher, Fritz Salm, Leonard Mahlein etc.).

9 Vgl. Karl Heinz Roth, Geschichtsrevisionismus. Die Wiedergeburt der Totalitarismustheorie, Hamburg 1999, S. 87ff.

10 Vgl. dazu u.a. die Süddeutsche Zeitung v. 12.2.2002 und FAZ v. 15.2.2002

11 Vgl. Die Zeit v. 17.8.1990

12 Vgl. zu diesem Komplex die Arbeit von Bernd Greiner: Die Morgenthau-Legende. Zur Geschichte eines umstrittenes Plans, Hamburg 1995. Zur weiteren Entwicklung das Standardwerk von Norbert Frei, Vergangenheitspolitik. Die Anfänge der Bundesrepublik und die NS-Vergangenheit, München 1996)

13 Vgl. Willy Brandt, Zwei Vaterländer, Bonn 2000, Band 2, S. 231-239

14 Peter Weiss, Notizbücher Bd. I, Frankfurt am Main 1981, S. 78f.

15 Zitiert ebenfalls nach Peter Weiss, Notizbücher Bd. I, Frankfurt am Main 1981, S. 78

16 Ebenda, S. 80/81

17 Theodor Litt, Wege und Irrwege geschichtlichen Denkens, München 1948, S. 129ff.

18 Vgl. u.a. Wolfgang Keim, Erziehung unter der Nazi-Diktatur. Antidemokratische Potentiale, Machtantritt und Machtdurchsetzung, Darmstadt 1995, S. 169ff; Jörg Wollenberg, Mitgemacht, um das Schlimmste zu verhüten? Zur Aufarbeitung der NS-Zeit in den Hochschulen und in der Erwachsenenbildung nach 1945, in: Mitteilungen des Vereins zur Geschichte der Volkshochschulen, 4. Jg., Nr. 3/4, Wien 1993, S. 189-202

19 Alfred Weber, Abschied von der bisherigen Geschichte, Bern 1946, S. 220

20 Zur Bedeutung Carl Schmitts für die Geistesgeschichte der frühen BRD vgl. die Arbeit von Dirk von Laak, Gespräche in der Sicherheit des Schweigens, Berlin 1993, S. 13ff; vgl. zu diesem Komplex auch die Arbeiten von Klaus Fritzsche (Politische Romantik und Gegenrevolution, Frankfurt am Main 1976), Jürgen Habermas (Die Normalität einer Berliner Republik, Frankfurt am Main 1995), Christian von Krockow (Die Entscheidung. Eine Untersuchung über Ernst Jünger, Carl Schmitt, Martin Heideg-

ger, Frankfurt am Main/New York 1990), Kurt Sontheimer (Antidemokratisches Denken in der Weimarer Republik, München 1968), Walter Struwe (Elites against Democracy. Leadership ideal in bourgois political thought in Germany 1890-1933, Princeton/New Jersey 1973).

21 Friedrich Meinecke, Die deutsche Katastrophe, Wiesbaden 1946, S. 174f.
22 Ebenda, S. 173
23 Zitiert nach Winfried Schulze, Deutsche Geschichtswissenschaft nach 1945, München 1993, S. 55
24 Vgl. Michael Pittwald, Ernst Niekisch, Köln 2002, S. 84ff
25 Vgl. dazu z.B. Nr. 8/1933 von »Die Erziehung«, in der die Herausgeber Wilhelm Flitner und Hermann Nohl dazu auffordern, über die »deutsche Erziehungslage nach dem 5. März 1933« nachzudenken; außerdem Fritz Laack/Eduard Weitsch, »Die Lage der Volksbildung nach der nationalen Revolution, in: Freie Volksbildung 1933. Dazu auch Jörg Träger (Hg.), Hochschule und Wissenschaft im Dritten Reich, Frankfurt am Main/New York 1986, Christoph Cobet; (Hg.), Einführung in Fragen an die Soziologie in Deutschland nach Hitler 1945-1950, Frankfurt am Main 1988; Helmut Heiber, Universität unterm Hakenkreuz Teil I. Der Professor im Dritten Reich, München 1991, Wolfgang-Fritz Haug, Deutsche Philosophen 1933, Hamburg 1989; Walter H. Pehle (Hg.), Wissenschaft im geteilten Deutschland. Restauration oder Neubeginn nach 1945, Frankfurt am Main 1992; Karen Schönwälder, Historiker und Politik. Geschichtswissenschaft im Nationalsozialismus, Frankfurt am Main/New York 1993; Winfried Schulze, Deutsche Geschichtswissenschaft nach 1945, München 1993; Wolfgang Keim (Hg.), Wolfgang Keim, Erziehung unter der Nazi-Diktatur, Darmstadt 1995
26 Vgl. u.a. Bruno W. Reimann, Die Selbstgleichschaltung der Universitäten 1933, in: Jörg Träger (Hg.), Hochschule und Wissenschaft im Dritten Reich, Frankfurt am Main 1989, S. 38-52
27 Vgl. Victor Farias, Heidegger und der Nationalsozialismus, Frankfurt am Main 1989; Bruno W. Reimann, Die Selbstgleichschaltung der Universitäten 1933, a.a.O., S. 48
28 Siehe Die Sammlung, 3.Jg., 1. Heft, 1948, S. 37
29 Vgl. den Text des Aufrufes u.a. bei Christoph Kleßmann, Die doppelte Staatsgründung, Göttingen 1982, S.411-414
30 Adolf Grimme, Briefe, Heidelberg 1967, S. 126
31 Vgl. Henrik L. Wuermeling, Die Weiße Liste. Umbruch der politischen Kultur in Deutschland 1945, Berlin 1981; Alfons Söllner (Hg.), Zur Archäologie der Demokratie in Deutschland, Bd. I und II, Frankfurt am Main 1982/1986; Georg G. Iggers, Die deutschen Historiker in der Emigration, in: Bernd Faulenbach (Hg.), Geschichtswissenschaft in Deutschland, München 1974, S. 97-111
32 Walter Jens, Eine deutsche Universität – 500 Jahre Tübinger Gelehrtenrepublik, München 1977, S. 342f.

33 Zitiert nach Gustav Strübel, in Jörg Tröger (Hg.), Hochschule und Wissenschaft im Dritten Reich, Frankfurt am Main 1989, S. 178

34 Vgl. Klaus Schölzel, Die Entlastung des Geistes, in: Hermann Glaser (Hg.), So viel Anfang wie nie. Deutsche Städte 1945-1949, Frankfurt am Main 1989, S. 315; Dirk van Laak, Gespräche in der Sicherheit des Schweigens. Carl Schmitt in der politischen Geistesgeschichte der frühen Bundesrepublik, Berlin 1993, Christian Graf von Krockow, Die Entscheidung. Eine Untersuchung über Ernst Jünger, Carl Schmitt, Martin Heidegger, Frankfurt am Main/New York 1990 (1. Ausgabe 1958)

35 Vgl. Walter L. Dorn, Inspektionsreisen durch Deutschland, Stuttgart 1973, S. 87

36 Vgl. dazu u.a. Rainer Erd (Hg.), Reform und Resignation, Frankfurt am Main 1985; Alfons Söllner, Archäologie der Demokratie, Bd. II, Frankfurt am Main 1986; Zu den Ausnahmen zählen Gustav Heckmann, Grete Henry-Hermann und Heinrich Rodenstein, die eine PH-Professur in Hannover, Bremen und Braunschweig erhielten. Curt Bondy kehrte nach Hamburg zurück. Zum Arbeitsrecht vgl. Roderich Wahsner, Arbeitsrecht unter'm Hakenkreuz, Baden-Baden 1994

37 Zitiert nach Klaus-Jörg Ruhl (Hg.), Deutschland 1945, Darmstadt 1984, S. 288f.

38 Vgl. Michael Schneider, Die abgetriebene Revolution. Von der Staatsfirma in die DM-Kolonie, Berlin 1990, S. 220

* * *

HANNA BEHREND

BRD und DDR – Vergangenheitsbewältigung im Vergleich[1]

Das NS-System hat in nur zwölf Jahren, neben den sechs Millionen jüdischer Menschen, Angehörige der Sinti und Roma, aus politischen oder sonstigen Gründen Verhaftete und Kriegsgefangene aus aller Herren Länder in den Gaskammern der Ausrottungslager oder anderswo ermordet. Neben der Verantwortung für den II. Weltkrieg und die Kriegsverbrechen ließ es 70.000 deutsche Geisteskranke töten. Seine Rechtssprechung fällte mindestens 27.000 Todesurteile,[2] zum Teil für Bagatellvergehen. Dennoch brach es nicht aus sich heraus zusammen. Es wurde von der Allianz der Westmächte und der damaligen UdSSR in einem opferreichen Krieg militärisch geschlagen Als die fremden Streitkräfte in die Hauptstadt des Reiches einzogen, gab es keinen Deutschen, der nicht menschliche und materielle Verluste zu beklagen hatte. Viele hatten ihr Heim, manche ihre Heimat verloren, den meisten ging es erheblich schlechter als je zuvor. Hunger herrschte allenthalben, viele Menschen hausten in zerbombten Geisterstädten. Aus eigenen Kräften hatten sich die Deutschen dennoch, trotz des nie ganz versiegenden Widerstands einer mutigen, aber verschwindend kleinen Minderheit, nicht selbst befreien können. Die wirtschaftlichen, außenpolitischen und zunächst auch militärischen Erfolge hatten bewirkt, dass »die nationalistisch motivierten, staatsbürgerlich zumindest loyalen Verhaltensweisen der Mehrzahl bei gleichzeitiger Verdrängung der gewussten oder geahnten Verbrechen (...) des Dritten Reiches bis zum Schluss fortgesetzt wurden.«[3] Auch beruhte der Nationalsozialismus auf einer Ideologie, die »aus tief in der Geschichte entspringenden Vorstellungswelten, Denkweisen und Lebensgewohnheiten [schöpfte] und sich als deren volksverbundener Erbe und Fortsetzer in Szene setzen [konnte].«[4] Darauf verwies der konservative Historiker Herrmann Lübbe, als er erläuterte, weshalb in den ersten Jahren nach 1945 »historische oder theoretische Bemühungen explanatorischer und analytischer Bewältigung des Nationalsozialismus in der kulturellen und politischen Öffentlichkeit eher eine geringe Rolle [spielten] (...) und insbesondere hat es im Verhältnis der Deutschen zueinander weder bei Kriegsende noch in den Jahren darauf einen lagebeherrschenden Willen zur politischen Abrechnung gegeben.«[5] In keinem der beiden deutschen Nachkriegsstaaten wurde die »Fähigkeit zu trauern«[6] ausreichend entwickelt und gepflegt. In den vierzig Jahren Existenz der DDR entstand allerdings ein beachtliches genuin antifaschistisches Potential. Es war den in den ersten Jahren durchgeführten antifaschistischen sozialen, wirtschaftlichen, kulturellen und speziell Bildungsreformen geschuldet. Im Westen erschöpfte sich der Antifaschismus offiziell in Wiedergutmachung und political correctness gegenüber Israel oder war Sache einer Minderheit. Erst im Verlauf der sechziger Jahre im Zuge der Entwicklung der Studentenbewegung kam es in der Bundesrepublik zu einer politischen Neuorientierung. Sie wurde von Schriftstellern und der außerparlamentarischen Opposition unterstützt und führte zu einer neuen kritischen Sicht auf das NS-Regime.

In allen Besatzungszonen, also auch in der sowjetischen Besatzungszone und frühen DDR, war 1945 das Bewusstsein der Bevölkerung von Kriegsmüdigkeit und fehlender Einsicht darüber geprägt, wer wirklich für ihr Elend verantwortlich war. Deshalb konnte die Führung der DDR für ihre Politik der Diskontinuität nicht mit ähnlich flächendeckender Zustimmung und Loyalität der Bürger rechnen wie das im Westen der Fall war, wo die Politik Kontinuität aufwies. Deshalb trat die DDR-Führung dem Volk auch von Anfang an stets mit einem gewissen Misstrauen und Kontrollbedürfnis gegenüber. Die Distanz zwischen Volk und Staatsführung wuchs seit Mitte der 80er Jahre. Der mit »unzähligen Tabus und selbstgerechten Anmaßungen verbundene Führungsstil des Politbüros und der nachgeordneten Partei- und Staatsorgane, die Unterbindung einer kritischen und wahrheitssuchenden Öffentlichkeit und die jahrzehntelange Beschränkung individueller Rechte und Freiheiten« sowie die nie überwundenen Versorgungsmängel »bewirkten einen sozial- und individualpsychologischen Stau«, der gegen Ende der 80er Jahre »nur noch einiger Anstöße bedurfte, um sich in der offenen und frustrierten massenhaften Abwendung vom bisherigen System zu entladen.«[7]

NS-Aufarbeitung in der DDR und in der BRD

Die Aufarbeitung der Geschichte des Naziregimes in den beiden deutschen Staaten war so unterschiedlich wie es diese Staaten selbst waren. In der alten Bundesrepublik wurden insgesamt nicht mehr als 6.500 rechtskräftige Urteile gegen NS- und Kriegsverbrecher ausgesprochen[8], Freisprüche, eingestellte Verfahren, Schuldsprüche ohne Strafausspruch eingeschlossen. Die erst nach langer Verschleppung

1958 in Ludwigsburg eingerichtete Zentrale Stelle der Landesjustizverwaltungen zur Aufklärung nationalsozialistischer Verbrechen, deren Aufgabe es war, außerhalb der Bundesrepublik begangene NS-Verbrechen aufzuklären, beschäftigte bis 1964 nur zehn und danach nie mehr als etwas über fünfzig Staatsanwälte.[9] Da am 8. Mai 1960 die Verjährungsfrist für Totschlagsverbrechen ablief, wurden solche Verbrechen nicht mehr verfolgt, als die Behörde gerade begonnen hatte, ausländische Archive dieser Ermittlungen halber zu sichten.

Obwohl ein großer Teil der Personen, die sich Kriegs- bzw. Menschenrechtsverbrechen schuldig gemacht hatten, aus der sowjetisch besetzten Zone flüchteten, wurden in der DDR, unter Anwendung des Kontrollrats-Gesetzes Nr. 10, von 1949 bis 1964 16.572 Personen wegen NS-Verbrechen unter Anklage gestellt, von denen 12.807 verurteilt wurden, darunter 118 zum Tode und 231 zu lebenslänglichen Haftstrafen. Freigesprochen oder wegen eingestellter Verfahren entlassen wurden 3.765 Personen.[10] Auch wenn eingeräumt wird, dass bei den Prozessen gegen NS-Täter die Rechte der Angeklagten ungenügend gewahrt wurden, dass es Justizirrtümer und Willkürurteile gab, dass von Anbeginn die Aufarbeitung der NS-Vergangenheit auch zur Ausschaltung politischer Gegner aus den Reihen konkurrierender linker oder christlich- bzw. liberaldemokratischer Kreise bzw. unerwünschter Kritiker des Systems missbraucht wurde, so rechtfertigt das nicht Darstellungen, die die Ahndung von NS-Verbrechen durch die DDR-Justizbehörden völlig infrage stellen. Es kann nicht geleugnet werden, dass nur im Osten Deutschlands Opfer über Täter zu Gericht saßen. Im Bericht der Enquête-Kommission[11] wird verschwiegen, dass die Mehrzahl der führenden Funktionäre der DDR der ersten Generation ausgewiesene Antifaschisten waren, die die Nazi-Zeit in Gefängnissen, Zuchthäusern, Konzentrationslagern oder in der Emigration zugebracht hatten. Das entschuldigt von ihnen begangenes Unrecht nicht, erhellt aber ihre Motive für die Rigorosität der Aufarbeitung von NS-Verbrechen.

Daher konnte es erst nach dem Ende der DDR geschehen, dass in Sachsen-Anhalt ein allerdings durch Antifaschisten verhinderter Versuch unternommen wurde, 117 in der DDR-Haftanstalt Forst-Zinna verstorbene Personen in eine »würdige Grabanlage für die Opfer von Krieg und Gewalt« feierlich umzubetten. Bei der offiziellen Einweihung der Gedenkstätte, für die sich die Stiftung Sächsische Gedenkstätten, die Stadtverwaltung Halle, das Magdeburger Innenministerium und die »Vereinigung der Opfer des Stalinismus« (VOS) eingesetzt hatten, wurden sie ausnahmslos als unschuldige Opfer bezeichnet, obwohl viele von ihnen wegen Kriegsverbrechen rechtmäßig verurteilt worden waren. Unter den Geehrten befanden sich Walter Biermann und Arno Brake, die an der Ermordung von 1.017 KZ-Häftlingen und Zwangsarbeitern bei Gardelegen teilgenommen hatten.[12]

In der DDR wurden weder der Nazi-Verwaltungsapparat pauschal übernommen noch die Lehrkräfte in der Volksbildung und an den Universitäten und höheren Lehranstalten, oder die Richter und Staatsanwälte. Zu keiner Zeit wurden neonazistische Parteien oder Gruppierungen offiziell zugelassen. Remigranten ersetzten belastete Universitätsprofessoren, Neulehrer ergänzten die Lücken des Volksbildungssystems, Volksrichter wurden in Schnellkursen ausgebildet und eingesetzt. Der DDR-Antifaschismus hatte neben einer »verordneten« durchaus auch eine genuine, aus historischer Einsicht entstandene Facette.

Die Behandlung von NS-Unrecht und Staatsterrorismus durch die westdeutschen Behörden war dagegen von Anbeginn prinzipiell und systematisch auf Weißwäscherei von im Sinne des Gesetzes wirklich Schuldigen orientiert. Zur Entnazifizierung des Staatswesens hatten die Alliierten Spruchkammern eingesetzt, vor denen Beschuldigte ihre Unschuld nachzuweisen hatten. Alle, die damals Stellungen mit öffentlicher Bedeutung (worunter auch Funktionen in Industrie und Handel fielen) einnehmen wollten, mussten detaillierte Fragebogen ausfüllen. Ausgangspunkt der Spruchkammerpraxis war die Annahme, dass jeder, der in den Jahren 1935-1945 in NSDAP, Staat oder Wirtschaft bestimmte verantwortliche Positionen innegehabt hatte, mitschuldig an den NS-Verbrechen war.[13] »Der kolossale bürokratische Apparat, eingerichtet, um die Schuldigen festzustellen und auszugliedern, hatte sich träge in Gang gesetzt, um sie zu rehabilitieren.

(...) ›Die Mehrheit der Entscheidungen‹, erklärte der amerikanische Untersuchungsbericht, ›ist ein direkter Angriff auf das Gesetz und den Direktiven der Militärregierung direkt entgegengesetzt. Es ist ganz offensichtlich, dass die Kammern auf jede mögliche Weise versuchen, Löcher im Befreiungsgesetz zu finden, um die großen Nazis rein zu waschen, und wenn sie die Löcher im Gesetz nicht finden, so schaffen sie neue.‹«[14]

Die von solchen Entnazifizierungsverfahren Betroffenen empfanden die Entnazifizierung als ein ihnen angetanes Unrecht. »Die am stärksten Belasteten (konnten stets) die größte Anzahl geradezu glänzender Entlastungszeugnisse beibringen«. Die Mehrheit der Bevölkerung war gegen die Entnazifizierung und baute eine Mauer des Verschweigens auf.[15]

Karl Jaspers verwies darauf, dass »die Politiker, die die Verantwortung trugen, dass im Jahre 1933 Hitler und die Nationalsozialisten zur Macht gekommen sind, die in den Jahren zuvor sich so verhalten haben, dass diese Machtergreifung möglich war, und die, mit Ausnahme der Sozialdemokraten, bereit waren, in ihrer vollkommenen Ratlosigkeit das Ermächtigungsgesetz zu beschließen, diese Politiker sind dieselben, die die Alliierten als die Vertreter Deutschlands anerkannten und zur Geltung brachten.«[16]

Die Palette der Methoden zur Verhinderung der Ahndung von NS-Verbrechen reichte von der Verschleppung der Ermittlungen, wobei zehn- bis fünfzehnjährige Ermittlungsverfahren keine Ausnahmen waren,[17] über die Attestierung von Verhandlungsunfähigkeit wegen zu hohen Alters der Beschuldigten bis hin zur Unmöglichkeit, nach so langer Zeit brauchbare Beweismittel oder Zeugen für einzelne Tötungsdelikte beizubringen. Gerichte konnten darüber hinaus im Falle eines Schuldspruchs nach §47 Abs.2 des Militärstrafgesetzbuchs von geringer Schuld ausgehen. Sie konnten sogar von Bestrafung gänzlich absehen wie im Falle des geschäftsführenden Direktors der Zyklon-B Firma Degesch, Gerhard Friedrich Peters. Dieser hatte an den Vergasungen von Juden, Roma und Sinti verdient und war im Revisionsprozess freigesprochen worden.[18]

Bereits 1949 erfolgte eine erste Amnestie. Verjährungs- und andere Gesetze, die bestimmte Kategorien von NS-Verbrechern von Strafverfolgung befreiten, folgten trotz vielfacher Proteste von NS-Opfern.[19] Mitte der 50er Jahre waren verurteilte Führer von Einsatzgruppen, die Zehntausende von Zivilisten ermordet hatten, wieder auf freiem Fuß; nach Erlass des 131er Gesetzes waren zahlreiche NS-Beamte sogar wieder in Ämtern. Unter diesen befanden sich: der Reichsbevollmächtigte in Dänemark und Leiter der Judendeportationen im Oktober 1943, Werner Best, der Referent des Auswärtigen Amtes für Skandinavien, mitverantwortlich für die Deportation von Juden aus Norwegen und Dänemark, Werner von Grunherr, der Chef der politischen Abteilung des Auswärtigen Amtes für den Balkan, beteiligt an der Herausgabe von Befehlen für die Ausrottung serbischer Juden, SS-Obersturmführer Professor Dr. Johann Hermann Kremer, der die Selektionen im Krematorium Birkenau durchführte, in Krakau zum Tode verurteilt, später begnadigt, 1960 zu 10 Jahren verurteilt, eine Strafe, die als verbüßt galt.[20]

Während die DDR am 1. September 1964 das Gesetz über die Nichtverjährung von Nazi- und Kriegsverbrechen in Kraft setzte, konnte sich die Bundesrepublik zu einem derartigen legislativen Akt nicht entschließen. Am 23. März 1960 lehnte der Bundestag den von der SPD-Fraktion eingebrachten Antrag auf Verabschiedung eines Gesetzes über die Berechnung strafrechtlicher Verjährungsfrist ab, das einen Stillstand der Rechtspflege zwischen 30. Januar 1933 und 15. September 1949 vorsah. Internationaler Druck erzwang 1969 das Neunte Strafrechtsänderungsgesetz, das die Verjährung allerdings nur von Völkermord ausschloss. Die Verjährungsfristen für Mord und ähnliche Delikte wurden von 20 auf 30 Jahre und für Straftaten im Höchstmaß mit mehr als 10 Jahren Freiheitsstrafe (Totschlag, Beihilfe zum Mord) von 15 auf 20 Jahre verlängert.[21] Seit 1979 verjährt auch Mord nach §211 (aus niedrigen Motiven) nicht.[22] Dessen ungeachtet wurde der NS-Mörder Wolfgang Lehnigk-Emden 1995 von der strafrechtlichen Verantwortung freigesprochen. Der Bundesgerichtshof bestätigte die Verjährung des Mordes an fünf Frauen und zehn Kindern in Süditalien durch Wehrmachts-Leutnant L.-E. und seine zwei Begleiter. Hierbei wurde das Verjährungsrecht der Nazizeit zugrunde gelegt, »weil alle Sachverständigen (...) nicht ausschließen konnten, dass die Wehrmachtsjustiz Lehnigk-Emden für die Morde verurteilt hätte. Wäre der BGH zu dem Ergebnis gekommen, dass Lehnigk-Emdens Tat auch von der NS-Gerichtsbarkeit gebilligt worden wäre, hätte die Frist erst mit der Gründung der BRD 1950 eingesetzt. Da Mord seit 1979 nicht mehr verjährt, hätte Lehnigk-Emden noch verurteilt werden können.«[23] Lehnigk-Emden hatte von November 1992 bis Januar 1994 in Untersuchungshaft eingesessen, nachdem er als Architekt, SPD-Kommunalpolitiker, Förderer der Arbeiterwohlfahrt und Präsident der Karnevalsgesellschaft jahrzehntelang ungehindert ein bürgerliches Leben geführt hatte.

In vielen Gerichtsverfahren wurde eine Art »richterliche Selbstamnestie« vollzogen, weil im wesentlichen die alten Justiz- und anderen Instanzen über die Verbrecher in ihren Reihen urteilen durften. Bernhard Diestelkamp und Susanne Jung schildern die Situation der Justiz in der Bundesrepublik wie folgt: »Schon Mitte 1948 waren in der Britischen Zone 30 Prozent der Gerichtspräsidenten und sogar 80 bis 90 Prozent der Landgerichtsdirektoren und Landgerichtsräte ehemalige Parteimitglieder. (...) Stellen wurden für jene frei gehalten, die noch nicht entnazifiziert waren.«[24] Wenig Wunder, dass es – anders als im wieder vereinigten Deutschland – nur einen einzigen Prozess gegen einen Richter des Volksgerichtshofes gab. Der Prozess gegen den Richter Hans-Joachim Rehse, der persönlich an 231 Todesurteilen mitgewirkt hatte, endete 1968 mit einem Freispruch, den das Berliner Schwurgericht mit der Feststellung begründete, dass dieses Gericht »ein nur dem Gesetz unterworfenes Gericht« sei.[25]

Aber nicht nur die Rechtsprechung, auch die Rechtswissenschaft an den Hochschulen wies eine ungebrochene Kontinuität mit dem Dritten Reich auf. Die o.g. Autoren stellen fest, dass »die juristische Ausbildung an den Universitäten (...) sehr bald wieder von fast derselben Personengruppe wie vor 1945 durchgeführt« wurde.[26] Unter ihnen befanden sich Universitätsprofessoren mit einer kriminellen NS-Vergangenheit wie Reinhard Höhn, u. a. Leiter des Amtes III im Reichssicherheitshauptamt und Berater Himmlers, oder Theodor Maunz, führender NS Staats- und Rechtslehrer, dessen Forschungsschwerpunkt u. a. die Liquidierung bürgerlich-demokratischer Rechtsstaatlichkeit und Pluralität war. Sie und zahlreiche andere kehrten auf ihre Lehrstühle zurück und wurden bis zur Rente in der Bundesrepublik beschäftigt.[27] Remigranten wie Franz Ludwig Neumann oder Wolfgang Abendroth hatten keine Chance auf einen Lehrstuhl.[28]

Die Zahl der prominenten Akademiker aller Disziplinen, die in der NS-Zeit nicht etwa nur einfache Mitglieder der NSDAP oder ihrer Gliederungen, sondern direkt in die Menschenrechtsverletzungen des Systems verstrickt waren, aber deswegen keineswegs verfolgt oder diskriminiert wurden, sondern ihre Lehrstühle behielten, ist beträchtlich. Zu ihnen gehört u.a. der Mediziner Siegfried Ruff, verantwortlich für die Ermordung von fast 200 Häftlingen bei Höhenversuchen.[29]

Rechtswissenschaftler wie Friedrich Grimm, Otto Koellreutter. Karl Siegert und Max Wenzel schrieben Streitschriften zur Rechtfertigung von NS-Tätern, gegen Entnazifizierung oder die rechtliche Verfolgung von Belasteten, für eine Generalamnestie und für die Kontinuität des Beamtentums vor und nach 1945.[30] Für die Wiedereinstellung emigrierter Wissenschaftler engagierte sich niemand,[31] wie sich auch unter den Bundesverdienstkreuzträgern zwar Hunderte alter Nazis befinden, aber kaum ein Verfolgter des NS-Regimes.[32]

Ab 1953 hatten alle unter dem NS-Regime und nicht als Gestapo-Agenten beschäftigten oder als Haupttäter eingestuften Beamten des öffentlichen Dienstes einen Rechtsanspruch auf Wiedereinstellung. Es stand ihnen auch zu, Bezüge für die Zeit der Nichtbeschäftigung zu fordern. So war auch nicht verwunderlich, dass bei der bereits Anfang der 50er Jahre erfolgenden Wiederaufrüstung die bewährten Nazi-Offiziere (Foertsch, Heusinger, Speidel u. a.) dem dafür von der Regierung einberufenen Expertenausschuss angehörten und die Bundesregierung ihren Wehrbeitrag von der Begnadigung wegen Kriegsverbrechen verurteilter deutscher Wehrmachtsangehöriger abhängig machte und sich durchsetzte.[33]

NS-Schreibtischtäter blieben seinerzeit in der BRD gänzlich ungeschoren, wie die Weiterbeschäftigung im gehobenen Staatsdienst des Rassengesetzkommentators Globke (Staatssekretär im Kanzleramt) oder des NS-Marinerichters Filbinger (Ministerpräsident von Baden-Württemberg) ausweist. Kurt Georg Kiesinger brachte es sogar zum Bundeskanzler. Dazu erklärte Jaspers: »Dass aber ein ehemaliger Nationalsozialist nun die Bundesrepublik regiert, bedeutet: nunmehr gilt es als gleichgültig, einst Nationalsozialist gewesen zu sein.«[34]

So konnte ein, nach langen Jahren der Ermittlung zu lebenslänglicher Haft verurteilter, aber haftverschonter Gestapomann zwölf Jahre im Verfassungsschutz tätig sein und mit einem Dankschreiben des Präsidenten dieser Einrichtung für »25 Jahre Dienst für das deutsche Volk«[35] wohl pensioniert in den Ruhestand treten. Auch die für die zwischen 1939 und 1945 begangenen Euthanasie-Morde verantwortlichen Ärzte und das Pflegepersonal kamen in der Mehrzahl der Fälle, dank der ihnen zugebilligten menschlichen Integrität, mit einem blauen Auge davon.[36]

»Die Wirtschaft« blieb ungeschoren, weil der amerikanischen Regierung bereits Mitte 1949 an einer erstarkten deutschen Industrie gelegen war, die ihren Kampf gegen den Kommunismus unterstützen würde.[37] Hitlers Finanzberater bei der Vorbereitung und Finanzierung des Zweiten Weltkrieges, Hermann Josef Abs, wurde der Mann, der die amerikanischen Wiederaufbaugelder verteilte und auf dessen Empfehlung der amerikanische Hochkommissar John J. McCloy verurteilte Industrielle freiließ.[38] Dass aus der in Potsdam beschlossenen Entflechtung der großen Konzerne in den Westzonen nichts wurde, versteht sich unter diesen Umständen von selbst. Restauration war »die Devise, unter der die ganze deutsche Nachkriegsgesellschaft des Westens den Wiederaufbau betrieb.«[39]

Trotz diverser Strafbestimmungen gegen das Wiederaufleben des Nazismus, wurde auch rechtsextremen und offen neofaschistischen Gruppierungen nicht wirklich das Handwerk gelegt, ihre Verlage, Musikgruppen, paramilitärischen Verbände überlebten trotz gelegentlicher Vereinsverbote wie auch die NPD den abortiven Versuch, sie zu verbieten so gut, dass sie mit Stimmenzuwächsen 2004 in die Landtage in Brandenburg und Sachsen gelangen konnte.

Ungeachtet der sehr viel härteren Repression und relativ erfolgreichen antifaschistischen Erziehungsarbeit in der DDR bis etwa 1968, war im letzten Jahrzehnt ihrer Existenz ein Aufleben neofaschistischer Gruppen zu beobachten. Anstatt sich damit auseinanderzusetzen, bemühte sich die DDR-Führung lediglich darum, diese Erscheinungen der Öffentlichkeit vorzuenthalten.[40] Wenn das nicht möglich war, wurden sie als Import aus dem Westen dargestellt. Auch dies trug nach dem Anschluss dazu bei, neonazistische Anschläge auf Ausländer seitens der stummen Mehrheit zu ermöglichen und zum geringen Widerstand, den die derzeitigen Ausländergesetze mit ihrer barbarischen Abschiebepraxis im Westen wie im Osten auslösen.

Die Konstruktion des einzigen »Unrechts«-Staats in der deutschen Geschichte

Noch in seiner Regierungserklärung vom 19. April 1990 dankte der erste frei gewählte DDR-Ministerpräsident Lothar de Maizière (CDU) seinem Vorgänger Hans Modrow für »seine behutsame Politik, durch die uns sicher vieles erspart geblieben (ist). In den schwierigen Zeiten des letzten halben Jahres blieb er als Demokrat überparteilich und stabilisierte in Zusammenarbeit mit dem Runden Tisch dieses Land. Nicht die Staatssicherheit war die eigentliche Krankheit der DDR, sie war nur einer ihrer Auswüchse. Die eigentliche Erbkrankheit (...) war der diktatorische Zentralismus, der aus stalinistischer Verblendung an die Stelle der Demokratie (...) gesetzt worden war. In die deutsche Einheit bringen [wir] unser Land und unsere Menschen, wir bringen geschaffene Werte und unseren Fleiß ein, unsere Ausbildung und unsere Improvisationsgabe (...). Wir bringen die Erfahrungen ein, die wir mit den Ländern Osteuropas gemeinsam haben. Wir bringen ein unsere Sensibilität für soziale Gerechtigkeit, für Solidarität und Toleranz. In der DDR gab es eine Erziehung gegen Rassismus und Ausländerfeindlichkeit, auch wenn sie in der Praxis wenig geübt werden konnte. Wir bringen unsere bitteren und stolzen Erfahrungen an der Schwelle zwischen Anpassung und Widerstand ein. Wir bringen unsere Identität ein und unsere Würde. Unsere Identität, das ist unsere Geschichte und Kultur, unser Versagen und unsere Leistung, unsere Ideale und unsere Leiden. Unsere Würde, das ist unsere Freiheit und unser Menschenrecht auf Selbstbestimmung.«[41]

Die deutsche Vereinigung vollzog sich jedoch ebenso unter Führung der konservativen Kräfte wie der Wiederaufbau des deutschen Westens nach 1945. Diese und ihre Steigbügelhalter im Osten sorgten dafür, dass die emanzipatorischen Impulse des Jahres 1989 sich nicht entfalten konnten, die Akteure durch das immer noch wirksame Prinzip des »teile und herrsche« in kleine, bedeutungs- und wirkungslose Grüppchen zersplitterten. Die »Aufarbeitung« der Geschichte der DDR durch pauschale, undifferenzierte Abqualifizierung aller emanzipatorischen Bemühungen und Leistungen ihrer Bürger, die es ebenso gegeben hat wie die Deformationen, blieb bis heute ein wichtiges Instrument, das in Deutschland echte Reformen verhindern hilft. Es ermöglicht zugleich den Abbau der während der Systemkonfrontation durchgesetzten sozialen Errungenschaften in beiden deutschen Staaten.

Seit die Regierung Kohl Anfang 1990 die Zeit gekommen sah, von der Politik einer langfristigen Kooperation der beiden deutschen Staaten zur Politik des schnellen Anschlusses der DDR an die BRD überzugehen, gingen die Mainstream-Medien, die bis Ende 1990 ein eher sympathisches Bild der DDR vermittelt hatten, zunehmend dazu über, die DDR zu delegitimieren. Eine herausragende Rolle spielte dabei der Mythos vom Unrechtsstaat. Der »Unrechtsstaat« DDR wurde primär an der nicht rechtsstaatlichen Art der Behandlung Andersdenkender festgemacht. Unter den Bedingungen fehlender Gewaltenteilung und Unterordnung sämtlicher Gewalten unter das hierarchische System der Apparate, die sämtlich unter der Kontrolle der »führenden Kraft« der SED standen, war diese in der Tat die letzte Instanz für alles Recht und alles Unrecht, und somit für alle Menschenrechtsverletzungen, alle Willkürakte und Repressionen verantwortlich. Weder der NS-Staat, noch irgendein anderer Staat in Vergangenheit und Gegenwart, in dem es keine oder keine funktionierende Gewaltenteilung gibt, wurde aber jemals in den deutschen Medien als Unrechtsstaat bezeichnet.

Auch der Anfang 1990 geprägte Begriff der »Staats«- oder »Systemnähe« von Personen, die sich keine justiziablen Verbrechen zuschulden kommen ließen, war für die Zeit des Dritten Reiches niemals verwendet worden. Vor 1990 wurden in beiden Deutschländern Wissenschaftler, Beamte, Mediziner, Juristen niemals wegen der in ihrem Beruf, ihrer öffentlichen Tätigkeit, unvermeidlichen »Systemnähe« und »Systemteilhabe« entlassen. Der »Unrechtsstaat« DDR ist der einzige deutsche Staat, der a priori unrechtmäßig ist. Demokratischem Recht nach ist nur gerichtlich nachgewiesenes Unrecht im Ergebnis individueller Schuld strafbar, das zur Begehenszeit gültiges Recht verletzt. Die pauschale Zugehörigkeit zu dieser oder jener sozialen Kategorie als Begründung für die Vernichtung beruflicher Existenzen, die Kürzung von Rentenansprüchen, die Ausgrenzung aus politischer und beruflicher Mitwirkung am Gemeinwesen, entspricht diesem Recht nicht.

Obwohl die Niederlage des staatssozialistischen Systems durch einen Akt der Selbstbefreiung und nicht durch eine siegreiche Invasion erfolgte, blieb die selbstbestimmte Reformation Ostdeutschlands abortiv. Ein Teil der Nach-Wende-Politiker ermöglichte nach ihrem Wahlsieg im März 1990 die bedingungslose Übernahme der DDR durch die Bundesrepublik. Dies führte zur wirtschaftlichen Zerstörung der DDR, zur Vernichtung ihrer wissenschaftlichen und kulturellen Potenzen und zur anhaltenden Diskriminierung ihrer Bürger.[42]

Das neue Ostdeutschland-Bild trug wesentlich dazu bei, dies zu legitimieren. Die Bundesregierung war daran interessiert, dass die DDR-Bürger ihre Bemühungen, das borniert und repressive SED-System eigenständig zu reformieren, vergessen. Sie sollten das nicht minder reformbedürftige westdeutsche System, das ihnen übergestülpt wurde, für die Erfüllung ihrer politischen Wünsche halten. Zugleich trug dieses neue Bild, das die Medien verbreiteten, dazu bei, in der westdeutschen Öffentlichkeit die alten Klischees und Vorurteile zu verfestigen. Damit die Unterschiede im Lebensstandard und Status West- gegenüber Ostbürgern plausibel und gerechtfertigt erscheinen, wurden Ostdeutschland und die Ostdeutschen als Hort des Verfalls, des Verbrechens, der Unmoral, der Hilflosigkeit und der Inkompetenz dargestellt. In wenigen Jahren entstand auf diese Weise eine Mythologie, die das differenziertere Medienbild der Vor-Wende- und unmittelbaren Nach-Wende-Zeit ersetzte.

Dieser Lesart zufolge war die DDR an ihrer maroden Wirtschaft und an ihren Schulden zugrunde gegangen; ihre Städte waren ausschließlich von Tristesse und Verfall gekennzeichnet gewesen. DDR-Theater-, Film- und Fernsehkunst und Literatur reduzierten sich in den Medien auf die Unterwerfung der Theater- Film- und Fernsehmacher unter borninerte Parteizensur und auf deren Bespitzelung durch inoffizielle Stasimitarbeiter. Die Staatssicherheit, zur Metapher des Bösen schlechthin hochstilisiert, habe ständig alle Bereiche des Lebens beherrscht.

DDR-Ärzte hätten noch Lebenden Organe entnommen, nicht lebensfähige Neugeborene ertränkt, politisch Unliebsame in psychiatrische Kliniken gesperrt und sie dort mit Psychopharmaka krank gemacht.[43] Sozialarbeiterinnen hätten massenhaft Zwangsadoptionen auf Befehl der Stasi oder von Frau Honecker durchgeführt. Um die Sporterfolge der DDR zu ermöglichen, hätten Sportärzte, -trainer und -funktionäre durch Massendoping Kinder und Jugendliche gesundheitlich geschädigt.

Seit den Bundestagswahlen 1990 eskalierten die persönlichen Angriffe und Verleumdungskampagnen gegen Personen, die für die PDS im Bundestag oder in Länderparlamenten saßen. Selbst der damalige Alterspräsident und langjährige DDR-Dissident, der Schriftsteller Stefan Heym, wurde davon nicht ausgenommen. Er wurde als Feigling und Angepasster, ja sogar als Stasi-Spitzel präsentiert. Dem damaligen Vorsitzenden der Bundestagsgruppe der PDS Gregor Gysi wurde eine Vergangenheit als Spitzel und Verräter an seinen Klienten angelastet. Dabei spielen einige ehemalige Bürgerrechtler eine traurige Vorreiterrolle.

Nicht selten wurde die DDR als ein wesensmäßig ebenso totalitärer Staat wie Nazideutschland dargestellt, wodurch das Ausmaß der Verbrechen des letzteren verdrängt wurde. So setzte der ehemalige

Bürgerrechtler Konrad Weiß die DDR in vielem mit Hitlerdeutschland gleich und konstatierte, zwar habe es in ihr keine Gaskammern gegeben, wohl aber »die entsetzliche Mauer.«[44]

Fünfzehn Jahre nachdem die SED-Herrschaft gestürzt wurde, ist die Delegitimierung der DDR unverändert weiterhin Bestandteil bundesdeutscher political correctness. Kein Tag vergeht, ohne scheinbar sinnlose kleine Lügen wie die Behauptung, dass der Besuch der Kindergärten in der DDR obligatorisch gewesen sei[45], oder zweckgebundene Aussagen wie die Meinung, die Kulturstaatsministerin Christina Weiss der Berliner Zeitung verkündete: »Der Palast der Republik war nie Volkspalast, sondern immer ein Scheinparlament mit Bowlingbahn und ›Kessel Buntes‹«.[46]

Die neue »Geschichtsaufarbeitung«

Die rigorose Ahndung des in vierzig Jahren begangenen Unrechts in der DDR wurde auch damit begründet, dass die NS-Geschichte in der BRD seinerzeit nicht aufgearbeitet worden sei und deshalb wenigstens die zweite deutsche Diktatur aufgearbeitet werden müsse. Das erste Versäumnis wurde pauschal dem deutschen Volk angelastet. In einem SPIEGEL-Interview vom 13. Februar 1995 hielt der Leiter der Zentralstelle in Ludwigsburg, Oberstaatsanwalt Alfred Streim, »die Politik und das ganze Volk« und damit realiter niemanden verantwortlich für die wenig überzeugende Aufarbeitung der Nazi-Vergangenheit im Westen Deutschlands.

Für die Abwicklung, Ausgrenzung, Diskriminierung und Diffamierung der DDR-Elite wurde weit mehr Personal eingesetzt als je eine deutsche Regierung zur Verfolgung von NS-Verbrechern besoldete. Allein die Gauck-Behörde[47] verfügt über 3.000 hauptamtliche Bedienstete, die seit fast fünfzehn Jahren unermüdlich die Hinterlassenschaft des MfS verwalten; hinzu kommen jedoch die Justizbehörden, die sich mit DDR-Regierungskriminalität, mit Verstößen gegen die Menschenrechte, gegen Rechtsstaatlichkeit u. ä. m beschäftigen und Hochverratsprozesse gegen die von Überläufern enttarnten DDR-

Spione führen. Im Mai 1992 betraute der Deutsche Bundestag eine Enquête-Kommission mit der Aufgabe, »die Geschichte und Folgen der SED-Diktatur in Deutschland herauszuarbeiten.«[48] Die DDR als »Unrechtsstaat« auszuweisen, war danach die »gemeinsame Aufgabe aller Deutschen«, der »auf dem Weg zur inneren Einigung Deutschlands besonderes Gewicht« zukomme.[49]

Im Bericht der Enquête-Kommission wurde selbst die rigorose Abrechnung der DDR mit Naziverbrechern ausschließlich als »SED-gesteuerte Schein- und Willkürjustiz« bezeichnet, die »neben der Einschüchterung der politischen Gegner (...) zugleich der ›antifaschistischen‹ Selbstlegitimation der DDR (diente).«[50]

Es gab über 100.000 strafrechtliche Ermittlungsverfahren – allein in Berlin 6.000, soviel wie alle in vierzig Jahren in der alten Bundesrepublik durchgeführten Verfahren gegen Nazi- und Kriegsverbrecher[51] – mit dem Ergebnis, dass insgesamt 1.190 Personen angeklagt und 293 verurteilt werden konnten. Staatsanwalt Christoph Schaefgen erklärte, man sei »hinter den Erwartungen zurückgeblieben.« Das magere Ergebnis wurde, anders als die von allen Medien betriebene Vorverurteilung, nur in der Zeitschrift Neue Justiz im Heft 1 im Jahre 2000 veröffentlicht. Nach den Angaben der Rechtsprofessoren Klaus Marxen und Gerhard Werle wurden

- 363 Personen der Gewalttaten an der Grenze angeklagt und 98 verurteilt
- 400 der Rechtsbeugung angeklagt und 27 verurteilt
- 143 der MfS Straftaten angeklagt und 20 verurteilt
- 53 der Misshandlungen angeklagt und 19 verurteilt
- 127 der Wahlfälschung angeklagt und 92 verurteilt
- 42 der Wirtschaftsstraftaten angeklagt und 5 verurteilt
- 6 des Doping angeklagt und 2 verurteilt
- 56 des Amtsmissbrauchs/Korruption angeklagt und 22 verurteilt.[52]

In zahlreichen Fällen wurde der Rechtskernsatz »nulla poena sine lege«, das Rückwirkungsverbot, außer Kraft gesetzt. Weder Staatsanwalt Schaefgen noch die Professoren Marxen und Werle konnten ein einziges Ermittlungsverfahren, geschweige denn eine Verurteilung wegen solcher Delikte auffinden, wie sie z.B. in Thomas Kunzes 2001 erschienenem Buch »Staatschef a. D. Die letzten Jahre des Erich Honecker« genannt werden. Der Autor unterstellt, dass die Staatssicherheit es »in ihren Gefängnissen für opportun betrachtete, Häftlinge in Eis- und Wasserzellen zu sperren, ihnen Psychopharmaka zu verabreichen, sie mit Elektroschocks zu foltern, sie zu schlagen und zu demütigen.«[53]

Rolle der Gauck-Birthler-Behörde

Bei der Transformation der DDR kommt der Gauck-Behörde eine besondere Bedeutung zu. Die MfS-Hinterlassenschaft dient seit 1990 zum mehrfachen politischen screening sämtlicher ostdeutscher Angehöriger des öffentlichen Dienstes, sowie der Legislativen aller Ebenen und der gesamten Judikative. Die Auskunft der Gauckbehörde wird nur der anfragenden Behörde, den Journalisten oder anderen Stellen ausgehändigt. Sie vermerkt, ob die betreffende Person in der offiziellen und inoffiziellen Mitarbeiterkartei der Staatssicherheit geführt wurde. Ein positiver Bescheid bedeutete in aller Regel das Ende der Beschäftigung des Betreffenden. Der Betreffende muss Akteneinsicht dann gebührenpflichtig beantragen. Die Behörde liefert auch den öffentlich-rechtlichen Medien Material über deren haupt- und freiberufliche Mitarbeiter[54] sowie der Presse Daten über Persönlichkeiten von öffentlichem Interesse.[55] Bei der Abwicklung der Angehörigen der DDR-Intelligenz wurden sie tatkräftig von den Ehrenräten wissenschaftlicher, kultureller und Bildungseinrichtungen sowie den meist mit Westdeutschen besetzten Evaluierungs- und Personalstrukturkommissionen und den für Kultur, Bildung, Gesundheitsfürsorge zuständigen Ministern und Senatoren unterstützt. Sie alle sorgten dafür, dass ostdeutsche Professoren, Chefärzte, Amts- oder Abteilungsleiter und andere Funktionäre nur in Ausnahmefällen ihre Ämter und Stellen behielten.[56]

Aus den bisher in den Stasi-Akten aufgefundenen Dokumenten geht hervor, dass DDR-Bürger, die sich bereit erklärten, der Staatsicherheit über die politische Situation ihres beruflichen oder persönlichen Umfeldes Auskünfte zu erteilen, Herrn Gauck zufolge nur 2,5 Prozent der Bevölkerung ausmachten. In der Regel waren ihre Auskünfte entweder belanglose (gerichtlich nicht verwertbare) Aussagen über Personen, im schlimmsten Fall Einschätzungen über deren politische Zuverlässigkeit. Bisher sind jedenfalls keine Fälle bekannt geworden, in denen solche Berichte zu ernsthaften Repressionen gegen die Betroffenen geführt hätten. Die Kriminalisierung von Informanten nur der DDR-Überwachungsbehörden trägt dazu bei, den Tatbestand zu verschleiern, dass alle Staatsapparate in der DDR, allen voran der SED-Parteiapparat, alles daransetzten, den selbstverschuldet nicht vorhandenen zivilgesellschaftlichen Konsens durch Bespitzelung möglicht vieler Bürger auszugleichen. In der BRD war dieser Konsens selbst zu Zeiten des unbeliebten Nachrüstungsbeschlusses so weit bisher bekannt ist niemals gefährdet.

Ent»sozi«fizierung

Der Anschluss der DDR an die Bundesrepublik führte zu einem in der deutschen Geschichte einmaligen totalen Elitenwechsel. »Der sich gegenwärtig in Ostdeutschland vollziehende Umbruch und seine Konsequenzen (...) werden dadurch gekennzeichnet, (...) dass im Gegensatz zu 1945, der eine Reihe von Institutionen noch intakt ließ, bis auf die Kirchen der beiden Hauptkonfessionen kein einziger Bereich in Staat und Gesellschaft, von der Zentral- bis zu den Regionalregierungen, von den Volksvertretungen, Parteien, Justiz, Wirtschaftsunternehmen, Streitkräften, Kultur- und Medienbereichen, die Wiedervereinigung in seiner Ursprungsform überlebte.«[57]

Bereits 1990 waren alle 62 beamteten Staatssekretäre in ostdeutschen Landesregierungen aus Westdeutschland, fast genau so 1994. Die einzige Ostdeutsche an der Spitze einer Bundesbehörde ist derzeit Marianne Birthler, die Joachim Gauck als Bundesbeauftragte für die Unterlagen des Staatssicherheitsdienstes der ehemaligen Deutschen Demokratischen Republik (BStU) ablöste. 22.000[58] (bzw. nach anderen Quellen sogar 35.000) Westdeutsche erhielten als Verwaltungshelfer 700 DM Trennungsgeld, steuerfreie Zulage in Höhe von 1.200 DM, wöchentliche Heimfahrten, von den Karriereauswirkungen ganz abgesehen.[59]

Von 2.172 Mitarbeitern des Diplomatischen Dienstes der DDR wurden vier übernommen.[60]

Von 2.896 Richtern und Staatsanwälten der DDR, von denen es im Pro-Kopf-Vergleich in der Bundesrepublik doppelt so viele gab, verblieben bis 1995 22 Prozent. 25 Prozent wurden aus dem Westen abgeordnet, wo auch der größte Teil des seither rekrutierten Nachwuchses herkommt. Im Jahre 2000 stammten alle Landesverfassungsgerichtspräsidenten[61], 77 Prozent der an den brandenburgischen Landgerichten tätigen Richter, 80 Prozent der Richter an Verwaltungsgerichten sowie alle Richter am Landesarbeits- und Landessozialgericht aus dem Westteil Deutschlands.[62]

Von den 98.406 Angehörigen der NVA verblieben 1995 15.000 Zivilbeschäftigte, 1.500 Offiziere und 6.700 Soldaten und Mitte 1999 stammten noch insgesamt 4.200 Soldaten auf Zeit und Berufssoldaten aus der NVA.[63]

Die Mehrzahl der im öffentlichen Dienst beschäftigten Ostdeutschen werden nach einem besonderen Osttarif bezahlt, der 87 Prozent des entsprechenden Westtarifs beträgt.[64] Im Durchschnitt beträgt das Erwerbseinkommen der Ostdeutschen bis heute nicht mehr als 71 Prozent des Einkommens in den alten Bundesländern.

Von 14.500 Mitarbeitern in den elektronischen Medien wurde nur jeder Dritte weiter beschäftigt, von den im Film-, Fernseh-, beim Hörfunk sowie in Verlagen und Printmedien Beschäftigten verblieb bereits 1992 nur noch jeder Vierte im Beruf.[65]

Von den 30.000 Künstlern der Künstlerverbände war 1992 noch jeder Zweite im Beruf tätig und nur jeder Dritte konnte von seinem Beruf leben. Von den 8.000 Unterhaltungskünstlern hatten 80 Prozent ihren Beruf aufgeben müssen.[66]

Von den 179.000 Lehrern verlor jeder Fünfte seine Arbeit.[67] DDR-Lehrerdiploma wurden in den alten Bundesländern nicht anerkannt, und Lehrer mussten, neben einer von den Schulbehörden ausgestellten »Bewährung«, das zweite Staatsexamen nachholen, wenn sie im Westen unterrichten wollten. Die Diskriminierung dieser Berufssparte betraf zu 80% Frauen.[68]

An den nicht abgewickelten Universitäten und Hochschulen der DDR verblieben noch 10 bis 40 Prozent der DDR-Mitarbeiter; von 30.000 Mittelbauangehörigen 1989/90 blieben 11.700, 5.000 auf gesplitteten und 3.000 auf Kurzarbeitsplätzen übrig. Bei den insgesamt 10.000 Entlassenen sind die in Vorruhestand bzw. in eigene Kündigung Gedrängten nicht mitgerechnet. Nur 2.000 DDR-Professoren durften bleiben. Sie wurden seit 1990 fast ausschließlich auf die minder bezahlten C3-Stellen berufen; weitere 2.300 wurden ebenfalls auf personenbezogene C3-Stellen übernommen, die sich mit der Emeritierung der Betroffenen erledigen. 5.000 Professoren schieden aus. Aus dem Westen wurden 4.000 Professoren und 3.000 Mittelbau-Mitarbeiter importiert. Zwischen 1994 und 1999 gingen von 1.878 von ostdeutschen Universitäten ausgesprochenen Hochschullehrer-Berufungen 1.774 in den Westen und 104 in den Osten. Nur 17 Ostdeutsche wurden an westdeutsche Universitäten berufen.[69]

Im Dezember 1992 waren von den 195.073 im Bereich der Forschung/Entwicklung inklusive der Industrieforschung noch 23.600 Personen, das sind 12,1 Prozent beschäftigt.[70] Somit hatten die ostdeutschen Bundesländer kurz nach dem Anschluss der DDR 71,2 Prozent ihres Wissenschaftspotentials verloren.

Besonders betroffen waren die Sozial- und Kunstwissenschaftler. Ihre Abwicklung bzw. ihre Demontage von vollwertigen Mitgliedern des Lehrkörpers zu befristet tätigen geduldeten Auslaufkräften war einhergegangen mit der Diffamierung ihrer beruflichen Lebensleistung, sowie in der Folge mit wesentlich niedrigeren Bezügen bzw. Altersrenten, als ihre westdeutschen Kollegen sie bezogen. Die ostdeutschen Universitäten, Akademien sowie andere Forschungseinrichtungen und höhere Lehranstalten wurden von westdeutschen Amtsträgern übernommen oder geschlossen. Die Organisatoren dieser Transformation verzichteten weitgehend auf die Kompetenz, vor allem aber auf die Konkurrenz der DDR-Wissenschaftler, sie beseitigten zugleich die seit der Wende in diesen Einrichtungen von den

Mitarbeitern begonnenen demokratischen und pluralistischen Strukturveränderungen[71] zu Gunsten einer konservativen Wissenschafts- und Forschungsstruktur, in der überwiegend aus dem Westen importierte Professoren autoritär Lehre und Forschung sowie die immer magerer dotierte Nachwuchsentwicklung bestimmen. Für andere theoretische und weltanschauliche Standpunkte als die von diesen jeweils vertretenen, gab es keinen Raum mehr. Es versteht sich, dass diese Eliminierung einer ganzen geistigen Elite zu gravierenden Diskontinuitäten in vielen Wissenschaftsbereichen und für zahlreiche Forschungsthemen führte; sie war jedoch ein gewollter Vorgang, der zu keiner Zeit modifiziert wurde.

Eine Studie der Universität Potsdam aus dem Jahre 1995 kommt zu dem Ergebnis, dass die Ostdeutschen mit nur 11,6 Prozent an der gesamtdeutschen Elite beteiligt sind. Der Soziologe Rainer Geißler erklärt: »Man könnte versucht sein, das vereinte Deutschland als Zwei-Klassen-Gesellschaft, die Ost-West-Kluft als einen regional verankerten Klassengegensatz zwischen einer dominanten ›Westklasse‹ und einer subordinierten ›Ostklasse‹ zu begreifen.«[72] Das erweist sich in den für die verschiedenen Bereiche ermittelten Zahlen: Ostdeutsche besetzten der Potsdamer Studie zufolge 1995 2,5 Prozent der Führungspositionen in der Verwaltung der Bundesrepublik, 0,4 Prozent in der Wirtschaft, 8,4 Prozent in Wirtschaftsverbänden, 12,4 Prozent in den Gewerkschaften, 11,8 Prozent in den Massenmedien, 12,1 Prozent in der Kultur, 7,3 Prozent in der Wissenschaft, 0 Prozent in der Justiz und beim Militär.[73]

Schlussbemerkungen

Will man das Ende der Naziherrschaft mit dem Ende der DDR vergleichen, so muss man sich zuvor entscheiden, ob man beide Systeme gleichermaßen bzw. welches der beiden man für einen legitimen organischen Teil der nationalen Geschichte und welches für ein von Anbeginn verbrecherisches Gemeinwesen hält. Daraus ergibt sich jeweils die Bewertung aller Tatsachen und Zusammenhänge.

Der hier vorgelegte Überblick geht davon aus, dass das NS-System ein verbrecherisches Regime war, dass seine rassistischen und nationalistischen Grundsätze unreformierbar menschenfeindlich waren und unweigerlich zu Menschenrechtsverletzungen und Völkermord führen mussten. Für die Zukunft der Menschheit war es m. M. nach außerordentlich verhängnisvoll, dass die Entmachtung seiner Elite im Westen und die Überwindung seiner Ideologie in ganz Deutschland nur sehr unzulänglich gelang.

Die DDR sehe ich als ein undemokratisches, deformiertes, wie sich aber 1989 zeigte, unter bestimmten günstigen Umständen aus eigenen Kräften reformfähiges Gemeinwesen an. Die schnell niedergemachten Reformversuche von 1989/90 waren imstande, die emanzipatorischen Potenzen eines sozialistischen Gemeinwesens wieder zu beleben, die durch die Diktatur der Parteiführung und des Parteiapparats verschüttet worden waren. Hätte die reformierte DDR eine Chance gehabt, so wären möglicherweise jene ersten basisdemokratischen Bemühungen und Impulse genügend erstarkt, um den Weg zu einem alternativen Gemeinwesen zu eröffnen, in dem »alle Verhältnisse um[ge]worfen [würden], in denen der Mensch ein erniedrigtes, ein geknechtetes, ein verlassenes, ein verächtliches Wesen ist.«[74]

Die Behandlung der DDR nach dem Anschluss, ihre wirtschaftliche Zerstörung, die Eliminierung ihrer Elite, die Diffamierung der Lebensleistungen ihrer Bürger und ihre Verwendung als Experimentierfeld für neoliberalen Sozialabbau durch die westdeutsche wirtschaftlich und politisch führende Klasse, die sich als Sieger der Geschichte konstituierte, irrational und kontraproduktiv wie dies scheint, war motiviert durch deren Entschlossenheit, nie wieder zuzulassen, dass auf deutschem Boden der Versuch unternommen werde, ein alternatives, menschengerechteres Gemeinwesen aufzubauen. Diese Politik stellt nicht die Lehre dar, die aus der fehlenden Abrechnung mit den Förderern und Exekutoren des NS-Systems in der BRD oder der nicht stattgehabten Auseinandersetzung mit der NS-Ideologie in beiden deutschen Staaten zu ziehen wäre. Sie ergänzt diese vielmehr und ist somit nur die andere Seite der Medaille.

Anmerkungen

1 Vgl. Hanna Behrend (Hrsg.), Die Abwicklung der DDR, Köln 1996 und meine Beiträge: Kollektivschuld oder Rechtstaatlichkeit?, in: Das Argument 185 (1991); Ein Werkzeug der Guisen, ein keckentschlossener Schwärmer? Zum Feldzug gegen Heinrich Fink, in: Das Argument 191 (1992); Ruhmlose Vereinigung, in: Das Argument 199 (1993); Ostbilder mehrfach gewendet. Neudeutsch als Kolonisationssprache, in: Das Argument 207 (1994); Das Ende des Nazi-Regimes und das Ende der DDR. Was ist und wem nützt Geschichtsaufarbeitung?, in: Das Argument 209 (1995)

2 Vgl. Friedrich Wolff, Politische Strafprozesse in Deutschland von 1945 bis 1968, in: Dietmar Keller u.a. (Hg.), Ansichten zur Geschichte der DDR Band III, Bonn/Berlin 1994, S. 175. Andere Zahlen liegen weit höher.

3 Siehe ebenda

4 Ludwig Elm, Nach Hitler. Nach Honecker. Zum Streit der Deutschen um die eigene Vergangenheit, Berlin 1991, S. 27

5 Siehe Herrmann Lübbe, Der Nationalsozialismus im politischen Bewusstsein der Gegenwart, in: Martin Broszat/Ulrich Dübber u.a. (Hrsg.), Deutschlands Weg in die Diktatur, Berlin 1983, S. 333, zit. n. Ludwig Elm, Nach Hitler, a.a.O., S. 101

6 Vgl. Alexander Mitscherlich/Margarete Mitscherlich, Die Unfähigkeit zu trauern. Grundlagen kollektiven Verhaltens, Leipzig 1990

7 Siehe Ludwig Elm, Nach Hitler, a.a.O., S. 29

8 Vgl. Neues Deutschland v. 25./26.2.1995

9 Vgl. Michael Ratz, Die Justiz und die Nazis. Zur Strafverfolgung von Nazismus und Neonazismus seit 1945, Frankfurt am Main 1979, S. 149f.

10 Vgl. ebenda, S. 99

11 Bericht der Enquete-Kommission »Aufarbeitung von Geschichte und Folgen der SED-Diktatur in Deutschland«, Deutscher Bundestag, 12. Wahlperiode, Referat Öffentlichkeitsarbeit, Drucksache 12/7820 vom 31.05.1994

12 Vgl. »Alles unschuldige Opfer«. Verfolgte des Naziregimes und PDS protestieren gegen Gedenkstätte für in der DDR verurteilte Faschisten in Halle. Einige der Geehrten waren an Ermordung von 1.017 KZ-Häftlingen beteiligt in: junge Welt v. 29.9.2004

13 Vgl. Michael Ratz, Die Justiz und die Nazis, a.a.O., S. 56

14 Jörg Friedrich, Die kalte Amnestie. NS-Täter in der Bundesrepublik, Frankfurt am Main 1984, S. 136

15 Vgl. Jörg Friedrich, Die kalte Amnestie, a.a.O., S. 132-138

16 Siehe Karl Jaspers, Antwort. Zur Kritik meiner Schrift: »Wohin treibt die Bundesrepublik?«, S. 63, zit.n. Ludwig Elm, Nach Hitler, a.a.O., S. 78

17 Vgl. Michael Ratz, Die Justiz und die Nazis, a.a.O., S. 94f.

18 Vgl. Hanna Behrend, Kollektivschuld oder Rechtsstaatlichkeit?, in: Das Argument 185 (1991), S. 75

19 Vgl. Michael Ratz, Die Justiz und die Nazis, a.a.O., S. 126-146

20 Vgl. Ludwig Elm, Nach Hitler, a.a.O., S. 84f.

21 Vgl. Michael Ratz, Die Justiz und die Nazis, a.a.O., S. 129

22 Vgl. ebenda, S. 142

23 junge Welt v. 2.3.1995

24 Bernhard Diestelkamp/Susanne Jung, Die Justiz der Westzonen und der frühen Bundesrepublik, in: Aus Politik und Zeitgeschichte. Beilage zur Wochenzeitung Das Parlament 13-14/1989, S. 22

25 Siehe Friedrich Wolff, Politische Strafprozesse in Deutschland, a.a.O., S. 175

26 Siehe Bernhard Diestelkamp/Susanne Jung, Die Justiz der Westzonen und der frühen Bundesrepublik, a.a.O., S. 24

27 Vgl. Ludwig Elm, Nach Hitler, a.a.O., S. 131

28 Vgl. ebenda, S. 130

29 Vgl. ebenda, S. 131

30 Vgl. Ludwig Elm, Nach Hitler, a.a.O., S. 111

31 Vgl. ebenda, S. 127f.

32 Vgl. Ludwig Elm, Nach Hitler, a.a.O., S. 93

33 Vgl. Ludwig Elm, Nach Hitler, a.a.O., S. 82f.

34 Karl Jaspers, Antwort, a. a. O, S. 216, zit. n. Ludwig Elm, Nach Hitler, a.a.O., S. 95

35 Siehe Michael Ratz, Die Justiz und die Nazis, a.a.O., S. 89

36 Eine Rufmordkampagne gegen die in der DDR als »verdiente Ärztin des Volkes« geehrte heute 89jährige Rosemarie Albrecht zeigt andererseits die Instrumentalisierung von ungeprüften Anschuldigungen zur Delegitimierung der DDR. Frau Dr. Albrecht wurde vorgeworfen, sie sei für den Tod von 150 Patientinnen zwischen 1940 und 1942 in der Thüringer Landesheilanstalt verantwortlich, wo sie damals als Voluntärin tätig war. Bevor noch das vom Gericht eingesetzte Gutachtergremium Gelegenheit hatte, diese Anschuldigungen zu prüfen, die sich als völlig haltlos erwiesen, wurde in den Printmedien sowie im MDR und bei Phönix eine die Beschuldigte vorverurteilende Hetzkampagne losgetreten und 2003 eine Demonstration vor dem Gerichtsgebäude organisiert, die eine Beschleunigung des Verfahrens gegen die »mutmaßliche NS-Euthanasiemörderin« verlangt. Stefan Otto, Vorläufiges Ende einer Rufmordkampagne, in: junge Welt v. 29.9.2004

37 Vgl. Tom Bower, »Alle deutschen Industriellen saßen auf der Anklagebank«, in: Rainer Eisfeld/Ingo Müller (Hrsg.), Gegen Barbarei. Essays Robert M.W. Kempner zu Ehren, Frankfurt am Main 1989. Zit. n. Ludwig Elm, Nach Hitler, a.a.O., S. 90

38 Vgl. Ludwig Elm, Nach Hitler, a.a.O., S. 90. Abs war als Kriegsverbrecher zu 15 Jahren Zwangsarbeit verurteilt worden, brauchte die Strafe aber nicht zu verbüßen. Dazu siehe auch Eberhard Czichon, Der Bankier und die Macht, Köln 1970; Manfred Behrend, »Der Stuttgarter Abs-Prozeß«, in: Der antifaschistische Widerstandskämpfer 2-4/1987; ders., »Abs-Prozeß und Abteilung 70«, Antifa 11/1990

39 Siehe Bernhard Diestelkamp/Susanne Jung, Die Justiz der Westzonen und der frühen Bundesrepublik, a.a.O., S. 23

40 Vgl. Manfred Behrend, Rechtsextremismus in Ostdeutschland vor und nach dem Anschluss an die Bundesrepublik, in: Hanna Behrend (Hrsg.), Die Abwicklung der DDR. Wende und deutsche Vereinigung von innen gesehen, Köln 1996, S. 257-281

41 Siehe Neues Deutschland v. 20.4.1990

42 So ist die unter den Hartz IV-Bestimmungen ostdeutschen Beziehern des ALGII zustehende Summe niedriger als die den westdeutschen Beziehern zustehende, obwohl die Bedürftigkeit der ersteren mindestens so groß ist wie die der letzteren und ihre Unterhaltskosten die gleichen sind.

43 Dazu siehe Weißbuch »Unfrieden in Deutschland«, Bd.1, Diskriminierung in den neuen Bundesländern hrsg. Gesellschaft zum Schutz von Bürgerrecht und Menschenwürde e.V., Berlin 1992. Kapitel 11 Gesundheitsexperiment »Einheit« enthält eine Erklärung von Prof. S. M. Rapaport vom 5. September 1991, in der er schreibt: »In den Medien wird gegenwärtig eine beispiellose Kampagne gegen Ärzte der Charité geführt. Es handelt sich nicht um Einzelfälle, deren sachliche und gründliche Prüfung durchaus angezeigt ist, vielmehr wird die ganze Medizin der ehemaligen DDR diffamiert.« Prof. R. bezieht sich auf eine Erklärung der Ärztekammer Berlin »An die Damen und Herren von Presse, Funk und Fernsehen«, in der ausdrücklich deren diesbezügliches Tun gelobt wird und die Medizin der DDR in Anlehnung an das Buch von Mitscherlich und Mielke über den Nürnberger Ärzteprozess als »Medizin ohne Menschlichkeit« bezeichnet wird. Er protestiert gegen die Pauschalverurteilungen und fordert die Ärztekammer auf, sich von dieser »schändlichen Presseerklärung zu distanzieren« (S. 276f.). Über Einzelheiten der Verleumdungen vgl. Karl-Heinz Zieris/Anke Burkhart/Ruth Heidi Stein u.a., Weißbuch Unfrieden in Deutschland. Wissenschaft und Kultur im Beitrittsgebiet, Bd. 2 Kapitel Wissenschaft, »Abwicklung«, Demütigung und politische Verfolgung der Intelligenz, von Berlin 1992, S. 171: »Charité ruft Presserat gegen ›Bild‹ an. Horrorberichte sollen Patienten abschrecken« sowie S. 172f.: Auszug des Berichts der Kommission über Organentnahmen und -transplantationen in der Charité vom Oktober 1991, aus dem hervorgeht, dass »der Kommission (...) keine Hinweise darauf bekannt geworden [sind], dass staatliche Stellen in patientenbezogene Entscheidungen eingegriffen hätten.« Auch über andere verleumderische Unterstellungen seitens der Medien wird in diesem Kapitel berichtet.

44 Siehe Neues Deutschland v. 18.4.1994

45 Vgl. Harry Nick, Verpönter Spargel, russische Befehle, in: Neues Deutschland v. 25./26.9.2004

46 Ulrich Paul, Später Sieg der SED-Propaganda, in: Berliner Zeitung v. 29.9.2004. Es geht darum zu sichern, dass der Palast der Republik 2005 endlich abgerissen wird, ein Gebäude, das ein von der Bevölkerung angenommener und populärer Ort der Begegnung war, in dem nach der Wende erstmals freie parlamentarische Debatten stattfanden.

47 Der Bundesbeauftragte für die Unterlagen des Staatssicherheitsdienstes der ehemaligen Deutschen Demokratischen Republik (BStU)

48 Siehe Deutscher Bundestag 12. Wahlperiode, Referat Öffentlichkeitsarbeit: Bericht der Enquête-Kommission »Aufarbeitung von Geschichte und Folgen der SED-Diktatur in Deutschland« Drucksache 12/7820 vom 31.5.1994, S. 5

49 Siehe ebenda, S. 8

50 Siehe ebenda, S. 89

51 Vgl. Friedrich Wolff, Politische Strafprozesse in Deutschland, a.a.O., S. 197

52 Vgl. Friedrich Wolff, DDR-Bewältigung, in: junge Welt v. 24.8.2004

53 Ebenda

54 Der blinde ORB-Moderator Lutz Bertram hatte zur Zeit, als er von seiner Tätigkeit entbunden wurde, weil er mehrere Jahre lang als inoffizieller Mitarbeiter der Stasi geführt wurde, noch keine Einsicht in seine »Täter«akte, ebenso wenig wie zu diesem Zeitpunkt seine Arbeitgeber.

55 Natürlich nicht über Persönlichkeiten wie Altkanzler Kohl, die als schützenswert gelten.

56 Die Menschenrechtswidrigkeit dieses Umgangs mit der DDR-Vergangenheit lässt sich exemplarisch am Beispiel des Arbeitsmediziners an der Charité Dr. Rudolf Mucke nachweisen. Die Stasi hatte ihn 1975 erfolglos anzuwerben versucht. Er unterschrieb nichts und berichtete seinen Freunden über seine Zusammenkünfte mit der Behörde. »Keine Bereitschaft zur weiteren Zusammenarbeit. Dekonspirierte die Arbeit des MfS«, zitierte auf Anlage 1, Blatt 2 die Gauckbehörde aus seiner Stasi-Akte. Mucke war einer der Auflöser der Stasi in Berlin gewesen, Fraktionsführer von Bündnis 90 in der Bezirksverordnetenversammlung Lichtenberg. Bei seiner Anhörung am 21.11.1994 vor dem Ehrenausschuss der Charité plauderte er guten Gewissens naiv und ohne jede Taktik darüber, dass die Stasi seinerzeit zu ihm gekommen und über den Jugendklub, dem er angehörte, etwas wissen wollte. Mit Wissen seiner Freunde übergab er den Offizieren Programme und Tonbandmitschnitte, um ihnen zu beweisen, dass der Klub nicht konterrevolutionär sei. Die Ehrenkommission der Humboldt-Universität unter dem Vorsitz von Herrn Dr. Bert Flemming stufte ihn als »unzumutbar« ein. Daraufhin stürzte er sich von einer Brücke in den Tod (vgl. Alexander Osang, »Unzumutbar«, in: Berliner Zeitung v. 20.2.1995).

57 Olaf Groehler, Personenaustausch in der neuesten deutschen Geschichte

in: Klaus Sühl (Hrsg.), Vergangenheitsbewältigung 1945-1989. Ein unmöglicher Vergleich?, Berlin 1994, S. 167f. zit. n. Stefan Bollinger/Ulrich van der Heyden (Hrsg.), Deutsche Einheit und Elitenwechsel in Ostdeutschland, a.a.O., S. 17

58 Vgl. Christoph Reichard/Manfred Röber, Was kommt nach der Einheit? Die öffentliche Verwaltung in der DDR zwischen Blaupause und Reformen, in: Gert-Joachim Glaeßner (Hrsg.), Der lange Weg zur Einheit. Studien zum Transformationsprozess in Ostdeutschland, Berlin 1993, S. 225, zit. n. Stefan Bollinger/Ulrich van der Heyden (Hrsg.), Deutsche Einheit und Elitenwechsel in Ostdeutschland, a.a.O., S. 30f.

59 Vgl. Stefan Bollinger/Ulrich van der Heyden (Hrsg.), Deutsche Einheit und Elitenwechsel in Ostdeutschland, a.a.O., S. 87 (FN 64)

60 Vgl. Heinrich Fink in Aktuelle Stunde auf Verlangen der Fraktion der PDS: Haltung der Bundesregierung zu dem am 11.02.1999 veröffentlichten Bericht des Ausschusses für wirtschaftliche, soziale und kulturelle Rechte der Vereinten Nationen zur Verletzung des internationalen Paktes für wirtschaftliche, soziale und kulturelle Rechte durch die Bundesrepublik Deutschland. Plenarprotokoll 14/25. Deutscher Bundestag Stenographischer Bericht 25. Sitzung Bonn, Donnerstag, den 4. März 1999 (Internet Fassung) zit. n. Stefan Bollinger/Ulrich van der Heyden (Hrsg.), Deutsche Einheit und Elitenwechsel in Ostdeutschland, a. a .O., S. 32 (Fn. 65), S. 87

61 Vgl. Hans-Ullrich Derlien, Elitezirkulation in Ostdeutschland 1989-1995, in: Aus Politik und Zeitgeschichte 5/1998, S. 13f. zit. n. Stefan Bollinger/Ulrich van der Heyden (Hrsg.), Deutsche Einheit und Elitenwechsel in Ostdeutschland, a.a.O., (Fn. 66) S. 87

62 Vgl. Heidi Diehl, Der höhere Beamte – noch immer ein Wessi. Antwort der Landesregierung auf PDS-Anfrage belegt: Ostdeutsche haben das Nachsehen, in: Neues Deutschland v. 6./7.1.2001, S. 18 zit. nach Stefan Bollinger/Ulrich van der Heyden (Hrsg.), Deutsche Einheit und Elitenwechsel in Ostdeutschland, a.a.O., (Fn. 67) S. 87

63 Vgl. Hans-Joachim Gießmann, Der militärische Nachlass der NVA – Nachwirkungen ihrer Auflösung, in: Initial 6/1997, S. 72f./77 (Fn.13) zit. n. Stefan Bollinger/Ulrich van der Heyden (Hrsg.), Deutsche Einheit und Elitenwechsel in Ostdeutschland, a.a.O., (Fn. 68) S. 87

64 Vgl. Gerold Büchner, Einkommen der Ostbeamten steigen rückwirkend. Anhebung auf 87 Prozent West zum 1. August/Alle Beamten erhalten ab Januar 1,8 Prozent mehr Geld, in: BZ vom 28.9.2000. Zit. n. Stefan Bollinger/Ulrich van der Heyden (Hrsg.), Deutsche Einheit und Elitenwechsel in Ostdeutschland, a.a.O., S. 45/(Fn.121) S. 91

65 Vgl. ebenda, zit. n. Stefan Bollinger/Ulrich van der Heyden (Hrsg.), Deutsche Einheit und Elitenwechsel in Ostdeutschland, a.a.O., (Fn.70) S. 88

66 Vgl. ebenda, S. 71

67 Vgl. Rainer Geißler, Die Sozialstruktur Deutschlands, a.a.O., S. 161 zit n. Stefan Bollinger/Ulrich van der Heyden (Hrsg.), Deutsche Einheit und Elitenwechsel in Ostdeutschland, a.a.O. (Fn. 69) S. 88

68 Vgl. Alexander Osang, Merkblatt, Vorgang, Rücklauf, in: Berliner Zeitung v. 25./26.2.1995

69 Vgl. Arno Hecht, Zur Dynamik des Berufungsgeschehens an den Universitäten der neuen Bundesländer. Die Gewinner der Einheit, in: hochschule ost Leipzig 1-2/2000, S. 216, Tabelle 1. Zit. n. Stefan Bollinger/Ulrich van der Heyden (Hrsg.), Deutsche Einheit und Elitenwechsel in Ostdeutschland, a.a.O., (Fn . 72) S. 88

70 Vgl. Wolfgang Richter, Vorwort, in: Unfrieden in Deutschland – Weißbuch Bd.2, a.a.O., S. 71 zit. n. Stefan Bollinger/Ulrich van der Heyden (Hrsg.), Deutsche Einheit und Elitenwechsel in Ostdeutschland, a.a.O., (Fn. 84) S .88

71 Im Falle des renommierten Mediziners Horst Klinkmann, Professor und Klinikchef für Innere Medizin an der Universität Rostock, Mitglied zahlreicher in- und ausländischer Akademien, darunter von 1990 bis zu ihrer Abwicklung Präsident der Akademie der Wissenschaften, genügte der neue Straftatbestand der »Staatsnähe«, um ihm im Mai 1992 zu kündigen; die Begründung war »mangelnde persönliche Eignung«. Vgl. Unfrieden in Deutschland. Weißbuch Bd. 2, a.a.O., S. 167. Diese bestand darin, dass er an einem Parteitag der SED teilgenommen und es als sein Ziel erklärt habe, alles zur Verbesserung der Lebensfreude und Gesundheit der Menschen in der von ihm als besonders human gekennzeichneten sozialistischen Gesellschaft tun zu wollen. Zu den zusammen mit seinem ganzen Institut Abgewickelten gehörte der in DDR-Zeiten bei der Obrigkeit unbeliebte Wirtschaftswissenschaftler und Verfolgte des Nazi-Regimes, der inzwischen verstorbene Professor Hans Mottek, Ordentliches Mitglied der Akademie der Wissenschaften und Umweltspezialist, Stefan Bollinger/Ulrich van der Heyden (Hrsg.), Deutsche Einheit und Elitenwechsel in Ostdeutschland, a.a.O., S. 133f.

72 Rainer Geißler, a.a.O., S. 373, zit. n. Stefan Bollinger/Ulrich van der Heyden (Hrsg.), Deutsche Einheit und Elitenwechsel in Ostdeutschland, a.a.O., S. 49/(Fn.138) S. 92

73 Vgl. Stefan Bollinger/Ulrich van der Heyden (Hrsg.), Deutsche Einheit und Elitenwechsel in Ostdeutschland, a.a.O., S. 49

74 Siehe Karl Marx, Zur Kritik der Hegelsche Rechtsphilosophie, Einleitung, Marx-Engels Werke Bd. I, S. 385

Die Autorinnen und Autoren

Hanna Behrend (Dr. habil.) Historikerin und Anglistin, Dozentin i. R., Lehr- und Forschungstätigkeit in der Anglistik der Humboldt-Universität zu Berlin (1969-1994), Herausgeberin der Reihe »Auf der Suche nach der verlorenen Zukunft«, trafoverlag Berlin seit 1995. Publikationen: Die Abwicklung der DDR. Wende und deutsche Vereinigung von innen gesehen, Köln 1995; mit Peter Döge: Nachhaltigkeit als Politische Ökologie. Eine Kontroverse über Natur, Technik und Umweltpolitik, Berlin 2001; Demokratische Mitbestimmung unter DDR-Bedingungen. Die ambivalenten Strukturen an den Universitäten, Berlin 2003; mit Gisela Notz: Über Hexen und andere auszumerzende Frauen, Berlin 2003.

Esther Bejarano wurde 1924 als Esther Loewy in Saarbrücken geboren. Sie wird Anfang April 1943 mit 18 Jahren in das Konzentrationslager Auschwitz-Birkenau deportiert. Zu diesem Zeitpunkt hat sie bereits ein Nazizwangsarbeitslager durchlitten. In ihrer Autobiographie, die unter dem Titel »Wir leben trotzdem« (Bonn 2004) im Buchhandel erschienen ist, schildert sie ihren Weg in die Hölle von Auschwitz, wo sie als Mitglied des »Mädchenorchesters« morgens und abends den Zug der Arbeitskolonnen musikalisch begleiten, später die Zugtransporte mit den ankommenden Häftlingen »begrüßen« musste. Als »Halbjüdin« in das KZ Ravensbrück verlegt, wurde sie von der SS 1945 auf den Todesmarsch geschickt, von dem sie zusammen mit sechs anderen Frauen fliehen konnte. Nach der Befreiung ging sie nach Palästina, zog 1960 wieder in die BRD, nach Hamburg. 1978, als die NPD einen Informationsstand genau vor ihrer Boutique aufbaut, wird ihr klar, dass ein Verdrängen falsch ist. Sie wird Mitglied der Vereinigung der Verfolgten des Naziregimes, gründet 1986 mit anderen Überlebenden das Auschwitz-Komitee, dessen Vorsitzende sie ist. Bis heute engagiert sie sich politisch in Veranstaltungen und Konzerten. So musiziert sie mit ihrer Tochter Edna und ihrem Sohn Joram gemeinsam in der Gruppe »Coincidence«, die u.a. mit jiddischen Liedern die Vergangenheit lebendig hält. 2004 wurde sie für ihr Engagement von der Internationalen Liga für Menschenrechte ausgezeichnet mit der Carl-von-Ossietzky-Medaille.

Stefan Doernberg (1924 geboren und aufgewachsen in einer Berliner Familie jüdischer Herkunft). 1935 emigrierte er mit seinen Eltern in die Sowjetunion und besuchte in Moskau die Karl-Liebknecht-Schule. Ende der 30er Jahre wurde seine Familie Opfer der Massenrepressalien. Am Tage des deutschen Überfalls auf die UdSSR, dem 22. Juni 1941, meldete er sich freiwillig an die Front. Als Leutnant der Roten Armee dolmetschte er 1945 u.a. die Kapitulationsverhandlungen in Berlin. Nach dem Krieg war er zunächst in der Sowjetischen Militäradministration Mecklenburgs und Thüringens tätig und arbeitete dann als Journalist bei der »Täglichen Rundschau« in Berlin. Nach seinem Abschluss des Geschichtsstudiums 1951 an der Moskauer Lomonossow-Universität promovierte er 1959 in Berlin. 1962 wurde er Professor und Direktor des Deutschen Instituts für Zeitgeschichte; seit 1977 war er Direktor des Instituts für internationale Beziehungen in Potsdam-Babelsberg. Von 1983 bis 1987 Botschafter der DDR in Finnland. 1989 Emeritierung als Hochschullehrer. Seit 1971 auch als Generalsekretär und von 1987 bis 1991 in Berlin als Präsident des Komitees für europäische Sicherheit und Zusammenarbeit tätig. Seine letzte Veröffentlichung: Fronteinsatz. Erinnerungen eines Rotarmisten, Historikers und Botschafters, Berlin 2004.

Peter Gingold (am 8. März 1916 in Aschaffenburg geboren) wuchs in einem jüdischen Elternhaus in Aschaffenburg und Frankfurt am Main auf. Er begann 1930 eine kaufmännische Lehre; trat in die Gewerkschaftsjugend des Zentralverbandes Deutscher Angestellter (ZDA) ein und wurde 1931 Mitglied im Kommunistischen Jugendverband Deutschland (KJVD). 1933 wurde er im illegalen Widerstand tätig und im Juni bei einer Razzia der SA verhaftet. Er bekam nach mehreren Monaten Gefängnis die Anordnung, Deutschland zu verlassen; emigrierte im Herbst nach Frankreich; arbeitete bei der deutschsprachigen, antifaschistischen Tageszeitung »Pariser Tageblatt« und war politisch tätig in einer kleinen Gruppe des KJVD in Paris. 1936 gründete er in Paris mit anderen jungen deutschen Antifaschist(inn)en (u.a. Willy Brandt) die »Freie Deutsche Jugend« (FDJ) und trat 1937 in die Kommunistische Partei Deutschlands (KPD) ein. Im Mai 1940 wurde er als »deutschstämmiger Staatenloser« von der französischen Polizei interniert, konnte aber fliehen und nahm seit Oktober in Paris an der Résistance teil. Als die Gestapo 1941 nach ihm fahndete, wurde er im April in der Region Dijon für die Travail Allemand (TA, eine Gruppe der Résistance) eingesetzt. Im Februar 1943 verhaftete ihn die Gestapo in Dijon, wo er mehrere Wochen lang verhört und gefoltert wurde. Nach seiner Überführung nach Paris drei Monate später gelang ihm im April die Flucht. 1944 beteiligte er sich im August am Aufstand zur Befreiung von Paris und ging als Frontbeauftragter des Komitees Freies Deutschland mit dem 1. Pariser Regiment nach Lothringen. Ende April 1945 war er als Frontbeauftragter bei den Partisanen in Norditalien und erlebte dort die Befreiung vom Faschismus; im August 1945 kehrte er nach Frankfurt am Main zurück und wurde wieder tätig in der KPD. Er ist unter anderem politisch aktiv in der Vereinigung der Verfolgten des Naziregimes/Bund der Antifaschist(inn)en (VVN/BdA), in dem Verband Deutscher in der Résistance, in den Streitkräften der Antihitlerkoalition und der Bewegung »Freies Deutschland« (DRAFD) und im Auschwitzkomitee (vgl. Karl Heinz Jahnke, Sie haben nie aufgegeben. Ettie und Peter Gingold – Widerstand in Frankreich und Deutschland, Bonn 1998). 2004 wurde er für sein Engagement von der Internationalen Liga für Menschenrechte ausgezeichnet mit der Carl-von-Ossietzky-Medaille.

Günter Judick (Diplom-Historiker), Leiter der Geschichtskommission der DKP und Mitglied der Marx-Engels-Stiftung. Letzte Veröffentlichungen zum Thema: Stalin bewältigen, Essen 1989 (hrsg. zus. mit Kurt Steinhaus); KPD 1945-1968. Dokumente, Neuss 1989 (hrsg. zus. mit Josef Schleifstein/Kurt Steinhaus); Wider die Verfälschung deutscher Geschichte. Beiträge zum antifaschistischen Widerstand in Deutschland und zur Gründung der BRD und der DDR, Essen 1999 (hrsg. zus. mit Hans-Joachim Krusch).

Hermann Kant (geboren am 14. Juni 1926 in Hamburg) ist Schriftsteller. Er wurde eingezogen am 8. Dezember 1944; inhaftiert u. a. im Zentralgefängnis und im Arbeitslager Warschau; nach der Entlassung am 21. Dezember 1948 ging er in die damalige Sowjetische Besatzungszone und spätere DDR, machte an der Arbeiter- und Bauern-Fakultät (ABF) 1951 in Greifswald sein Abitur, danach war er ein Jahr Dozent an derselben Anstalt, bis er 1952 sein Studium an der Humboldt Universität Berlin beginnt und als Diplom-Philologe abschließt (später Dr. h. c. der Greifswalder Universität); nach dem Examen war er zuerst Assistent, dann Chefredakteur der Studentenzeitschrift »tua res«. Von 1978 bis 1990 war er Präsident des Schriftstellerverbandes der DDR. Von 1981 bis 1990 war er Mitglied der Volkskammer der DDR und ab 1987 auch Mitglied des ZK der SED. Sein Roman »Die Aula« (1965) gehört zu den DDR-Klassikern. Zu den weiteren Werken zählen 1962 »Ein bisschen Südsee« (Erzählungen), 1972 »Das Impressum« (Roman), 1975 »Eine Übertretung« (Erzählungen), 1977 »Der Aufenthalt« (Roman), 1981 »Der dritte Nagel« (Erzählungen), 1986 »Bronzezeit« (Erzählungen), 1991 »Abspann« (Erinnerungen), 1994 »Kormoran« (Roman) und 2002 »Okarina« (Roman); sein nächster Roman erscheint unter dem Titel »Kino« im Frühjahr 2005 beim Aufbau-Verlag.

Michael Klundt Jg. 1973, Politikwissenschaftler, von 2000 bis 2002 wissenschaftlicher Mitarbeiter an der Abteilung für Politikwissenschaft der Universität zu Köln, 2003 wissenschaftlicher Mitarbeiter an der FH Düsseldorf. Seit 2000 Unterrichtsbeauftragter an der Universität zu Köln. Arbeitsschwerpunkte: (Kinder-)Armut und Reichtum, Sozialpolitik, Geschichtspolitik. Veröffentlichungen u.a.: Geschichtspolitik. Die Kontroversen um Goldhagen, die Wehrmachtsausstellung und das »Schwarzbuch des Kommunismus«, Köln 2000; Erinnern, verdrängen, vergessen. Geschichtspolitische Wege ins 21. Jahrhundert, Gießen 2003 (hrsg. zus. mit Samuel Salzborn, Marc Schwietring, Gerd Wiegel); Kinderarmut und Generationengerechtigkeit. Familien- und Sozialpolitik im demografischen Wandel, 2. Aufl. Opladen 2003 (hrsg. zus. mit Christoph Butterwegge); Armut und Kindheit. Ein regionaler, nationaler und internationaler Vergleich, 2. Aufl. Wiesbaden 2004 (hrsg. zus. mit Christoph Butterwegge u.a.); Heldenmythos und Opfertaumel. Der Zweite Weltkrieg und seine Folgen im deutschen Geschichtsdiskurs, Köln 2004 (hrsg.); Kinderarmut in Ost- und Westdeutschland, Wiesbaden 2005 (zus. mit Christoph Butterwegge, Matthias Zeng).

Werner Knapp ist Mitglied des Beirates des Verbandes Deutscher in der Résistance, in den Streitkräften der Antihitlerkoalition und der Bewegung »Freies Deutschland«. 1921 in Oldenburg geboren, wuchs er in Gotha, Stuttgart und Berlin auf. 1935 nach Prag emigriert, gehörte er hier drei Jahre später zu den Mitbegründern der Freien Deutschen Jugend. Kurz vor dem Einmarsch der Wehrmacht in der CSR nach Frankreich geflohen, wurde er dort im Oktober 1939 Angehöriger der tschechoslowakischen Auslandsarmee, deren Reste nach der Kapitulation Frankreichs 1940 nach Großbritannien evakuiert wurden. Im Herbst 1945 nach Deutschland zurückgekehrt, folgten Studien in Leipzig und Dresden sowie Tätigkeiten im Außenhandel, im Berliner VEB »7. Oktober« und an der Humboldt-Universität Berlin. Bis zum Erreichen des Rentenalters arbeitete er im Bereich Zivile Luftfahrt des Verkehrsministeriums der DDR.

Gerhard Leo (Jahrgang 1923), Journalist und Schriftsteller, Ritter der Ehrenlegion der französischen Republik; jüngste Veröffentlichung: Übersetzung der Studie einer französischen Lehrerin über die »deutsche Frage«, kurz vor ihrer Ermordung in Oradour-sur-Glane: Gerhard Leo (Hrsg.), Das Tagebuch der Denise Bardet. Gewidmet dem 60. Jahrestag der Zerstörung der französischen Gemeinde Oradour-sur-Glane am 10. Juni 1944, Berlin 2004; Frühzug nach Toulouse. Ein Deutscher in der französischen Résistance, Berlin 1988

DIE AUTORINNEN UND AUTOREN

Kurt Pätzold, Dr., geb. 1930, bis 1992 Professor für Geschichte an der Humboldt-Universität zu Berlin, letzte Veröffentlichungen: Ihr waret die besten Soldaten, Ursprung und Geschichte einer Legende, Leipzig 2000; Stalingrad und kein Zurück. Wahn und Wirklichkeit, Leipzig 2002; Geschichte der NSDAP 1920-1945, Köln 2002 (zus. mit Manfred Weißbecker); Schlagwörter und Schlachtrufe. Aus zwei Jahrhunderten deutscher Geschichte, 2 Bde. Leipzig 2002 (zus. mit Manfred Weißbecker).

Hanna Podymachina wurde 1924 in Berlin als Hanna Bernstein geboren. Sie emigrierte 1934 mit ihren Eltern aus Hitler-Deutschland in die Sowjetunion und wurde 1942 als Leutnant der Roten Armee Mitarbeiterin der 7. Abteilung zur Arbeit unter den Truppen und der Bevölkerung des Gegners. Das Kriegsende erlebte sie im Range eines Oberleutnants in Wien. Nach der Befreiung Deutschlands vom Faschismus arbeitete sie unter Oberst Sergej Tjulpanow in der Informationsverwaltung der Sowjetischen Militäradministration in Berlin. Nach ihrer Hochzeit mit dem sowjetischen Hauptmann Semjon Podymachin 1946 wurde sie ein Jahr später demobilisiert, blieb aber bis 1949 Zivilangestellte der SMAD. In den 50er Jahren studierte sie am Moskauer Fremdsprachinstitut und war Dolmetscherin an der DDR-Botschaft in der UdSSR-Hauptstadt. Nach Übersiedlung der Familie nach Berlin im Jahr 1960 arbeitete sie in verschiedenen Institutionen der DDR und von 1964 bis 1991 im Kombinat Kraftwerksanlagenbau. Sie ist Mitglied der VVN-BdA und des Verbandes Deutscher in der Résistance, in den Streitkräften der Antihitlerkoalition und der Bewegung Freies Deutschland (DRAFD).

Gerhard Stuby, Dr. jur., geb. 1934, Prof. i.R. für öffentliches Recht und wissenschaftliche Politik am Fachbereich Rechtswissenschaft der Universität Bremen. Forschungsschwerpunkt: Völkerrechtsgeschichte, hier vor allem deutsche Völkerrechtslehre von 1933 bis 1945. Letzte Veröffentlichungen: Völkerrecht und Machtpolitik in den internationalen Beziehungen, Hamburg 2001 (zus. mit Norman Paech); Die Welt zwischen Recht und Gewalt. Internationale Sozialordnung, Völkerrecht und Demokratie, Hamburg 2003 (hrsg. zus. mit Stephan Albrecht/Werner Goldschmidt), Norman Paech/Alfred Rinken/Dian Schefold/ Edda Weßlau (Hrsg.), Völkerrecht statt Machtpolitik. Beiträge für Gerhard Stuby zum 70. Geburtstag, Hamburg 2004

Jörg Wollenberg, Dr. phil., geb. 1937 in Ahrensbök/Ostholstein, Prof. i.R. für politische Bildung an der Universität Bremen. Seit 1965 pädagogischer Mitarbeiter bei den Landesarbeitsgemeinschaften für ländliche Erwachsenenbildung und bei »Arbeit und Leben« in Hannover und Göttingen (1966-1971). Leitung der Volkshochschule der Stadt Bielefeld (1971-1978), der Heimvolkshochschule Heinrich Hansen e.V. in Lage-Hörste (1974/75) und des Bildungszentrums der Stadt Nürnberg (1985-1992). Jüngste Veröffentlichungen zum Thema: 8. Mai 1945: Neugeordneter Wiederaufbau oder verhinderte Neuordnung? Bremen 1985; Licht in den Schatten der Vergangenheit. Zur Enttabuisierung der Nürnberger Kriegsverbrecherprozesse, Frankfurt a.M. 1987 (mit Jörg Friedrich); Niemand war dabei und keiner hat's gewusst. Die deutsche Öffentlichkeit und die Judenverfolgung 1933-1945, München 1989 (USA-Ausgabe: The German Public and the Persecution of the Jews 1933-1945, New Jersey 1996); Von der Hoffnung aller Deutschen. Wie die BRD entstand 1945-1949, Köln 1991; Menetekel. Das Gesicht des Zweiten Weltkriegs, Krakau 1991 (mit Peter Schönlein und Jerzy Wyrozumski); Ahrensbök, eine Kleinstadt im Nationalsozialismus. Konzentrationslager – Zwangsarbeit – Todesmarsch. Bremen 2000; Unsere Schule war ein KZ. Dokumente zu Arbeitsdienst, Konzentrationslager und Schule in Ahrensbök von 1930-1945, Bremen 2001; A Letter to Debbie. Die Befreiung des Dachauer Außenlagers Landsberg-Kaufering. Eine Ausstellung von Yardena Donig-Youner, Bremen 2002; Ausgewählte Schriften von Theodor Lessing, herausgegeben mit Helmut Donat: »Bildung ist Schönheit« Autobiographische Zeugnisse und Schriften zur Bildungsreform (Bd. I 1995); »Wir machen nicht mit.« Schriften gegen den Nationalismus und zur Judenfrage. Mit einem Beitrag von Walter Grab und Zeichnungen von Alfred Hrdlicka, (Bd. II 1997); »Theaterseele und Tomi melkt die Moralkuh«. Schriften zu Theater und Literatur. Mit Beiträgen von Hanjo Kesting und Henning Rischbieter sowie Zeichnungen von Christoph Niess. (Bd. III 2003).

Bitte beachten Sie auch die folgenden Seiten.

Wer mitdenkt,
abonniert ...

8. Mai 1945: Sieg über den Faschismus. Die sowjetische Fahne über dem Reichstag

Beispiel Tag der Befreiung. »Untergang«, »deutsche Opfer«, »Zusammenbruch«, »Stunde Null« – es gibt viele Varianten, nicht vom »Tag der Befreiung« zu sprechen. Wir tun es.

... die Zeitung
gegen Geschichtsklitterung

**Abonnieren unter: www.jungewelt.de
oder anrufen 0 30/53 63 55-80**

Michael Klundt (Hg.)
Heldenmythos und Opfertaumel
Der Zweite Weltkrieg und seine Folgen im deutschen Geschichtsdiskurs

Broschur, 192 Seiten
EUR 13,50 [D]
ISBN 3-89438-288-0

Verstärkt durch populäre Fernsehserien findet in den Diskursen um die deutsche Vergangenheit eine Neubewertung des Zweiten Weltkriegs und seiner Folgen statt. Dabei herrscht immer mehr eine Sichtweise vor, die teils latent, teils offen in der deutschen Nachkriegsgeschichte stets präsent war. Sie ebnet den grundlegenden Unterschied zwischen Opfern und Tätern ein, heroisiert die militärischen und zivilen deutschen Leistungen während des Krieges und stellt »endlich einmal« die deutschen Leiden ins Zentrum. Das Buch betont demgegenüber den kausalen Zusammenhang der beklagten Ereignisse und ihres subjektiven Erlebens mit dem deutschen Eroberungskrieg, es unterzieht ihre mediale Vermittlung einer kritischen Betrachtung und benennt deren geschichtspolitische Absichten.

Beiträge von Bernd Kleinhans, Michael Klundt, Kurt Pätzold, Silke Schneider, Erich Später, Gerd Wiegel und Gerhard Zwerenz.

PapyRossa Verlag
Luxemburger Str. 202, 50937 Köln
Tel.: (02 21) 44 85 45, Fax: 44 43 05
www.papyrossa.de – mail@papyrossa.de

Kurt Pätzold/Erika Schwarz (Hg.)
Europa vor dem Abgrund
Das Jahr 1935 – Eine nicht genutzte Chance

Broschur, 375 Seiten
EUR 23,00 [D]
ISBN 3-89438-327-5

Aus dem Jahr 1935 ragen nur wenige Ereignisse heraus: Die Hitler-Regierung führt die allgemeine Wehrpflicht sowie den Arbeitsdienst ein und läßt die Nürnberger Gesetze beschließen. 90% der Saarländer stimmen für die »Heimkehr ins Reich«. Das Mussolini-Regime überfällt Abessinien. Großbritannien schließt mit Deutschland einen Flottenvertrag, Frankreich mit der Sowjetunion einen Beistandspakt. Keines erschien sonderlich spektakulär, zusammengenommen bezeichnen sie eine Weichenstellung von weltgeschichtlicher Dimension. Noch existierte die Chance, das Dritte Reich in die Schranken zu verweisen und an jenem Datum gleichsam vorbeizukommen, das heute als 1. September 1939 in den Geschichtsbüchern steht. Anhand von Geschehnissen in Deutschland und auf der internationalen Bühne untersuchen die Autoren, welche Motive und Interessen bewirkten, daß diese Chance nicht wahrgenommen wurde.

PapyRossa Verlag

Luxemburger Str. 202, 50937 Köln
Tel.: (02 21) 44 85 45, Fax: 44 43 05
www.papyrossa.de – mail@papyrossa.de